BIENVENIDO A PARÍS

AF193858

Vista de la Torre Eiffel desde el Palacio de Chaillot.
M. Gaspar/Michelin

Llegar a París

En tren

Estaciones: Gare de Lyon (distrito XII), **Gare de Bercy** (distrito XII), **Gare d'Austerlitz** (distrito XIII), **Gare Montparnasse** (distrito XV), **Gare du Nord** (distrito X), **Gare de l'Est** (distrito X) y **Gare St. Lazare** (distrito IX).
☞ *Conexiones con las estaciones: ver pág. 156.*

En avión

Desde el Aeropuerto Charles de Gaulle

Roissybus: Cada 15-20 min, de 06:00 a 00:30 h - duración 60-75 min - 13,70€ por trayecto - www.parisaeroport.fr - Terminal Ópera (líneas 3, 7, 8 y RER A).
RER B: Dirección Robinson-St-Rémy-lès-Chevreuse - cada 10-20 min, de 04:45 a 01:00 h - duración 30 min - 11,40€ por trayecto - www.transilien.com - paradas Gare-du-Nord, Châtelet-Les-Halles, St-Michel-Notre-Dame, Denfert-Rochereau, etc.
Autobús 350: Dirección Porte de la Chapelle - cada 15-30 min de 06:00 a 22:30 h - duración 60-80 min - 6 € por trayecto - www.ratp.fr.
Autobús 351: Dirección Place de la Nation - cada 15-30 min de 07:00 a 21:30 h - duración 70 min - 6€ por trayecto - www.ratp.fr.
Autobuses Noctilien - N143 y N140 - Terminal Gare de l'Est - de 00:30 a 05:30 h - 8€.

El símbolo «M» a la entrada de una estación de metro parisina.

Taxi - 53€ (precio fijo) para la orilla derecha, 58€ para la orilla izquierda.

Desde el Aeropuerto de Orly

Orlybus: Dirección Denfert-Rochereau - cada 10-15 min de 06:00 a 00:30 h - duración 30 min - 9,50€ por trayecto.
Orlyval y RER B - Metro de Orlyval a Antony (cada 4-7 min de 06:00 a 23:00 h - duración 6 min) luego RER B dirección CDG2-TGV o Mitry-Claye (duración 15-30 min) - billete combinado 12,10€ por trayecto. Paradas Denfert-Rochereau, St-Michel-Notre-Dame, Châtelet-Les-Halles, Gare-du-Nord y conexión con el metro.
Tranvía - Línea T7 hacia Villejuif-Louis-Aragon (cada 8-15 min de 05:30 a 00:30 h - duración 30 min - 1,90€ por trayecto), luego conexión con el metro (línea 7).
Autobús Noctilien - N31, N131, N144 dirección Gare de Lyon - N22 dirección Châtelet - de 00:30 a 05:30 h - duración 60 min - 6€.
Taxi - 37€ (precio fijo) para la orilla derecha, 32€ para la orilla izquierda.

Desde el Aeropuerto de Beauvais

Los horarios de los traslados entre el aeropuerto y París (Porte Maillot) coinciden con los vuelos. - duración 1 h y 15 min - 15,90€ por trayecto - www.aeroportparisbeauvais.com

Tarjeta Paris Visite
Válido para 1, 2, 3 o 5 días. ☞ Pág. 164.

No puedes perderte

Los lugares más bonitos elegidos para ti

★★★ Torre Eiffel
Mapa AB5 - pág. 68

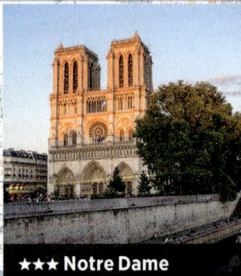

★★★ Notre Dame
Mapa F6 - pág. 16

★★★ Museo de Orsay
Mapa D5 - pág. 71

★★★ Distrito de los Campos Elíseos
Mapa BC3-4 - pág. 79

★★★ Louvre
Mapa DE4-5 - pág. 24

★★★ **St.-Germain-des-Prés**
Mapa D5-6 - pág. 54

★★ **El Sena, los muelles y los puentes**
pág. 22

★★★ **El Barrio Latino**
Mapa E6-7 - pág. 45

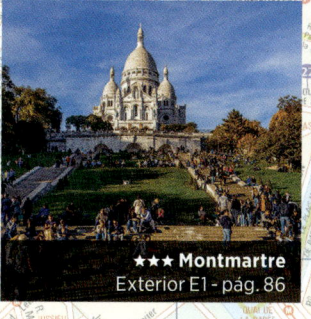

★★★ **Montmartre**
Exterior E1 - pág. 86

★★★ **Le Marais**
Mapa FG5-6 - pág. 33

Nuestros favoritos

💛 Relájate en una de las pequeñas plazas de **Le Marais** que se esconden tras los edificios (Soubise, Albret, Marle); entra en el patio del Hotel de Sully, cruza los jardines interiores y sal a la **Plaza de los Vosges**. *Ver pág. 35.*

💛 Pasea por los Jardines del **Palacio Real (Palais-Royal)** y recorre los pasadizos y galerías. Diríjete un poco más al norte para descubrir otros pasajes con el encanto de tiempos pasados (Panorama, Jouffroy, Verdeau, Galería Vivienne). *Ver pág. 30.*

💛 Pasea por el jardín del **Museo Rodin** y disfruta de un descanso a la sombra de los árboles, rodeado de magníficas estatuas: *El pensador, Los burgueses de Calais* y *La puerta del infierno. Ver pág. 67.*

💛 Conoce las últimas tendencias en arte contemporáneo en el **Centro Georges Pompidou**, en la **Bolsa del Comercio-Colección Pinault** o en la **Fundación Louis Vuitton**, al oeste de la capital. *Ver págs. 41, 42 y 84.*

💛 Recorre la historia de París en el **Museo Carnavalet**. Sede real, heroína revolucionaria, musa intelectual, capital de las artes: la Ciudad de la Luz (Ville Lumière) se descubre a través de las fascinantes estancias de algunas magníficas residencias privadas de Le Marais. *Ver pág. 38.*

💛 Sube a la colina de **Montmartre** por las estrechas escaleras del lado norte, pasea por las callejuelas y detente en la pequeña Plaza del Calvaire, frente a la empinada y característica escalera, para disfrutar de la vista de la capital. *Ver pág. 86.*

💛 Sumérgete en el mundo de la alta costura parisina en **Galería Dior**: un escenario mágico para resaltar los modelos más emblemáticos de la conocida casa de moda parisina, desde 1946 hasta la actualidad. *Ver pág. 82.*

Antoine Mercusot/Musée Carnavalet – Histoire de Paris

La Sala de los Signos del Museo Carnavalet, el Museo de Historia de París.

![El Pont Neuf y la Île de la Cité.]

El Pont Neuf y la Île de la Cité.

♥ Contempla el **Sena desde el Pont Neuf** a cualquier hora del día o de la noche. Desde aquí puedes admirar la Casa de la Moneda y el Instituto de Francia por un lado, y el Museo del Louvre por el otro. *Ver pág. 22.*

♥ Pasea bajo las glicinias en el barrio de **Mouzaïa**, donde las villas y casas con jardín dan a las calles adoquinadas con farolas del siglo XIX. ¡El campo en París! *Ver pág. 99.*

♥ Toma el **autobús 75** desde el Ayuntamiento (Hôtel de Ville), cruza Le Marais, el Canal St. Martin, bordea el Parque de las **Buttes-Chaumont** y bájate en la **Filarmónica de París**, en la Villette. *Ver págs. 94-98.*

♥ Los domingos, cuando el tráfico está prohibido a los coches, recorre **en bicicleta el Canal St. Martin**, entre la Plaza de la República y el Parque de la Villette. Disfruta de un pícnic en el parque y, a la vuelta, toma un aperitivo en la Rotonde o juega una partida de bolos junto al canal. *Ver pág. 94.*

♥ Camina alrededor del **Parque Rives de Seine**, a orillas del Sena, frente al Louvre, o frente al Museo de Orsay, en la orilla izquierda, o incluso a la altura del jardín Tino-Rossi, donde en las tardes de verano se puede bailar al aire libre (rock, salsa, tango). *Ver pág. 149.*

París en 3 días

La ciudad es muy turística y las colas delante de los monumentos más importantes pueden ser interminables. ¡No olvides reservar tus entradas *online* con antelación para evitar colas!

Día 1

▶ Por la mañana

Comienza desde el corazón de París: la Île de la Cité★★★ *(pág. 16)*. Visita Notre Dame★★★, una joya del arte gótico. Cruza la Plaza Louis Lépine, donde hay un encantador mercado de flores (y los domingos un mercado de pájaros), y continúa hasta la Santa Capilla (Ste. Chapelle)★★★ y la Conciergerie★★. Finalmente llega al Pont Neuf★, pasea y almuerza en St.-Germain-des-Prés★★★ *(pág. 54)*.

▶ Por la tarde

Sal a descubrir el Barrio Latino★★★ *(pág. 45)*: la Iglesia de St.-Séverin★★, el Hotel Cluny★★, la Sorbona★. Haz una breve pausa en el Jardín de Luxemburgo★★, luego continúa hasta el Panteón★★, la Iglesia de St.-Étienne-du-Mont★★ y finalmente la Calle Mouffetard★.

▶ Por la noche

Pasea por la orilla izquierda y descubre la Île St.-Louis★★ *(pág. 23)* y sus encantadores edificios del siglo XVII; para cenar, dirígete a Le Marais★★★, que se encuentra justo enfrente *(pág. 33)*, o vete a Montparnasse *(pág. 60)*, un barrio animado por discotecas, cines y teatros.

Día 2

▶ Por la mañana

Podrás elegir entre una visita al Museo de Orsay★★★ *(pág. 71)* o a un ala del Museo del Louvre★★★ *(pág. 24)*; los dos museos están conectados por el paseo Léopold-Sédar-Senghor. Si hace buen tiempo, disfruta de un pícnic en los tranquilos jardines del Palacio Real★★ *(pág. 30)*. O, ¿qué tal un pequeño restaurante japonés en la Calle Santa Ana, a 10 minutos caminando del Louvre?

▶ Por la tarde

Continúa a pie hacia la antigua Plaza de l'Étoile y admira el Jardín de las Tullerías★, la Plaza de la Concordia★★★ *(pág. 79)*, los Campos Elíseos★★ *(pág. 81)* y, al final de la avenida, sube a la terraza panorámica del Arco de Triunfo★★★ *(pág. 84)* y disfruta de la fantástica vista de la ciudad.

▶ A última hora de la tarde y la noche

Desde Charles-de-Gaulle-Étoile, vete a Pigalle en metro (línea 2). Sube la

Un día más

Da un paseo por el este de París, descubre los barrios populares y animados más frecuentados por la juventud parisina: el Canal St.-Martin *(pág. 94)*, los barrios de Belleville y Ménilmontant *(pág. 103)*, el Parque de Buttes-Chaumont *(pág. 98)* y el Parque de la Villette *(pág. 96)*.

colina de Montmartre★★★ *(pág. 86)*. Pasea por las serpenteantes calles de casas típicas y luego sorpréndete con el enorme mosaico que adorna el coro del Sacré-Cœur★★ *(pág. 89)* y una vista panorámica de la ciudad. Vuelve a bajar hasta la Plaza de las Abbesses, donde hay numerosos restaurantes (Calle de las Abbesses, Calle Martyrs y Calle de las Trois-Frères).

Día 3

▶ Por la mañana

¿Pequeña niebla en el horizonte? Es el día adecuado para ver la Torre Eiffel★★★ *(pág. 68)* y visitar el cercano Museo de Quai-Branly Jacques-Chirac★★ *(pág. 70)*. Luego toma el Batobus hasta la parada Tour-Eiffel y disfruta de un relajante viaje por el Sena *(el pase de un día te permitirá subir y bajar cuando quieras)*. Contempla las orillas del río, el Grand Palais★ y el Petit Palais★★, la estupenda vista de Los Inválidos★★★, la Plaza de la Concordia★★★, el Museo de Orsay★★★, el Louvre★★★ y la Île de la Cité★★★. Bájate en la parada Hôtel-de-Ville y almuerza en la zona de Beaubourg o en Le Marais★★★.

▶ Por la tarde y la noche

Pasea por Le Marais★★ *(pág. 33)* y admira la arquitectura: no te pierdas la Plaza de los Vosges★★★, los magníficos palacios y un museo a elegir entre el Museo Picasso★★, el Museo Carnavalet★★ y el Museo de Arte e Historia del Judaísmo★★. Por último, vete de compras y tómate un descanso en un bar o restaurante.

El Jardín de las Tullerías.

París en bicicleta

En los últimos años, ir a dos ruedas se ha vuelto muy popular en París gracias a la creación de una red de alrededor de 1000 km de carriles bici. La capital no parece tan grande cuando la recorres en bicicleta: en 16 km se cruza la ciudad de oeste a este, siguiendo el Sena y pasando por sus monumentos más emblemáticos.

▶ Campo de Marte - Los Inválidos

Parte de la Escuela Militar *(pág. 67)* para disfrutar de un gran desfile por el Campo de Marte hasta la Torre Eiffel *(pág. 68)*. Luego sigue el carril bici que bordea el Sena por la orilla izquierda hasta llegar a la esplanada de Los Inválidos *(pág. 64)*.

▶ Los Inválidos - Tullerías

Cruza el espléndido Puente Alejandro III *(pág. 64)*, y vete hacia el Petit y Grand Palais *(págs. 81-82)*. El carril bici de la orilla derecha llega a la Plaza de la Concordia *(pág. 79)*. Párate para admirar los Campos Elíseos *(pág. 81)* y el Jardín de las Tullerías *(pág. 80)*.

▶ Tullerías - Louvre

Después de pasar por la Plaza Vendôme *(pág. 28)*, sube por la Calle

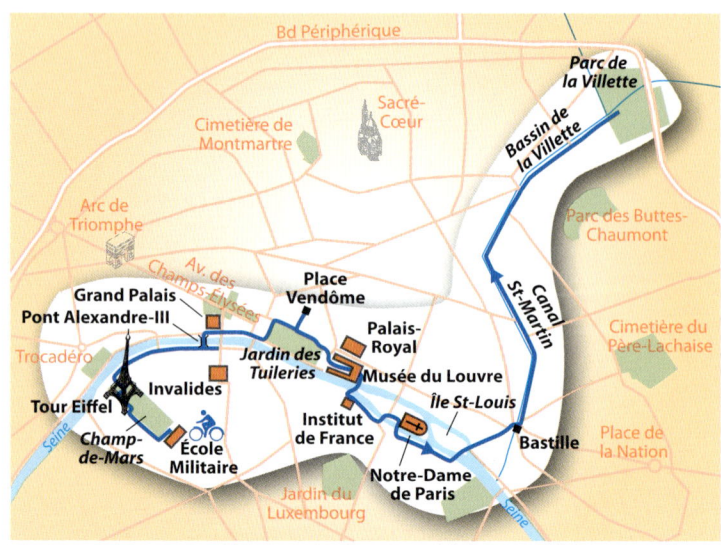

La orilla derecha del Sena.

Rivoli, ahora reservada a los ciclistas, hasta la Plaza del Palacio Real *(pág. 30)*. A la derecha, el pasaje Richelieu da acceso a la Pirámide del Louvre y a su fabulosa Cour Carrée *(pág. 24)*.

▶ Louvre - La Bastilla

Desde la Cour Carrée desciende hacia el Pont des Arts, que conduce en línea recta al Instituto de Francia *(pág. 57)*, donde está el carril bici del Sena en la orilla izquierda. Continúa hacia el este y admira, en particular, el Pont Neuf *(pág. 22)*, Notre Dame *(pág. 16)* y la Île St.-Louis *(pág. 23)*, cuyo extremo oriental cruza y continúa con el Bulevar Henri IV rumbo a la Bastilla *(pág. 100)*.

▶ La Bastilla - La Villette

El Bulevar Richard Lenoir conduce al Canal Saint Martin *(pág. 94)*: basta recorrerlo para llegar a la cuenca y al Parque de la Villette *(pág. 96)*, una espléndida visión de un París más popular....

Para saber

El pase Vélib' *(condiciones y precios, pág. 158)* permite recoger y devolver una bicicleta según conveniencia en las 1400 estaciones repartidas por la ciudad. Se puede elegir entre bicicletas tradicionales (verdes) o eléctricas (azules).

VISITAR PARÍS

Montmartre y la Basílica del Sacré Cœur.
espiegle/Getty Images Plus

París hoy

Durante muchos años, ha existido el temor: París, cada vez más popular, más turística, podía convertirse en una ciudad museo o en un mero telón de fondo de los monumentos del pasado, pero hoy sabemos que no. De hecho, es todo lo contrario, e incluso después de la reciente crisis sanitaria que ha afectado a la capital, nunca había parecido tan animada y exuberante. Las terrazas de cafeterías y restaurantes se multiplican; en las calles, los pequeños comercios vuelven a estar de moda en todos los barrios; los peatones y ciclistas invaden los espacios públicos y los parisinos se dedican a la jardinería al pie de los árboles que bordean las calles. París es hoy más que nunca un lugar para disfrutar de la vida cotidiana y los residentes lo acogen plenamente.

Espacio público

El cambio es palpable en las calles reservadas durante mucho tiempo para los coches, hoy están llenas de bicicletas. La revolución de la movilidad ya ha comenzado, también gracias a las nuevas tecnologías (bicicletas a disposición de los ciudadanos, alquiler de *scooters* mediante aplicaciones móviles, etc.) y a una política municipal que ha revisado completamente las infraestructuras (con más de 1000 km de carriles bici, frente a los 4,3 km en 1995). También se está evaluando la peatonalización total del centro de la ciudad (desde el Bulevar St.-Germain, al sur, hasta las grandes avenidas al norte) de aquí a 2024.

Otro ejemplo emblemático de la reapropiación del espacio público es el frenesí de los aperitivos al aire libre. En cuanto llega el buen tiempo, los parques y jardines de París, y más aún el Sena y las orillas del Canal St.-Martin, se transforman en una inmensa zona de pícnic. Un paseo nocturno basta para comprobar que París, lejos de ser una ciudad envejecida y burguesa, parece estar siempre de fiesta.

Ciudad mosaico

Mientras la prensa habla del retorno de lo rural, ¿ha encontrado realmente la capital la receta mágica? ¿La de seguir siendo un conjunto de pueblos que alaban la belleza de la vida?

A algunos les gustará dar un paseo por el **Barrio Latino**, entre Maubert y el Sena, entre los edificios ligeramente torcidos, las pequeñas plazas llenas de mesas al aire libre que te incitan a hacer un descanso, las calles estrechas y serpenteantes que evocan una ciudad hecha a escala humana, a pesar de la vista de Notre Dame.

Sin embargo, los amantes de lo clásico no querrán perderse **St.-Germain-des-Prés** y las estrechas calles entre el Sena y St.-Germain: el Mercado de Buci, el Cour du Commerce-St.-André y la Plaza St.-Sulpice. ¡Lo que fue el bastión intelectual de la ciudad sigue siendo una isla de resistencia a la locura del mundo moderno!

Los amantes de la estética apreciarán la encantadora **Île St.-Louis**, con sus bellos edificios clásicos y una atmósfera de gran tranquilidad (excepto el fin de semana): no te pierdas las galerías de arte y las pequeñas tiendas y dar un paseo por el Sena, entre los vestigios del pasado. En los alrededores de la Plaza de los Vosges y de la Calle Francs-Bourgeois, en **Le Marais**, está el barrio judío y centro de la cultura gay, no pases por alto los majestuosos edificios y las tiendas de antigüedades y ropa, bares y librerías.

¿Y qué decir del mítico barrio **de Montmartre** al norte de la ciudad? Las escaleras de la Butte, la colina, permiten vislumbrar amplios horizontes y sugerentes rincones de vegetación a dos pasos de las calles más turísticas. ¡Es el campo en la ciudad!

Incluso los antiguos barrios populares del noreste de París han sufrido una metamorfosis, como **Ménilmontant** y **Belleville**, la zona del **Canal St.-Martin** y la **cuenca de la Villette**, donde hoy hay talleres de artistas, tiendas de alimentación, espacios de *coworking*, sedes de asociaciones y restaurantes donde comer sano.

Cultura en ebullición

París es una ciudad de arte y cultura y los últimos años han sido especialmente ricos en acontecimientos de este tipo, como la esperada inauguración de la Colección Bourse de Commerce-Pinault, la del Hotel de la Marine, pero también la reapertura, tras importantes restauraciones, del Museo Carnavalet, del Museo Cluny y de los grandes almacenes La Samaritaine. Visitar París significa sumergirse

Neydtstock/Getty Images Plus

Patinetes eléctricos en el Jardín de las Tullerías.

15

en un ambiente festivo, sobre todo durante los grandes acontecimientos anuales: descubre las animaciones de Paris Plage y los festivales de verano (el cine al aire libre de la Villette, el Festival Paris l'été y el Parque de atracciones del Jardín de las Tullerías, etc.), la creatividad de la noche blanca de otoño, la magia de las luces y los adornos durante las vacaciones de Navidad...

París, una ciudad creativa y libre, no deja de reinventarse y de traspasar sus propias fronteras. Más aún porque, con la atenuación de la separación de los suburbios, la ciudad se abre ahora al Gran París, un proyecto que pretende transformar la ciudad en una gran metrópolis del siglo XXI.

La Île de la Cité★★★ y la Île St.-Louis★★

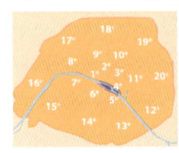

La Île de la Cité, cuna histórica de la capital, es el corazón palpitante de París: ¿cómo resistirse al romanticismo de su antiguo Mercado de las Flores, al inconfundible ábside semicircular de la Catedral de Notre Dame y a las maravillosas vidrieras de la Santa Capilla? Más discreta es la cercana Île St.-Louis con casas del siglo XVII por las eternas orillas del Sena.

▶ **Cómo llegar**: Ⓜ Cité (línea 4), Châtelet (líneas 1, 4, 7, 11 y 14; líneas A, B y D) - RER St.-Michel-Notre-Dame (líneas B y C).

Plano del distrito págs. 18-19. Mapa extraíble EF5-6.

▶ **Consejos**: visita la Santa Capilla en un día soleado, para disfrutar plenamente de las magníficas vidrieras. Valora comprar el tique combinado Santa Capilla y Conciergerie.

ÎLE DE LA CITÉ

EF5-6 En una posición estratégica entre dos brazos del Sena, albergó el núcleo original de Lutecia; donde se concentraban los poderes civiles, militares y religiosos.

Catedral de Notre Dame de París★★★

F6 Ⓜ *Cité o RER B St.-Michel-Notre-Dame - 6 pl. du Parvis Notre Dame - ✆ 01 42 34 56 10 - www.notredamedeparis.fr - Cerrado por restauración tras el incendio de 2019.* El 15 de abril de 2019, la catedral fue devastada por un incendio que partió del ático y se extendió por todo el tejado, lo que provocó el derrumbe de la aguja diseñada por Viollet-Le-Duc en el siglo XIX. Se rescataron unas 1300 obras, muchas de ellas de valor inestimable, que hoy se conservan en el Louvre o en almacenes seguros. Para la reconstrucción, con previsión de cinco años, se han recaudado más de mil millones de euros en donaciones. Durante la restauración, no se permiten visitas.

La construcción de Notre Dame la ordenó **Maurice de Sully** hacia 1163 para dotar a la capital de una catedral digna de su rango; las obras finalizaron hacia el 1300. Es una de las primeras iglesias con arbotantes, ampliados con una parte terminal en forma de una monstruosa criatura de piedra destinada a dejar escurrir el agua de lluvia de los tejados: la famosa **gargouille** (gárgola).

Pero la excepcionalidad de la catedral reside sobre todo en su belleza y el equilibrio de las formas. Los portales de la **fachada** principal son extraordinarios: a la izquierda, la puerta de la Virgen está decorada

con la Dormición de la Virgen y la Coronación de María; en el centro, la puerta del Juicio Final tiene una arquivolta decorada con las imágenes celestiales, donde el infierno y el paraíso están simbolizados respectivamente por demonios terroríficos y por Abraham que acoge las almas; y, a la derecha está la puerta de Santa Ana con la representación

LA CITÉ

0   100 m

DÓNDE COMER

Les Fous de l'Île...................... ❶

Marietta.................................. ❸

DÓNDE BEBER

Berthillon................................ ❷

Hoct et Loca........................... ⓯

Le Liquorium........................... ㉖

Le Tout-Paris.......................... ㉙

DE COMPRAS

Le Piéton de Paris.................. ⓯

DÓNDE DORMIR

Hôtel Andréa........................... ❷

de la Virgen con el niño en el centro. Dominando los portales se encuentra la **Galería de los Reyes**, donde se alinean los reyes de Judea e Israel, antepasados de Cristo. Son esculturas parcialmente destruidas ya que durante la Revolución se creía que representaban a los reyes de Francia; las originales se conservan en el Museo Nacional de la Edad Media (**⟳** *pág. 48*).

Eterna Notre Dame

A la espera de la reapertura de la catedral, prevista para finales de 2024, en el cementerio podrás disfrutar de una experiencia inmersiva en realidad virtual. Emociones garantizadas durante un viaje de 45 min al corazón de Notre Dame, desde el siglo XII hasta hoy. *www.eternellenotredame.com - 30 €.*

Las que se pueden admirar en la catedral se remontan a las obras de Viollet-le-Duc.Con aproximadamente 10 m de diámetro, el gran rosetón forma una especie de halo alrededor de la estatua de la Virgen con el niño. En el **interior**, el impulso y la audacia de la elevación de la **nave** reflejan el talento y la importancia de la escuela francesa en los primeros años del siglo XIII. Durante los siglos XIII y XIV, las ventanas que enmascaraban las tribunas superiores se ampliaron para iluminar las capillas: para soportar el empuje de la nave y las bóvedas, la idea era construir arbotantes de modo que todo el peso del edificio se descargara hacia al exterior y así dentro habría más espacio y luz.

Torres - *1 r. du Cloître-Notre-Dame - ☎ 01 53 40 60 80 - Cerrado por restauración tras el incendio de 2019.* Las altas y estrechas ventanas aligeran la estructura de las torres; en la derecha está la famosa campana que pesa 13 toneladas (el badajo, 500 kg).

Cripta arqueológica★ - *7 pl. Jean Paul II - ☎ 01 55 42 50 10 - www.crypte. paris.fr - Todos los días, excepto lu., 10:00-18:00 h - 9 € (menores de 18 años, gratis).* Bajo el atrio de Notre Dame, ampliado con la intervención urbanística de Haussmann, se han encontrado vestigios en una longitud de 118 m, restos de monumentos del período comprendido entre los siglos III y XIX: los restos de dos salas galorromanas calentadas con un hipocausto *(entrando a la izquierda)*, los cimientos de las fortificaciones del Bajo Imperio romano, los sótanos de las casas de la antigua calle Neuve-Notre-Dame, las bases del orfanato de los Trovatelli y parte de la iglesia de Ste-Geneviève-des-Ardents. Allí se organizan exposiciones temporales.

Alrededor de Notre Dame

Al norte de la catedral, el antiguo barrio del Chapitre (Rue Chanoinesse y Rue de la Colombe), aunque está muy restaurado, es el único testimonio del carácter medieval de la Cité. Desde el **Puente del Arzobispado (Pont de l'Archevêché)** se puede admirar el magnífico ábside de Notre Dame. Muy cerca, en el extremo oriental de la Île de la Cité, está el **Memorial de los Mártires de la Deportación** *(todos los días, excepto lu., de octubre a marzo, 10:00-17:00 h y de abril a septiembre, 10:00-19:00 h; gratis)* del arquitecto Henri Pingusson, que fue inaugurado en 1962, y evoca el horror de los campos de concentración nazis. Similar a una lápida funeraria, el monumento conduce a espacios subterráneos, que incluyen una cripta con una galería revestida de cristales de vidrio. Por último, no te pierdas el pintoresco **Mercado de las Flores (Marché aux Fleurs)**, con sus 1900 pabellones en el corazón de la Île de la

La Santa Capilla.

Cité. Los domingos hay un mercado de aves, aunque también incluye la venta de roedores y otras mascotas.

Santa Capilla ★★★

E5 Ⓜ *Cité. Entrada a la izquierda del portal central del Palacio de Justicia. 8 bd. du Palais - ℰ 01 53 40 60 80 - www.sainte-chapelle.fr - De abril a septiembre, 09:00-19:00 h; resto del año, 09:00-17:00 h - 11,50 € (menores de 25 años, gratis) - 18,50 € tique combinado con La Conciergerie - Cuidado con las aglomeraciones.* Fue construido en seis años ordenado por **Luis IX** en el siglo xiii como capilla palatina del palacio medieval de los reyes de Francia para albergar la Corona de Espinas, un fragmento de

la Vera Cruz y otras reliquias de la Pasión que había adquirido el rey. Se concibió como un gran relicario casi completamente vidriado, toda una obra maestra del estilo gótico flamígero. Las **vidrieras★★★** de la capilla superior son las más antiguas de París y representan más de mil escenas relacionadas con la Pasión y el anuncio por los grandes profetas y Juan Bautista, así como otras imágenes bíblicas. El rosetón occidental, que data del siglo xv, ilustra el Apocalipsis de San Juan. Al atardecer los rayos de sol atraviesan las ventanas creando un espectáculo único.

Conciergerie★★

E5 Ⓜ *Cité - 2 bd. du Palais - ℰ 01 53 40 60 80 - www.paris-conciergerie.*

fr - 09:30-18:00 h - 11,50 € (menores de 25 años, gratis) - 18,50 € tique combinado con la Santa Capilla.
Para disfrutar de una magnífica vista de la Conciergerie, admírala desde el muelle de la Mégisserie, al otro lado del Sena. Fue residencia de los reyes de Francia antes del Louvre, desde el siglo XIV albergó actividad judicial y fue una prisión. Las dos torres gemelas situadas en el centro de la fachada neogótica dominaban antiguamente la entrada al Palacio Real: la de la derecha albergaba las joyas de la Corona, de donde deriva el nombre de **Torre de la Plata**, y en la esquina del bulevar du Palais está la torre cuadrada, llamada **Torre del Reloj**, en la que se montó en 1370 el primer reloj público de París, que todavía está en funcionamiento.
Las magníficas salas góticas de la Conciergerie, en particular la **Sala de los Hombres de Armas**, te llevan a la época de la revolución: numerosas personas condenadas por el Tribunal Revolucionario, entre ellas Danton y Robespierre, pasaron sus últimos momentos de vida aquí. La celda donde **María Antonieta** pasó sus últimas noches en 1815 se ha transformado en capilla expiatoria. Entre enero de 1793 y julio de 1794, más de 2600 personas salieron de la Conciergerie en un carro, en dirección a la plaza donde se encontraba la guillotina. Cruzar el Patio de Mai para acceder al **Palacio de Justicia**★ *(8 bd. du Palais - ☎ 01 44 32 52 52 - www.cours-appel.justice. fr - Todos los días, excepto do., 09:00-17:00 h - Pedir información para la visita).* El edificio actual poco tiene que ver con lo que fue el antiguo palacio de los reyes de Francia. La **Sala de los Pasos Perdidos** fue la gran sala gótica de Felipe el Hermoso y, más tarde, las estancias de Luis IX.
El **Tribunal Supremo**, que estaba en el interior de la Conciergerie, se trasladó en 2018 a un nuevo edificio, diseñado por Renzo Piano, en el barrio de Clichy-Batignolles. (♿ *pág. 85*).

Plaza Dauphine ★

E5 Ⓜ *Pont-Neuf.* Durante mucho tiempo, la Cité terminaba al oeste con un archipiélago que los brazos pantanosos del Sena separaban de la gran isla. En 1607, **Enrique IV** ordenó construir esta plaza triangular con casas uniformes. Los terrenos se vendieron a comerciantes, especialmente orfebres, que dieron nombre al muelle construido en el siglo XIX, el famoso Quai des Orfèvres, donde tenía su sede la policía judicial desde 1913 hasta 2017, en sustitución de las joyerías.

Pont Neuf ★

E5 Ⓜ *Pont-Neuf.* Terminado en 1604, es el puente más antiguo de París y fue el primero en no tener la vista del río bloqueada por las casas. Hubo un tiempo en que los balcones semicirculares estaban ocupados por comerciantes, dentistas callejeros, bufones y también carteristas. Bajo el puente, disfruta del entorno idílico de la plaza Vert-Galant, en el extremo occidental de la Île de la Cité, frente al Louvre (orilla derecha), el hotel de la Monnaie y el Instituto de Francia (orilla izquierda).

Muelle Saint Michel

E6 Entre la Plaza St.-Michel y Notre Dame, numerosos **libreros** exponen libros, grabados, dibujos y revistas antiguas o difíciles de encontrar en sus famosas cajas de metal verde, creando una de las imágenes más evocadoras de la ciudad. Hay un total de casi 220 tenderetes, entre la orilla derecha y la orilla izquierda y 900 cajas que guardan 300 000 libros y documentos diversos.

ÎLE ST.-LOUIS★★

F6 Ⓜ *Pont Marie o Sully-Morland.* Destino del domingo para los parisinos que vienen a pasear y disfrutar de un pícnic en el Muelle de Béthune o en el Muelle d'Orléan. En la Edad Media, la Île St.-Louis estaba dividida en dos islotes, la Isla aux Vaches y la Isla Notre Dame. En el siglo XVII, el emprendedor Christophe Marie obtuvo del rey **Luis XIII** el permiso para unir los dos islotes por dos puentes de piedra. El resultado de esta operación inmobiliaria es esta isla dividida en forma de damero, donde se conservan majestuosos edificios clásicos, con hermosas fachadas y elegantes balcones de hierro forjado que pertenecieron a financieros y magistrados. En la Calle St.-Louis-en-l'Île se encuentran algunos de los edificios privados más bellos del barrio, como el Hotel Chenizot (núm. 51), con un balcón de hierro forjado sostenido por quimeras. **Iglesia de St.-Louis-en-l'Île★** - No te pierdas esta hermosa iglesia, ejemplo del barroco francés, que se finalizó en 1725. El interior es un verdadero museo, lleno de pinturas y esculturas del siglo XV al siglo XVIII.

Puente de Sully - Este puente, en el extremo oriental de la isla, data de 1876. En el lado norte, la vista se extiende desde el Muelle de Anjou hasta el Hotel Lambert (obra de Le Vau de 1640), desde el puerto de los Célestins al **Puente Marie★** *(ver más adelante)* hasta el campanario de St.-Gervais; en el lado sur se puede disfrutar de una magnífica **vista★** de Notre Dame y la Cité. En el núm. 17 del Muelle de Anjou, el **Hotel de Lauzun** (siglo XVII) con sus canalones decorados con motivos vegetales, acogió las reuniones del Club des Haschischins, al que asistían, entre otros, Balzac y Théophile Gautier. Baudelaire vivió aquí de 1843 a 1845 y escribió algunos de sus poemas como *Las flores del mal.*

Muelle de Bourbon - En el extremo occidental de la isla, los bolardos con cadenas y la vista de la Iglesia de St.-Gervais-St.-Protais y el Ayuntamiento lo convierten en un **lugar agradable★**.

Puente Marie★

F6 Ⓜ *Pont-Marie.* Es el puente más antiguo de París después del Pont Neuf y quizás, por su sencillez, también sea uno de los más bellos. Christophe Marie, su constructor, lo completó en 1635, pero la estructura tuvo que ser parcialmente reconstruida en 1670, después de sufrir graves inundaciones que arrasaron dos de sus arcos. Puente de la Tournelle **F6** Ⓜ *Pont-Marie.* Frente a los antiguos edificios del Muelle de la Tournelle (orilla izquierda), ofrece una vista magnífica★★★ de Notre Dame. En uno de los pilones está la estatua (1928) de Santa Genoveva, patrona de París.

Museo del Louvre★★★

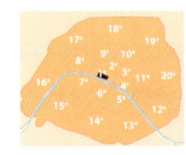

Más de 400 salas, 14,5 km de pasillos, 3 km de fachadas y un total de 480 000 obras: el Louvre es uno de los museos más famosos del mundo y el primero en número de visitantes. Sede de la monarquía francesa hasta la Revolución, resume ocho siglos de arquitectura y diez milenios de historia del arte. Una obra maestra representada por la famosa pirámide de cristal y metal que sirve de atrio del museo.

▶ **Cómo llegar**: Ⓜ Louvre-Rivoli (línea 1) o Palais-Royal-Musée-du-Louvre (líneas 1, 7).
Mapa extraíble DE4-5.
▶ **Información práctica**: Entrada principal desde la pirámide - ✆ 01 40 20 53 17 - www.louvre.fr - 09:00-18:00 h, mi. y vi. 09:00-21:45 h - Cerrado ma. - 15 € (museo y exposiciones temporales), 17 € *online* (tique sin colas); menores de 26 años, gratis.
▶ **Consejos**: Es tan grande que no todas las salas pueden estar abiertas al mismo tiempo. Pregunta en la oficina de información bajo la pirámide o consulta la web para saber qué salas estarán cerradas el día de tu visita. En cualquier caso no podrás verlo todo en un día, ¡tendrás que hacer una selección!

EL PALACIO

Fue construido entre 1190 y 1202, cuando el rey Felipe Augusto ordenó edificar una fortaleza en la zona occidental de París, y Carlos V la transformó en una elegante residencia real en el siglo XIV. En el siglo XVI, Francisco I quiso demoler el palacio medieval y encargó al arquitecto Pierre Lescot la construcción de un castillo de inspiración renacentista. Hacia finales del mismo siglo, su sucesor Enrique IV mandó hacer un túnel de más de 500 m a lo largo del Sena para conectar el Louvre con el Palacio de las Tullerías, ordenado por Catalina de Médicis en 1560. Durante los reinados de Luis XIII y Luis XIV se construyó el **Patio Cuadrado (Cour Carrée)★★★** que cuadruplicó el tamaño del antiguo patio interior y culminó con la construcción de la majestuosa **columnata★★** diseñada por Perrault (ala este del palacio). La aspiración de unir los dos palacios fue algo de todos los reyes franceses hasta Napoleón III, que consiguió su objetivo cerrando el llamado **Patio Napoleón★★**. Esta obra duró pocos años, ya que el Palacio de las Tullerías se incendió en 1871 y quedó destruido en 1882. Finalmente, François Mitterrand propuso la renovación de toda la zona. El proyecto del Grand Louvre, diseñado por el arquitecto

chino-estadounidense Ieoh Ming Pei, supuso la reorganización del museo alrededor de la emblemática pirámide de cristal y acero situada en el Patio Napoléon para iluminar un gran atrio subterráneo que servía de entrada principal.

EL MUSEO

Mapas - El acceso principal al museo es la sala Napoléon, bajo la pirámide, donde encontrarás mapas gratuitos imprescindibles para orientarte en las tres alas del museo: Sully, Denon y Richelieu.

Recorrido - Algunos itinerarios temáticos permiten descubrir una decena de obras con total autonomía.

Audioguías - ☎ 01 40 20 53 17 - www. louvre.fr - Para adultos, niños y personas con discapacidad, selección de obras comentadas en nueve idiomas - 5 €.

Visitas guiadas - ☎ 01 40 20 53 17 - www.louvre.fr - Todos los días, excepto ma. - 9-12 € - Visitas de introducción al museo («Bienvenidos al Louvre», 1 h y 30 min) o visitas temáticas. Compra de entradas en la Recepción de Grupos, debajo de la pirámide.

Eventos - Para conocer actividades y eventos, consulta la web del museo.

Obras maestras

Ala Sully - **La Venus de Milo**, planta baja, sala 16 - Esfinge, entresuelo, cripta - Escriba sentado, 1.er piso, sala 22 - Amenofis IV, 1.er piso, sala 25 - Baño turco de Ingres, 2.º piso, sala 60 - El truco con el as de diamantes, de Georges de La Tour, 2.º piso, sala 28 - La cerradura de Fragonard, 2.º piso, vestíbulo 48.

Ala Denon - *La Gioconda* de Leonardo, sala Mona Lisa, 1.er piso, sala 6 - **Las bodas de Caná** de Veronese, 1.er piso, sala Mona Lisa - **Victoria de Samotracia**, 1.er piso, al final de la escalera Daru - *Ídolo de las Cícladas*, entresuelo, sala 1 - Gladiador Borghese, planta baja, sala B - Amor y psique de Canova, planta baja, sala 4 - Esclavo moribundo y Esclavo rebelde de Miguel Ángel, planta baja, sala 4 - La coronación de Napoleón de David, 1.er piso, sala 75 - **La balsa de la Medusa** de Géricault, 1.er piso, sala 77 - Corona de Luis XV, 1.er piso, Galería de Apollon - Píxide de al-Mughira, entrepiso, sala A, Puerta mameluca, entresuelo, sala B - aptisterio de Luis IX, entresuelo, sala B.

Ala Richelieu - **Toro androcefálico alado**, planta baja, Patio Khorsabad, sala 4 - Caballos de Marly de Guillaume Coustou, Patio Marly - Tumba de Philippe Pot, Patio Marly - Erasmo de Hans Holbein, 2.º piso, sala 11 - Gabrielle d'Estrées y una de sus hermanas, 2.º piso, sala 10 - Betsabé con la carta de David de Rembrandt, 2º piso, sala 32 - La encajera de Vermeer, 2.º piso, sala 38 - El rapto de las sabinas de Poussin, 2.º piso, sala 11.

Ópera★★ - Palacio Real★★

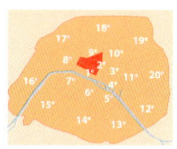

Durante el día, el barrio de la Ópera y la zona de los grandes bulevares son frenéticos, concurridos, llenos de turistas. Por la noche se da paso a la cultura, la danza, la música y el teatro. Del lado del Palacio Real, el ambiente es mucho más íntimo, entre tiendas de moda y soportales.

▶**Cómo llegar**: Ⓜ Opéra (líneas 3, 7 y 8), Pyramides (líneas 7 y 14), Palais-Royal-Musée-du-Louvre (líneas 1 y 7), Quatre-Septembre (línea 3).

Plano del distrito pág. 29. **Mapa extraíble** DF3-4.

▶**Consejos**: Los grandes almacenes están abarrotados los fines de semana, es mejor ir los días laborables por la mañana.

Palacio Garnier - Ópera Nacional de París ★★

Q3 Ⓜ *Opéra. Pl. de l'Opéra (entrada por la esquina de r. Scribe y Auber) - 📞 0892 89 90 90 - www.operadeparis. fr - Visita autoguiada todos los días, 10:00-17:00 h (excepto días de espectáculo) - 14 € (menores de 12 años, gratis).*

Un éxito del Segundo Imperio, el edificio fue diseñado en 1860 por **Carlos Garnier** con 35 años. Dio a la Ópera una fachada majestuosa y monumental: entre las esculturas, destacan *La danza*, de J. B. Carpeaux, y, en lo alto de la fachada, Apolo levantando su lira hacia el cielo, recordando la vocación del edificio. En el **interior★★★** su originalidad está en el mármol procedente de canteras de toda Francia y de variadas tonalidades: blanco, azul, rosa, rojo y verde. El **Gran escalón** y el **Gran vestíbulo** son obras notables y muy teatrales, en consonancia con el edificio.

Alrededor de Ópera

DE3-4 Desde la **Plaza de la Ópera★★**, el bulevar de los Capucines te conduce hasta la Iglesia de **Madeleine**, la Calle de la Paix hasta la Plaza Vendôme y la **Avenida de la Ópera★** en el Palacio

La Ópera en números

La Ópera ocupa una superficie de 11 237 m², pero solo acoge a 2200 espectadores ya que los anexos y los espacios abiertos son muy grandes, al igual que el escenario, que alberga hasta 450 actores. En la Ópera trabajan unas 1100 personas. La visita guiada es apasionante y le permite admirar la gran sala y el magnífico techo pintado por Chagall.

Real. Construida entre 1854 y 1878, esta avenida se convirtió rápidamente en una calle prestigiosa.

Actualmente es una zona de negocios llena de tiendas libres de impuestos que atraen a los turistas extranjeros a los grandes almacenes: **Printemps** (inaugurado en 1865) y las **Galerías Lafayette** (originalmente una pequeña mercería inaugurada en 1895 por Alphonse Kahn). Las Galerías Lafayette tienen un encanto particular con su cúpula centenaria y sus lujosos balcones; preciosas **vistas** desde la terraza. Durante las fiestas de fin de año las galerías se adornan con luces y escaparates de colores.

La Madeleine ★

D3 Ⓜ *Madeleine.* Consagrada en 1842, esta iglesia de estilo neoclásico está rodeada por una columnata de estilo corintio. Tiene dos fachadas gemelas precedidas por una gran escalera y provistas de un frontón triangular. La de la fachada principal, orientada al sur, está adornada con un elaborado frontón esculpido, y la de la trasera está vacía. Desde la escalinata se puede disfrutar de una espléndida **vista**★ de la Calle Royale, el Obelisco, el Palacio Borbón y la cúpula de los Inválidos.

Plaza Vendôme ★★

Q3 La **Calle de la Paix**, conocida por los escaparates de lujo de las grandes marcas de joyería y bisutería (Cartier, Van Cleef&Arpels o Boucheron), te lleva a la Plaza Vendôme, una de las plazas más bellas de París que data de finales del reinado de Luis XIV. Fue diseñada por Jules Hardouin-Mansart con planta octogonal y con el telón de la estatua ecuestre del Rey Sol, obra de François Girardon que fue inaugurada en 1699. En 1720, fachadas decoradas con partes delanteras e imponentes pilastras corintias rodeaban la plaza. La estatua real fue destruida durante la Revolución y en 1810 el emperador erigió una **columna** igual que la de Trajano en Roma. Tiene 44 m de altura y está decorada con una espiral de bronce obtenida de fundir 1250 cañones procedentes de Austerlitz y la corona una estatua de Napoleón I. En el núm. 15 se encuentra el **Hotel Ritz**.

Museo de las Artes Decorativas ★★

D4 Ⓜ *Palais-Royal-Musée-du-Louvre. 107 r. de Rivoli -* ☏ *01 44 55 57 50 - www.madparis.fr - Todos los días, excepto lu., 11:00-18:00 h (ju. hasta las 21:00 h) - 14 € (menores de 26 años, gratis) - 20 € tique combinado con el Museo Nissim-de-Camondo (pág. 85).* En un ala del Palacio del Louvre, este museo muestra las artes decorativas desde la Edad Media hasta nuestros días: artes gráficas, joyería, juguetes, papel pinta, publicidad. Están presentes: Boulle, Sèvres, Aubusson, Christofle, Lalique, Guimard, Mallet-Stevens, etc. Los interiores se han restaurado magníficamente como la estancia privada de Jeanne Lanvin y el comedor de Eugène Grasset. También ofrece exposiciones temporales.

La **Calle de Rívoli**★ está repleta de tiendas de *souvenirs* baratos y te lleva al Jardín de las Tullerías (♿ *pág. 80).*

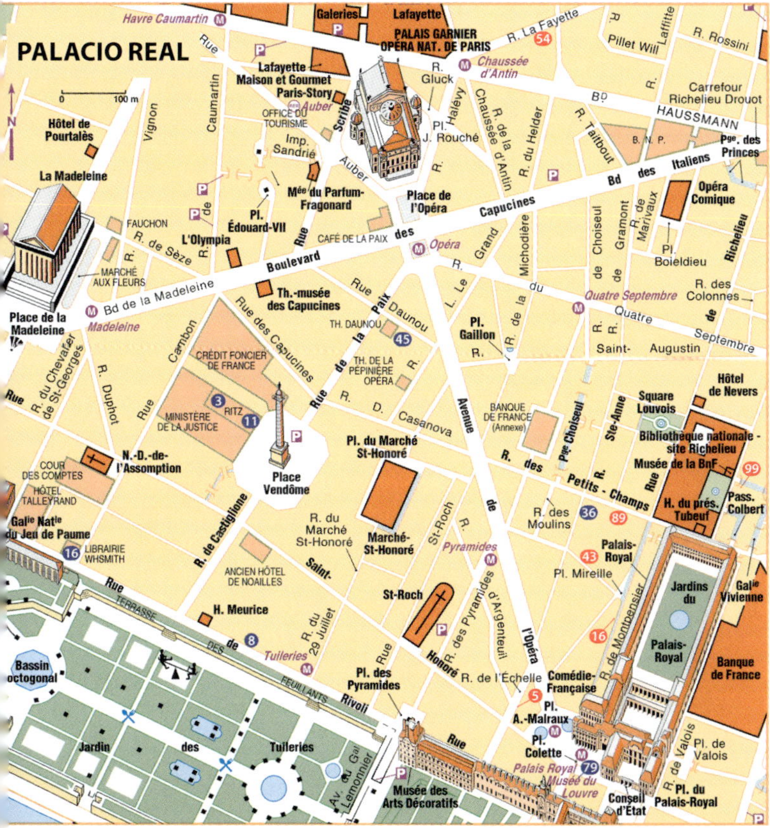

DÓNDE COMER

- Zen 5
- Le Stube 16
- JanTchi 43
- À Côté 54
- Kotteri Ramen Naritake 89
- Daroco 99

DÓNDE BEBER

- Hemingway bar 3
- Angelina 8
- Le Ritz 11
- Smith & Son Café 16
- Aki Artisan Boulanger 36
- Harry's New York Bar 45
- Le Café de la Comédie 79

Palacio Real ★★

E4 Ⓜ *Palais-Royal-Musée-du-Louvre.*
Entre el Louvre y la Plaza Victoires,
el Palacio Real, que hoy alberga el
Consejo Constitucional, está adornado
con un maravilloso **jardín**★★. En 1624,
Richelieu ordenó construir un edificio
vasto: el Palacio Cardenal, que se
transformó en Palacio Real cuando
Ana de Austria vino a vivir con el joven
Luis XIV. En 1780 pasó a manos de Luis
Felipe de Orleans, quien hizo cambios
importantes: en tres lados del jardín se
construyeron edificios con fachadas
uniformes y galerías flanqueadas por
tiendas, que se convirtieron en salas
de juego y casas de placer, hasta su
prohibición en 1836. De 1786 a 1790
Luis Felipe encargó la construcción
de la Sala del Teatro Francés, la actual
Comedia francesa★, y del **Teatro del
Palacio Real**★.
En el jardín, la columnata del siglo XIX
consta de 260 columnas de varios
tamaños en mármol blanco y negro, de
Daniel Buren.
Hoy en día las tiendas antiguas se
mezclan con elegantes *boutiques* de
diseñadores y galerías de arte, pero el
encanto del distrito lo dan los pequeños
pasajes que rodean las galerías.
Al oeste del Palacio Real se ha
instalado una comunidad japonesa
alrededor de la **Calle Ste.-Anne**, con
restaurantes, *pubs*, librerías y tiendas
de alimentación.
Hacia el este, pasea por las calles
estrechas para admirar la arquitectura
del siglo XVII, tiendas insólitas o
lujosas y arcadas del siglo XIX, como
la **Galería Véro-Dodat**★★, con una
espléndida decoración neoclásica
*(acceso por r. Montesquieu y r.
Croix-des-Petits-Champs).*

Galería Vivienne y pasaje Colbert ★★

E4 Ⓜ *Pyramides.* Fueron construidos
en la década de 1820. La **Galería
Vivienne**, al norte del Palacio Real
*(acceso principal en núm. 4 de la
r. des Petits-Champs)* conserva la
rica decoración con ninfas, diosas y
mosaicos. En el núm. 13 vivía Vidocq,
un delincuente que luego se convirtió
en policía.
El **Pasaje Colbert** *(acceso principal
en núm. 6 de la r. des Petits-Champs)*
fue restaurado en estilo pompeyano y
forma parte de la **Biblioteca Nacional
de Francia**, sede histórica en el
barrio. Con vistas a la encantadora
Plaza Louvois, el edificio principal
(58 r. de Richelieu - www.bnf.fr)
da acceso al **Museo de la BnF**, que
alberga las piezas más preciosas de

La «casa» de Molière

Fundada en 1680 por Luis XIV, la Comédie-Française es uno de los teatros parisinos
más bellos. El repertorio es principalmente clásico, pero la compañía más antigua
del mundo se está abriendo poco a poco también a autores contemporáneos. En el
interior destaca la famosa estatua de Voltaire creada por Houdon, así como el sillón
donde, el 17 de febrero de 1673, **Molière** sufrió una enfermedad mortal mientras
interpretaba *El inválido imaginario*.

El Pasaje Verdeau.

31

las colecciones nacionales (papiros, monedas antiguas, manuscritos, etc.), en la Galería Mazarine (siglo XVII). Cerca está el largo **Pasaje Choiseul** *(acceso principal en núm. 40 de r. des Petits-Champs)* con su ambiente retro.

Plaza de Victoires

E4 Ⓜ *Bourse.* La pintoresca plaza, creada por Jules Hardouin-Mansart, fue diseñada por el famoso cortesano de Luis XIV, el mariscal La Feuillade, para mostrar su admiración por el rey, cuya estatua se encuentra en el centro. La parte trasera de la Iglesia de Notre-Dame-des-Victoires (siglo XVII), inspirada en la iglesia del Gesù de Roma *(r. des Petits-Pères),* domina la plaza.

Los Grandes Bulevares

DEF3 Amplias avenidas que han sustituido a las antiguas murallas que rodeaban París (♿ *pág. 176).* Los locales de comida rápida y las tiendas de *souvenirs* baratos han reemplazado a los elegantes cafés del siglo XIX. También hay muchos teatros, el **Museo Grévin**, que es uno de los principales atractivos de la zona, el **Gran Rex**, como cine legendario, y **pasajes característicos**, para un paseo inusual.

Hotel des Ventes Drouot-Richelieu

E3 *9 r. Drouot - ☎ 01 48 00 20 00 - www.drouot.it - Todos los días, 09:30-19:00 h (ju. hasta las 20:00 h), en verano pedir información - Gratis - Programa de subastas la web.*

Famosa casa de subastas donde coleccionistas, anticuarios y expertos compiten por las obras que se ponen a la venta. Aunque no se quiera comprar nada, vale la pena detenerse por su ambiente.

Los pasajes★

Merece la pena visitar, por su aspecto ligeramente retro, el **Pasaje Jouffroy** *(10 bd. Montmartre)* y el **Pasaje de los Panoramas** *(núm. 11)*. Pero se están transformando y las antiguas tiendas cierran y se sustituyen por restaurantes elegantes, ecológicos y *gourmet*. Después del Jouffroy, tomar el **Pasaje Verdeau**, un poco escondido, pero con encanto. En el Bulevar de los Italianos (núm. 5), el **Pasaje de los Príncipes** está renovado.

Después llegarás a la tranquila **Cité Bergère** *(6 r. Faubourg-Montmartre)*, donde vivieron Chopin y Henrich Heine; admira la decoración del restaurante **Bouillon Chartier** *(núm. 7)*, abierto a finales del siglo XIX, donde se puede disfrutar de una experiencia pintoresca: camareros retro vestidos con trajes blancos y negros hacen piruetas por la sala llevando zanahorias ralladas, ternera *bourguignonne* y mousse de chocolate (👍 *pág. 107*).

Más lejos *(14-18 r. Richer)*, está la tranquila **Cité de Trévise**, un elegante conjunto de estilo neorrenacentista donde parece que el tiempo se ha detenido.

Museo Grévin★

E3 Ⓜ *Grands-Boulevards. 10 bd. Montmartre -* ☎ *01 47 70 85 05 - www.grevin-paris.com - De julio a agosto, 09:30-19:00 h; resto del año,* *10:0-18:00 h; fin de semana, 09:30-19:00 h - 25 € (menores de 18 años, 18,50 €), descuentos familiares.*

En 1881 Arthur Meyer, director del periódico *Le Gaulois*, tuvo la idea de representar a sus contemporáneos las celebridades que describía en su periódico en forma de estatuas de cera de tamaño natural, con la ayuda de Alfred Grévin, escultor, comediante y diseñador de vestuario. El éxito fue inmediato y, desde entonces, las colecciones se han renovado periódicamente y apuestan por la interactividad.

Grand Rex★

E3 Ⓜ *Bonne Nouvelle. 1 bd. Poissonnière - www.legrandrex.com.* Construido en 1932 para el productor cinematográfico francés Jacques Haïk, este cine de diseño *art déco* es conocido por su enorme tamaño: el Gran Salón contiene más de 2700 asientos repartidos en tres niveles. Calificado como monumento histórico desde 1981, es uno de los emblemas de los Grandes Bulevares. Muestra nuevos estrenos en múltiples pantallas y alberga estrenos de películas, actuaciones, festivales, conferencias y otros eventos de alto perfil.

Estudios Rex - *En vacaciones escolares: todos los días, 10:00-18:00 h (lu. 14:00-8:00 h); resto del año, todos los días, excepto lu., ma. y vi., de 10:00-a 19:00 h - 11 € (menores de 26 años, 9 €)*

Con un recorrido de 50 min entre bastidores explorarás el universo del cine desde el rodaje hasta la proyección.

Le Marais★★★ y Les Halles★

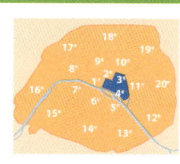

Le Marais es una de las pocas zonas de París que no fue transformada por el barón Haussmann y, por lo tanto, ha conservado las antiguas calles medievales, pequeñas plazas y hermosos palacios nobles que datan de los siglos XVII y XVIII. En este barrio moderno y vanguardista, las galerías de arte y las *boutiques* de diseñadores compiten con las tiendas de ropa de lujo, los restaurantes *kosher* y las tiendas de alimentación de la Calle de Rosiers. El domingo los comercios están abiertos, las calles llenas de gente que viene a pasear, comprar o compartir un *brunch*. Les Halles es la zona peatonal más grande de París, popular por sus cientos de tiendas y locales de comida rápida.

▶**Cómo llegar**: Le Marais se extiende a ambos lados del eje Rivoli-St.-Antoine, entre la Plaza de la Bastilla y el Ayuntamiento, hasta la Plaza de la República en el norte. El alto Marais está en el triángulo entre las calles Pastourelle, del Temple y el Bulevar del Temple. Ⓜ St.-Paul (línea 1), Rambuteau (línea 11).

Plano del distrito págs. 36-37. Mapa extraíble EG4-6.

▶**Consejos**: Durante el día está muy concurrido: es mejor visitarlo por la mañana con total tranquilidad. Por la noche, en cambio, el ambiente está garantizado.

LA ZONA SUR DE LE MARAIS

FG5-6 Uno de los barrios más concurridos de París, París, se encuentra entre los los lugares más representativos del esplendor del pasado, como lo demuestran reflejan las numerosas residencias señoriales.

Ayuntamiento ★

F5 Ⓜ *Hôtel de Ville. Pl. de l'Hôtel-de-Ville (recepción en núm. 5 de r. Lobau) - ☏ 01 42 76 40 40 - www.paris.fr - Visitas individuales suspendidas, solicitar información.*

Es el «Palacio de todas las revoluciones», el antiguo ayuntamiento de París no sobrevivió a la caída de la Comuna y el 24 de mayo de 1871 fue devorado por las llamas. Reconstruido en un enfático estilo neorrenacentista, el edificio conserva la atmósfera original ideada por el arquitecto italiano Domenico da Cortona (conocido en Francia como Boccador) en la década de 1530. En el interior, los enormes y lujosos salones representan los códigos decorativos de la Tercera República.

Justo enfrente del Ayuntamiento, el famoso **Bazar de l'Hôtel de Ville** (hoy BHV) es uno de los grandes almacenes emblemáticos de la capital francesa, además de uno de los más antiguos, fundado en 1856.

Iglesia Saint-Paul y Saint-Louis ★★

G5-6 Ⓜ *St.-Paul. 99 r. St.-Antoine -* ✆ *01 42 72 30 32 - www.spsl.fr - 08:00-20:00 h.*
Esta iglesia **jesuita** fue construida entre 1627 y 1641 siguiendo el ejemplo de la Iglesia del Gesù de Roma, modelo de arquitectura barroca. La fachada, decorada con columnas del orden clásico, esconde una espléndida cúpula. En su interior destaca el *Cristo en el Huerto de los Olivos*★★ de Delacroix.

Village Saint-Paul

G6 Ⓜ *St.-Paul.* Es una manzana entre las calles des Jardins-Saint-Paul, de Charlemagne, de St.-Paul y de l'Ave-Maria. Es un lugar animado, con patios interiores con edificios antiguos y numerosas tiendas de antigüedades. En la **Calle de los Jardins-St.-Paul**, cerca de las murallas de la ciudad, destacan dos torres, vestigios de lo que fue la **muralla de Felipe II★**. El bastión conectaba la torre Barbeau, en el núm. 32 del Muelle de Célestins, en la entrada trasera de St.-Paul.
El **Hotel de Sens★** *(1 r. du Figuier* fue construido entre 1475 y 1507 como residencia de los arzobispos de Sens, el obispado de París hasta 1622. Pasando bajo el pórtico de estilo gótico flamígero se accede al patio: la torre cuadrada a la que asciende la escalera de caracol está dotada de una *bertesca* (especie de balcón con matacanes), mientras que las fachadas exteriores están decoradas con torreones y bonitas claraboyas.
El Hotel de Sens acoge la **Biblioteca Forney**, especializada en bellas artes, artes decorativas y tecnología industrial, y periódicamente hace exposiciones.

Casa Europea de la Fotografía ★

F5 Ⓜ *St.-Paul - 5-7 r. de Fourcy -* ✆ *01 44 78 75 00 - www.mep-fr.org - Mi. a vi., 11:00-20:00 h (ju. hasta las 22:00 h), fin de semana, 10:00-20:00 h - 10 € (menores de 26 años, 6 €).*
Este centro de fotografía en el Hotel Hénault de Cantobre (hacia 1704), ha sido restaurado y ampliado por el arquitecto Yves Lion.
La colección, que incluye alrededor de 20 000 obras, renueva su distribución en función de las exposiciones temáticas temporales. En el sótano hay una biblioteca, una videoteca y un auditorio.

Plaza de Marché-Sainte-Catherine ★

G5 Ⓜ *St.-Paul.* Esta plaza peatonal está rodeada de grandes edificios. Los tranquilos bares con terrazas la convierten en una de las plazas con más encanto de París.

Calle Saint-Antoine

G5-6 Ⓜ *St.-Paul.* Importante arteria que comunica con el este, fue transitada a menudo por los reyes de Francia. Ya en el siglo XIV su inusual anchura la convirtió en un lugar privilegiado para paseos y fiestas populares; en el siglo XVII se consideró la calle más bella de París.

Hotel de Sully ★★

G6 Ⓜ*St.-Paul. 62 r. St.-Antoine -* ✆ *01 44 61 20 00 - www.hotel-de-sully.fr - Patio y jardín 09:00-19:00 h*

Plaza de los Vosges.

- Librería: todos los días, excepto lu., 13:00-19:00 h.

Construido a partir de 1625, este edificio, que alberga el Centro de Monumentos Nacionales, fue adquirido en 1634 por **Sully**, ministro de Enrique IV. El **patio**★★ es un notable conjunto de elementos de estilo Luis XIII y está adornado con frontones, tragaluces esculpidos y una serie de figuras que representan los cuatro elementos y las dos estaciones. Al final del jardín, el Orangerie comunica con la Plaza de los Vosges.

Plaza de los Vosges ★★★

G5 Ⓜ *St.-Paul.* Es una plaza ajardinada, rodeada por 36 pabellones con fachadas idénticas de piedra y ladrillo falso. Cada uno de los pabellones se compone de una planta baja porticada y dos pisos rematados por tejados adornados con tragaluces. El edificio del Pabellón de Roi *(lado sur)* está opuesto al edificio del Pavellón de la Reine. Enrique IV la constuyó entre 1605 y 1612 porque quería que existiera un barrio elegante en la capital, y que luego se convirtió en el centro de la vida social, con tiovivos y todo tipo de ocio; también fue el lugar de reunión de los duelistas. Su nombre actual viene de 1800 en honor al departamento francés que fue el primero en pagar impuestos al Imperio. Pasea bajo las arcadas y admira las galerías de arte y las tiendas, o párate a tomar una copa mientras escuchas las bandas del domingo.

DÓNDE COMER

DÓNDE BEBER

DE COMPRAS

DÓNDE DORMIR

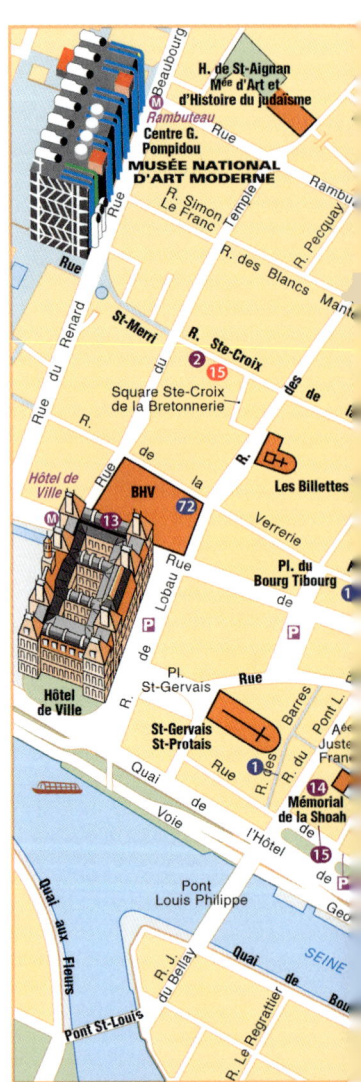

LE MARAIS

0 — 100 m

37

En la Plaza de los Vosges vivieron Madame de Sévigné *(núm. 1 bis)*, Bossuet *(núm. 17)*, Richelieu *(núm. 21)*, Théophile Gautier y Alphonse Daudet *(núm. 8)*.

Casa de Víctor Hugo★

6 pl. des Vosges - ☎ 01 42 72 10 16 - www.maisonsvictorhugo.paris.fr - Todos los días, excepto lu., 10:00-18:00 h - Gratis.
Es la casa que el escritor ocupó con su esposa de 1832 a 1848, transformada en museo tras una importante donación a la ciudad por parte de Paul Meurice, ejecutor del patrimonio. Una antecámara te lleva a la sala de estar china y el comedor de estilo medieval hasta el dormitorio de Víctor Hugo, donde murió en 1885.

38

Calle de Francs-Bourgeois ★

FG5 Ⓜ *St.-Paul y Rambuteau.* Antigua arteria popular, el eje central de Le Marais que conecta la Plaza de los Vosges con el Centro Pompidou es hoy una calle muy transitada y llena de tiendas. Descubre algunos de los numerosos edificios que datan de los siglos xvi y xvii: el **Hotel d'Albret** *(núm. 31)*, el **Hotel de Sandreville** *(núm. 26)*, el **Hotel d'Alméras** *(núm. 30)* y muchos otros. El **Hotel Le Peletier de St.-Fargeau** *(núm. 16)* y en el Hotel Carnavalet se ubica el Museo Carnavalet *(ver a continuación)*.

Museo Carnavalet - Historia de París ★★

G5 Ⓜ *St.-Paul. 23 r. de Sévigné - ☎ 01 44 59 58 58 - www.carnavalet.paris.fr - Todos los días, excepto lu., de 10:00 a 18:00 h - Gratis.*

Reabierto en 2021 tras cuatro años de obras, el Museo Carnavalet recorre la historia de la ciudad de París desde la prehistoria hasta nuestros días. Una colección de más de 600 000 piezas entre pinturas, muebles, grabados, documentos, maquetas, esculturas, etc., confieren al entorno un carácter fascinante y una vivacidad particular. El museo está ubicado en dos lujosos palacios patricios, el Hotel Le-Peletier-de-Saint-Fargeau y el **Hotel Carnavalet★★**: cuyo antiguo patio de honor, a la entrada del museo, sigue siendo uno de los conjuntos arquitectónicos más bellos de Le Marais con sus bajorrelieves firmados por Jean Goujon, que representan las cuatro estaciones.

Alto Marais

FG4 El alto Marais se ha adaptado a la continuidad arquitectónica de Le Marais del distrito IV: tiendas conceptuales, discotecas de moda y restaurantes de comida sana.

Museo de Arte e Historia del Judaísmo ★★

F4 Ⓜ *Rambuteau. 71 r. du Temple - ☎ 01 53 01 86 53 - www.mahj.org - De ma. a vi. 11:00-18:00 h, fin de semana, 10:00-18:00 h - Cerrado días festivos de Rosh Hashaná y Kipur - 10 € (menores de 18 años, gratis).*
Instalado en el interior del **Hotel de St.-Aignan**, es un museo moderno con intención pedagógica que muestra una colección excepcional de obras antiguas y contemporáneas (hallazgos arqueológicos, manuscritos, objetos de culto, etc.) para introducir a los

El Museo de la Caza y la Naturaleza, Sala del Ciervo y el Lobo.

visitantes en las culturas judías de Europa Central y el Mediterráneo. Entre las obras, una impresionante colección de lámparas de Hanukkah, dos pinturas de Chagall y una colección de finos trajes y joyas. Una sección conserva documentos (artículos de prensa, cartas, etc.) sobre el asunto Dreyfus, donados por la familia del oficial judío.

Hotel de Soubise-Clisson ★★ y Hotel de Rohan ★★

F5 Ⓜ *Rambuteau.* Estos dos palacios forman un conjunto único unidos por espléndidos **jardines★★**, reformado y abierto al público. Hoy albergan los Archivos Nacionales de Francia y el **Museo de los Archivos Nacionales★★**

(entrada por el núm 60 de r. des Francs-Bourgeois - ☎ 01 40 27 60 96 - www.archives-nationales.culture.gouv. fr - Todos los días, excepto ma., 10:00-17:30 h; fin de semana, 14:00-17:30 h - Gratis (visita guiada, 8 €).
Dispuesto en forma de herradura y rodeado por un elegante peristilo, destaca el **patio de honor★★** del hotel de Soubise *(entrada por el núm. 58 de r. des Archives)*, construido entre 1704 y 1705 por François de Rohan, príncipe de Soubise, donde anteriormente se encontraba el Hotel de Guise (siglo xiv). La **Puerta de Clisson★** *(r. des Archives)*, está coronada por dos torreones salientes, único vestigio visible de arquitectura privada del siglo xiv en todo París y las **estancias★★** del

palacio fueron decoradas a partir de 1732 por los mejores pintores y escultores de la época.

El imponente **Hotel de Rohan** *(87 r. Vieille-du-Temple)* lo construyó en 1705 el hijo del príncipe y la princesa de Soubise, obispo de Estrasburgo y futuro cardenal de Rohan, en un terreno adyacente al hotel de Soubise. Desde finales de 2021 alberga los interiores restaurados de la Cancillería de Orleans, una famosa casa demolida en 1923 que estaba cerca del Palacio Real. Sus salas con techos pintados, esculturas, columnas de mármol y chimeneas representan un ejemplo de las artes decorativas de la segunda mitad del siglo XVIII *(reserva en ☎ 01 40 27 60 96).*

Museo de la Caza y la Naturaleza ★★

F4 Ⓜ *Rambuteau. 62 r. des Archives - ☎ 01 53 01 92 40 - www.chassenature. org - De ma. a do. 11:00-18:00 h (algunos mi. hasta 21:30 h) - Cerrado lu. y festivos - 8-10 €.*

El museo está instalado en dos residencias: el **Hotel de Guénégaud**, construido por François Mansart en 1650 y renovado en el siglo XVIII, y el **Hotel de Mongelas** (siglo XVIII) que alberga el original Museo de la Caza y de la Naturaleza. Este museo muestra obras antiguas y contemporáneas juntas e ilustra la relación entre el hombre y su entorno natural. La colección se organiza en tres temáticas principales: armas y complementos de caza, con una gran variedad de armas desde el siglo XVI hasta nuestros días (lanzas, ballestas y pistolas); productos cinegéticos, con cientos de trofeos procedentes de Europa, África, Asia y América y representaciones artísticas de la vida silvestre y la caza, con obras de arte contemporáneas de Peter Paul Rubens, Lucas Cranach el Viejo, Frans Snyders y Jean-Baptiste Oudry.

Fundación Henri Cartier-Bresson ★

F4 Ⓜ *Rambuteau. 79 r. des Archives - ☎ 01 40 61 50 50 - www. henricartierbresson.org - Todos los días, excepto lu., 11:00-19:00 h - 9 € (menores de 18 años, gratis) - Abierto solo para exposiciones.*

Creada para preservar el legado de los fotógrafos Henri Cartier-Bresson (1908-2004) y Martine Franck (1938-2012), la fundación organiza excelentes exposiciones dedicadas al trabajo de los dos artistas y de otros fotógrafos famosos.

Carreau du Temple ★

G4 Ⓜ *Temple. 2 r. Perrée - ☎ 01 83 81 93 30 - www.carreaudutemple.eu - Taquilla de lu. a vi. 10:00-21:00 h, sá. 10:00-19:00 h - Precios de las entradas en función del evento.*

Este antiguo mercado cubierto de hierro que data de 1860 alberga hoy un centro multidisciplinar, donde se realizan deportes, espectáculos, exposiciones y conciertos.

Mercado de los Enfants-Rouges

G4 Ⓜ *Temple. 39 r. de Bretagne - Cerrado lu.* El mercado más antiguo de París (1615), merece una visita, especialmente en fin de semana. En

40

sus pintorescos pasajes cubiertos hay puestos de comida y algunos restaurantes (👆 *pág. 109*). El nombre proviene del color de la ropa de los niños del orfanato que había cerca y que data del siglo XVII.

Museo Picasso ★★

G5 Ⓜ *St.-Sébastien-Froissart. Hôtel Salé - 5 r. de Thorigny - 📞 01 85 56 00 36 - www.museepicassoparis.fr - Todos los días, excepto lu., 10:30-18:00 h; vacaciones escolares y fines de semana, 09:30-18:00 h - 14 € (menores de 18 años, gratis).*

El museo está instalado dentro del **Hotel Salé**, construido entre 1656 y 1659 para Pierre Aubert, recaudador de impuestos sobre la sal (procedencia del nombre). El edificio se renovó a principios de la década de 2010, conserva la hermosa **escalinata★**, con barandilla de hierro forjado y techo esculpido. Aquí está la colección más rica del mundo de obras de Picasso: aproximadamente 300 pinturas, más de 250 esculturas, incluida la famosa *Mono con su bebe* (1951), *collages*, pinturas en relieve y casi 4000 dibujos y grabados. También se organizan exposiciones temporales.

Museo Cognacq-Jay ★★

FG5 Ⓜ *Chemin-Vert. 8 r. Elzévir - 📞 01 40 27 07 21 - www.museecognacqjay. paris.fr - Todos los días, excepto lu., de 10:00 a 18:00 h - Gratis.*

Esta colección de arte europeo del siglo XVIII se encuentra en el **Hotel Donon**. El edificio y las obras, uniformes y de excelente gusto, evocan la vida refinada de la época de la Ilustración. Es uno de los museos más fascinantes de la capital, donde podrás pasear a tu antojo y con total tranquilidad en las salas decoradas con paneles de madera.

BARRIO DE BEAUBOURG

F4-5 Beaubourg, que durante mucho tiempo fue un barrio de casas antiguas e insalubres, se ha convertido desde 1977 en un lugar animado gracias a la presencia del Centro Georges-Pompidou. La plaza del Centro, que en verano está iluminada por el sol durante toda la tarde, acoge a acróbatas de todo tipo. Las principales exposiciones atraen a un público internacional en un ambiente alegre y colorido. A la derecha del edificio está la **Fuente Stravinsky★**, que está animada por las esculturas negras de Jean Tinguely y las de colores de Niki de Saint Phalle. A pocos pasos del Centro Georges-Pompidou se sitúa la **Iglesia de St.-Merrià★**, de estilo gótico flamígero del siglo XV.

Centro Georges Pompidou ★★

F4-5 Ⓜ *Rambuteau - Pl. Georges-Pompidou - 📞 01 44 78 12 33 - www. centrepompidou.fr - Todos los días, excepto ma., 11:00- 21:00 h (ju. hasta 23:00 h) - 15 € (menores de 25 años, gratis) - Cierre por obras previsto del 2023 al 2027.*

La construcción de este edificio de vanguardia con estructura de acero, paredes de vidrio y colores vivos, diseñado por los arquitectos Renzo Piano, Richard Rogers y Gianfranco Franchini, se completó en 1977.

La escalera mecánica se ubica en el tubo de vidrio colocado en diagonal sobre la fachada, conocida como la «oruga». Desde la planta 6 y último piso disfrutarás de unas magníficas **vistas**★★ de los tejados de París. Alberga una colección de alrededor de 100 000 obras: junto a las artes visuales hay obras de diseño, arquitectura, fotografía y multimedia. A menudo acoge conferencias, reuniones, conciertos y espectáculos.

El museo★★★

Plantas 4 y 5, a las que se accede a través del piso 4. La colección del museo, con más de 9000 obras, abarca todos los movimientos artísticos, **desde 1905 hasta hoy**. Las obras expuestas se renueva cada dos años.

Arte moderno - Las salas presentan cronológicamente las principales etapas del arte moderno: fauvismo (Derain, Matisse, Dufy), cubismo (Braque, Picasso), movimiento dadaísta con Marcel Duchamp y el famoso *ready-made*, abstraccionismo (Kandinsky, Klee, Mondrian), surrealismo (Dalí, Magritte, Ernst, Miró, Breton), pintura abstracta de los años 50 (Hartung, de Staël, Soulages), vanguardia americana (Pollock, Newman), CoBrA, la esculturas de Brancusi y, en la terraza, las obras de Miró, Ernst, Calder y Takis.

Arte contemporáneo - Se exponen las obras de arte contemporáneo más importantes de los años 60: Beuys, Boltanski, Bourgeois, Hantaï, Mitchell, Soulages, Twombly, Warhol, Viola, Rauschenberg, etc.

LES HALLES★

EF4-5 Este barrio es uno de los más animados. El Mercado de Les Halles era el «vientre de París»: desde 1135, fruteros, carniceros y pescaderos abastecían las cocinas de los parisinos. En 1969 se trasladó a Rungis, y los famosos pabellones creados por Baltard, con estructura metálica y techo de cristal, dieron paso al Fórum de Les Halles.

Fórum de Les Halles

EF4 Ⓜ *Les Halles.*
Bajo la marquesina de 25 000 m² de cristal llamada **Canopée**, el Foro

---

Breve historia de Les Halles

A lo largo de los siglos, el comercio fluvial se ha desarrollado en el Sena, en concreto en el punto donde la orilla de la parte derecha se convierte en una playa de arena y grava, especialmente adecuada para el amarre. La actividad mercantil fue tan próspera que, en el siglo XII, la cuenca parisina se convirtió en el centro del desarrollo económico de Occidente, en particular gracias a la calidad de los cultivos de trigo, por su posición en el cruce entre el sur y el norte de Europa y la notable producción vitivinícola. Así, a principios del siglo XIII, se construyó Les Halles a dos pasos de este puerto natural; la zona se llamaba «place de Grève» (ahora «Place de l'Hôtel-de-Ville») y era aquí donde los trabajadores esperaban en la playa, en la *grève*, para conseguir trabajo. El significado del término (*grève* en francés significa «huelga») evolucionó hasta convertirse en el actual.

La Iglesia de Saint-Eustache y el Jardín Nelson-Mandela.

alberga más de 150 tiendas y centros deportivos y culturales. Desde el patio central se puede ver el Centro Georges-Pompidou; en el exterior, el **Jardín Nelson-Mandela** está rodeado por la Iglesia de St.-Eustache y la Bolsa de Comercio.

Bolsa de Comercio - Colección Pinault ★★

E4 Ⓜ *Les Halles. 2 r. de Viarmes - ☎ 01 55 04 60 60 - www.pinaultcollection. com - Todos los días, excepto ma., 11:00-19:00 h (vi. hasta 21:00 h) - 14 € (menores de 26 años, 10 €) - Acceso gratuito 1.er sá. del mes, 17:00-21:00 h. Visitas guiadas (1 h 15 min) en francés (todos los días) e inglés (sá. a las 17:00 h), reservar con antelación - Precio entrada +5 €.*

Edificio durante mucho tiempo desconocido, con estructura circular (siglos XVIII-XIX). La columna de los Medici (siglo XVI), la antigua Bolsa de París ha sido noticia desde que, en 2021 reabrió sus puertas como centro de exposición de **arte contemporáneo** del magnate y empresario François Pinault. En la **rotonda central**, punto de apoyo del edificio, coronado por la cúpula de cristal y acero (1400 m² de frescos restaurados por Alix Laveau, de finales del siglo XIX), el arquitecto japonés Tadao Ando diseñó un cilindro de hormigón de 29 m de diámetro, 9 m de alto y 50 cm de espesor.

Iglesia de St.-Eustache ★★

E4 Ⓜ *Les Halles - 146 r. Rambuteau - ☎ 01 42 36 31 05 - www.saint-eustache. org - 09:30-19:00 h, sá. 10:00-19:15 h, do. 09:00-19:15 h.*

Se construyó en estilo gótico con decoraciones renacentistas entre 1532 y 1640 según el proyecto de Notre Dame, y la fachada principal en estilo clásico en 1754. En la iglesia, entre las bellas obras de arte, destacan un tríptico de Keith Haring, *La vida de Cristo*, en la capilla de St.-Vincent-de-Paul, y la tumba de Colbert esculpida por Coysevox y Tuby (finales del siglo XVII). En el lado norte, la **fachada del Croisillon★** conserva su estilo renacentista.

Zona peatonal alrededor del Foro de Les Halles

EF4-5 Desde la Iglesia de St.-Eustache sale la **Calle Montorgueil**, dominada por algunas casas antiguas con carteles pintorescos (observar los núms. 15, 17, 23 y 25), que permiten llegar por la calle Tiquetonne y Dussoubs al **pasaje Cobertura del Grand-Cerf**, con decoración del siglo XIX. Este último desemboca en la **Calle St.-Denis**, una de las más antiguas de París. Desde su inauguración, que se remonta al siglo VIII, fue vía comercial; hoy es un lugar con mil facetas, donde bares y *sex-shops* han sustituido a las prostitutas que caminan por las aceras desde hace décadas.

Siguiendo hacia el sur llegarás a la **Calle de la Grande-Truanderie**, que recuerda una de las famosas «cortes milagrosas» que sirvieron de refugio a los criminales parisinos hasta el reinado de Luis XIV. Un poco más lejos, la **Calle de los Lombards**, una estrecha calle medieval, evoca la época en la que los prestamistas italianos vendían plata a precio de oro; hoy esta calle está animada por las terrazas de bares y clubes de música jazz. También es digna de mención la **Fuente de los Inocentes★**: obra maestra del Renacimiento que fue inaugurada en 1549 con motivo de la entrada solemne de Enrique II en París y se atribuye a Pierre Lescot (dibujo) y Jean Goujon (escultura). Originalmente estaba ubicado en el centro del cementerio conocido como Sts-Innocents, el más importante de París hasta 1786, cuando dos millones de esqueletos se trasladaron a las Catacumbas (👁 *pág. 63).* A unos pasos, en el núm. 11 de la **Calle de la Ferronnerie**, Enrique IV fue asesinado por Ravaillac el 14 de mayo de 1610.

Finalmente, entre la Calle de Rivoli y el Pont-Neuf, los famosos grandes almacenes reabrieron sus puertas en 2021 después de más de quince años de cierre del **Samaritano★**, inaugurado en 1870. Al lujoso complejo *art nouveau* y *art déco* se le ha añadido un ala contemporánea con una original fachada de cristal ondulado en la Calle de Rivoli. El complejo, magistralmente reformado y amueblado, alberga un centro comercial de 20 000 m², un hotel de lujo, apartamentos, oficinas y numerosos restaurantes y cafeterías.

El Barrio Latino★★★

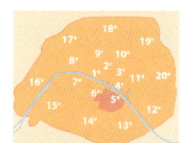

Dominado por el Panteón, atraviesa de norte a sur la calle St.-Jacques, la calle más antigua de Lutecia, antecesora del actual París. Dedicado a la universidad y a profesiones relacionadas con el libro desde la Edad Media, el barrio ha conservado el ambiente estudiantil; hay numerosas escuelas prestigiosas alrededor de la Sorbona y los estudiantes siguen reuniéndose en la Plaza St.-Michel o en el Jardín de Luxemburgo.

▶**Cómo llegar**: Ⓜ St.-Michel (línea 4), Cluny-la-Sorbonne (línea 10), RER St.-Michel-Notre-Dame (líneas B y C).

Plano del distrito págs. 46-47. Mapa extraíble EG6-8.

▶**Consejo**: Para comer, aléjate de la zona turística de la Calle de la Huchette.

Plaza St.-Michel

E6 Ⓜ *St.-Michel.* Es uno de los lugares de encuentro de los jóvenes de todo el mundo. La fuente y la plaza datan del siglo XIX. Si continúas por la Calle de la Harpe, la Calle de la Parcheminerie, la Calle de la Huchette y la Calle St.-Séverin. Apreciarás plenamente su encanto medieval. Las tiendas de comida rápida y *souvenirs* se han apoderado de esta zona, muy concurrida por la noche.

Alrededor de la Iglesia de Saint-Séverin ★★

E6 Ⓜ *Cluny-la-Sorbonne. 1 r. des Prêtres-St.-Séverin.* La iglesia, de los siglos XIV y XV, tiene casi las mismas dimensiones de ancho como de largo. Los vanos van del gótico radiante (rayonnant) al flamígero (flamboyant), estilo en el que también se creó la doble **girola**★★, con nervaduras que caen en espiral sobre las columnas revestidas de mármol y madera. Las **vidrieras**★ datan de finales del siglo XV; destacan los modernos y multicolores ventanales de Bazaine.

Toma la **Calle Galande** para admirar las hermosas casas medievales y luego continúa hasta la **Iglesia de St.-Julien-le-Pauvre**, contemporánea de Notre Dame (1165-1220) y dedicada al culto greco-católico melquita desde 1889. Justo al lado, en **la Plaza Viviani**, se puede admirar el árbol más antiguo de París, una acacia negra plantada en 1602 y hoy sostenida por puntales de hormigón. Luego diríge te a la Calle de la Bûcherie y a la Calle de Grands-Degrés, donde las casas antiguas evocan perfectamente el París del pasado. Los amantes de la literatura inglesa querrán pasar (io pasar el día!) en la histórica librería **Shakespeare & Company** (*37 r. de la Bûcherie*), una auténtica institución que desde 1951 ofrece lugares para dormir en los sofás del interior a personas sin dinero, artistas y escritores, a cambio de unas horas de trabajo entre las estanterías.

CATHÉDRALE NOTRE-DAME

M Notre-Dame

Quai Pont Louis Philippe

SEINE

Voie Pont Marie

Hôtel de Sens

Village St-Paul

Jardins St-Paul

M de la Magie et des Automates

Quai des

Célestins

Quai Georges

R. J. du Bellay

Rue

Bourbon

Pont Marie

Pont St-Louis

Saint-Louis

H. de Chenizot

Île

Saint-

Rue Budé

BERTHILLON Louis

Pont des Ponts en Pompidou

H. de Lauzun

d'Anjou

Mémorial des Martyrs de la Déportation

Q. d'Orléans

Pt de l'Archevêché

Deux

St-Louis en l'Île

Hôtel Lambert

Sq. H. Galli

Sully Morland

Pavillon de l'Arsenal

R. des Degrés

Quai

Albert

Quai de Bièvre

de la

Pont de la Tournelle

STE-GENEVIÈVE

Q. de Béthune

l'Île

Henri IV Sully

M

Quai R. A. d'Aubigné

bd Morland

R. de Sully

Bibliothèque de l'Arsenal

R. des Bernardins

Pontoise

Tournelle

St-Nicolas-du-Chardonnet

4

LA TOUR D'ARGENT

Saint-

Germain

Pl. Mohammed V

Boulevard

de Pont

Institut du Monde arabe

Henri

IV

Rue Poissy

Collège des Bernardins

Maison de Mutualité

Rue du Cardinal Lemoine

Rue des Fossés St-Bernard

Quai

SEINE

Q. P. GEVIN

Écoles

Pl. Maurice Audin

Saint-

Ancienne école Polytechnique

21

Cardinal Lemoine

Rue Monge

Rue

Pl. Jussieu

Universités Pierre-et-Marie-Curie et Denis-Diderot

Bernard

R. Thouin

5

SQ. DES ARÈNES DE LUTÈCE

Arènes de Lutèce

M

Jussieu Jussieu

Rue

Cuvier

Ménagerie

Rue

Rollin

R. des Arènes

97

M CUVIER

lace de la ntrescarpe

Rue

R. de Navarre

Linné

Jardin des Plantes

Galerie de Paléontologie et d'Anatomie

R. Ortolan

Lacépède

Place Monge

Rue de Quatrefages

Rue Geoffroy

R. G. Desplas

Museum National d'Histoire Naturelle

R. Gracieuse

Place Monge

Mosquée de Paris

GR de GALERIE DE L'ÉVOLUTION

Gare d'Austerlitz

Pl. du Puits de l'Hermite

St-Hilaire

Buffon

Rue

Pl. B. Halpern

R. Daubenton

INSTITUT MUSULMAN

Galerie de Minéralogie et de Géologie

Censier Daubenton

Rue Censier

Université de La Sorbonne-Nouvelle

BARRIO LATINO

0   100 m

47

Museo Nacional de la Edad Media - Termas de Cluny ★★

E6 Ⓜ *Cluny-la-Sorbonne. 28 r. del Sommerard - ✆ 01 53 73 78 16 - www. musee-moyenage.fr - Todos los días, excepto lu., de 09:30 a 18:15 h (hasta las 21:00 h el 1.ᵉʳ y 3.er ju. del mes) - 12 € (menores de 26 años, gratis).*

Reabierto en 2022 tras ambiciosas obras que permitieron una remodelación completa del recorrido de visita, moderno y luminoso, el museo se amplió con un nuevo pabellón recubierto de láminas metálicas de diferentes tamaños y relieves, diseñado por el arquitecto Bernard Desmoulin. Con esta moderna incorporación, el complejo abarca dos mil años de arquitectura parisina, ya que su núcleo original reúne dos edificios emblemáticos de la historia de la ciudad: las termas galorromanas de Lutetia y el palacio de los abades de Cluny.

Termas★ - Del gran edificio galorromano del siglo II se conserva aproximadamente un tercio. Eran los baños públicos, saqueados e incendiados por los bárbaros a finales del Imperio Romano.

La sala del *frigidarium* , intacta, sorprende con sus bóvedas milenarias que alcanzan los 14 m de altura. Aquí se puede admirar el famoso pilar Nauti, encontrado en 1711 bajo el coro de Notre Dame, erigido en honor a Júpiter.

Hotel de Cluny - Construido entre 1485 y 1500 en el lado este de las antiguas termas, es uno de los dos grandes edificios privados de la Edad Media que todavía existen en París, junto con el Hotel de Sens en Le Marais (♿ *pág. 34*). La tradición medieval todavía se manifiesta a través de elementos (almenas y torreones), cuya única función es decorativa: el edificio es sobre todo el primer ejemplo de residencia privada con patio y jardín.

Museo★★ *:* Dedicado al arte medieval, cuenta con una colección de miles de obras que abarcan más de mil años de historia. La colección, que sirve de vínculo entre el Museo Arqueológico Nacional de Saint-Germain-en-Laye (Yvelines) y el Museo Nacional del Renacimiento de Écouen (Val-d'Oise), incluye tejidos, orfebrería, vidrieras, obras en hierro, marfiles, esculturas, cerámicas, pinturas de francesas y europeas que ilustran las diversas formas de arte y artesanía típicas de la época medieval. El recorrido pone de relieve los diferentes aspectos de la civilización medieval (vida

48

cotidiana, economía, guerra, etc.), dominada sobre todo por la religión cristiana (magníficos restos de iglesias parisinas, desde Notre Dame hasta Saint-Germain-des-Prés). El buque insignia del museo, los seis **tapices de La dama y el unicornio★★★**, son un magnífico ejemplo del arte textil holandés (siglos xv y xvi).

La Sorbona

E6-7 Ⓜ *Cluny-La Sorbonne. 17 r. de la Sorbonne - www.sorbonne.fr - Visita guiada (1 h y 30 min) con reserva en visites.sorbonne@ac-paris.fr - 15 €.*
La ilustre universidad, fundada en el siglo xiii, estaba entonces destinada a estudiantes de teología. Actualmente sigue siendo sinónimo de excelencia y de protesta, porque aquí comenzó la

El Jardín de Luxemburgo.

rebelión estudiantil de mayo de 1968, cuya mecha se encendió en la acultad de Nanterre.
Coronada por una cúpula con penachos pintados por Philippe de Champaigne, la **capilla★** *(no visitable)* en estilo jesuita alberga la **tumba del cardenal Richelieu★** (Girardon, 1694), director del colegio en 1622.
Hay otras instituciones prestigiosas cerca: el Collège de France, los liceos de St.-Louis, Henri-IV, Louis-Le-Grand, la École normalie supérieure de la Calle Ulm, la École des mines, etc.

Jardín de Luxemburgo ★★

E6-7 *RER Luxembourg. R. de Fleurus, pl. Edmond-Rostand y r. de Vaugirard - 📞 01 42 34 20 00 - www.senat.fr - ♿ - Horario variable según la temporada (07:30/08:15 h a 16:30/21:30 h).*
Un pulmón verde lleno de historia situado cerca de la Sorbona, el Odéon y Montparnasse, este parque seduce por su belleza clásica.
En 1612 María de Médicis compró el palacio del duque de Luxemburgo y los terrenos circundantes, que más tarde se utilizaron como parque. Será un verdadero encanto caminar por este **jardín francés** de líneas y perspectivas armoniosas y senderos sombreados. En la gran piscina octogonal los niños podrán navegar en sus veleros. Un toque de estilo inglés se revela en las serpenteantes calles Guynemer y Auguste-Comte. Además, la tradición agrícola del parque se perpetúa con los cursos de arboricultura y apicultura que se organizan en el antiguo vivero *(cerca de la Calle d'Assas).*
La influencia italiana se puede reconocer en cambio en la **Fuente de**

49

los **Medici**, al fondo de una larga pila, el testimonio más bello que queda del jardín de María de Médicis. Del lado de la Calle Guynemer hay columpios, carruseles y marionetas.

Palacio de Luxemburgo★★ - Este palacio, terminado en 1615, fue encargado por María de Médicis, que quería escapar del Louvre, que detestaba. Hoy alberga la segunda cámara parlamentaria: el Senado. Normalmente los debates son los martes, miércoles y jueves, y están abiertos al público.

Iglesia de Val-de-Grâce ★★

E8 *RER Port-Royal. 1 pl. Alphonse-Laveran - Acceso a la iglesia solo con la visita al Museo del Servicio Médico del Ejército.*

Esta iglesia nació de un voto hecho por la reina Ana de Austria (1601-1666), quien prometió construir una iglesia si tenía un hijo. Su deseo se cumplió 21 años después, en 1638, con el nacimiento del futuro Luis XIV. La iglesia, de estilo barroco clásico según un diseño de François Mansart y finalizada por Lemercier, cuenta con suelos policromados; la hermosa **cúpula★★** Su interior está adornado con un fresco pintado por Mignard que representa a la Santísima Trinidad en el Paraíso.

La abadía real albergó un hospital militar de 1793 a 2016. En el claustro, el **Museo del Servicio Médico del Ejército** (*☎ 01 40 51 51 92 - evdg. sante.defense.gouv.fr - Todos los días, excepto lu. y vi., de 12:00 a 18:00 h - Cerrado en agosto - 5 €, (menores de 18 años, 2,50 €)* recorre la historia de la medicina militar.

Panteón ★★

E7 *RER Luxembourg. Pl. del Panteón - ☎ 01 44 32 18 00 - paris-pantheon. fr - De abril a septiembre, de 10:00 a 18:30 h; resto del año, de 10:00 a 18:00 h - 11,50 € (menores de 25 años, gratis).*

Después de recuperarse de una grave enfermedad en 1744, **Luis XV** encargó a Soufflot la construcción de un edificio en el punto más alto de la orilla izquierda para reemplazar la iglesia en ruinas de Ste-Geneviève. El arquitecto concibió un edificio de 110 m de largo, 84 m de ancho y 83 m de alto.

El **peristilo** está formado por columnas corintias estriadas que sostienen un frontón triangular, las paredes están decoradas con **pinturas★**; los más famosos, los de Puvis de Chavannes, cuentan la historia de Ste-Geneviève. En abril de 1791, la Asamblea Constituyente cerró la iglesia al culto y la convirtió en un lugar de recogida de las «cenizas de los grandes hombres de la época de la libertad francesa»: el **Panteón**.

En el siglo XIX cambió de función: una iglesia durante el Imperio, necrópolis durante el reinado de Luis Felipe, iglesia con Napoleón III, luego sede de la Comuna y, en 1885, templo secular para albergar las cenizas de Víctor Hugo. Más de 80 personalidades ilustres están enterradas en la cripta del Panteón: de Voltaire a Jean Moulin, pasando por Louis Braille, Jean Jaurès, Marie Curie, Germaine Tillion y Simone Veil (y su esposa).

Desde la **cúpula★★★** se accede a las partes superiores del monumento (206

El panteón.

escalones), desde donde se puede disfrutar de una panorámica de 360° de París *(todos los días visitas a las 10:15, 11:00, 14:30, 15:30 y 16:30 h- 3,50 €).*

Iglesia de Saint-Étienne-du-Mont ★★

F7 Ⓜ *Cardenal-Lemoine. 1 pl. Ste-Geneviève - ✆ 01 43 54 11 79 - www.saintetiennedumont.fr - Lu., de 14:30 a 19:30 h; de ma. a vi., de 08:30 a 13:00 h y 14:00 a 19:30 h; sá. y do., de 08:30 a 13:00 h y 14:00 a 20:00 h.*

Esta iglesia, reconstruida entre los siglos XV y XVII, es conocida por su **jubé★★** (tribuna que separa el coro de la nave principal, aquí ricamente esculpida) del siglo XVI, para el órgano y para las reliquias de Santa Genoveva,

patrona de París. Blaise Pascal y Jean Racine están enterrados en la iglesia. La **fachada★★** está formada por tres frontones superpuestos, mientras que el campanario aligera su imponente estructura. La luminosidad de la iglesia viene dada por la estructura gótica con ventanales en las naves y en el coro, construidos en estilo gótico flamígero, y en la ventana de la nave, de estilo renacentista. En el claustro situado en la iglesia donde existieron dos cementerios, destacan las **vidrieras★** de colores que evocan la predicación (siglo XVII).

Barrio de Mouffetard

F7-8 Ⓜ *Plage de Monge.* El barrio atrae a estudiantes y poetas (como Sade,

Rabelais y Villon), viajeros y bandidos. No te pierdas la **Calle Mouffetard**, con su mercado diario *(excepto lu.)*, sus tiendas (en el núm. 122, el antiguo cartel «À la Bonne Source» data del siglo XVII), su ambiente rústico y turístico, o la **Plaza de la Contrescarpe★**, con las terrazas de sus animados cafés.

Jardín des Plantes ★★

FG7 Ⓜ *Gare-d'Austerlitz o Monge -* ☎ *01 40 79 56 01 - www. jardindesplantesdeparis.fr - Verano, de 07:30 a 20:00 h; resto del año, de 08:00 a 17:30 h (el horario varía según el amanecer y el atardecer) - Gratis.* Este jardín botánico destaca por su **invernaderos**, el primero del mundo de grandes dimensiones, construido en 1834-1836 en vidrio y metal *(todos los días, excepto ma., de 10:00 a 17:00 h - 7 €; menores de 25 años, 5 € - La entrada a la Galería Botánica está incluida en el tique)*. Puedes caminar por el jardín **alpino** o ir a observar los animales del **Casa de fieras**, un zoológico rodeado de vegetación inaugurado en 1794 *(57 r. Cuvier -* ☎ *01 40 79 56 01 - www.mnhn.fr - De*

10:00 a 17:00 h, do. y festivos de 10:00 a 18:30 h - 13 €; menores de 25 años, 10 €). Observarás numerosas especies de pequeño y mediano tamaño, algunas en peligro de extinción como el panda rojo y los orangutanes.

Museo Nacional de Historia Natural ★★

Gran Galería de la Evolución★★★

F7 Ⓜ *Gare-d'Austerlitz. 36 r. Geoffroy-St.-Hilaire -* ☎ *01 40 79 54 79 - www. jardindesplantesdeparis.fr -Todos los días, excepto ma., de 10:00 a 18:00 h - 10 € (menores de 25 años, 7 €); con exposiciones temporales o con la Galería de los Enfants 12 € (menores de 25 años, 9 €); sala de realidad virtual, 5 €.* Este museo, situado en el Jardín de las Plantas, recorre las etapas de la evolución de tres maneras diferentes. **La diversidad de la vida** - Una bella exposición de animales disecados presenta los diferentes ambientes terrestres, desde los más cálidos (con cebras, búfalos, antílopes, etc.) hasta los más fríos (con osos polares). Los monos y pájaros son de la selva tropical. **El hombre, un factor evolutivo** - Sección que muestra la influencia de

Breve historia del parque

En 1626, Jean Héroard y Guy de La Brosse, médicos y boticarios de Luis XIII, obtuvieron permiso para crear un jardín real de plantas medicinales en el Faubourg St.-Victor y lo convirtieron en escuela de botánica, historia natural y farmacia. En 1640 el jardín se abrió al público y el botánico Tournefort y los hermanos Jussieu viajaron por todo el mundo para enriquecer sus colecciones. Fue con Buffon, superintendente de 1739 a 1788, apoyado por Daubenton y Antoine Laurent de Jussieu, sobrino de los anteriores, que el jardín botánico vivió su período de máximo esplendor. El éxito fue tal que se erigió una estatua de Buffon... cuando todavía estaba vivo.

las acciones humanas sobre el medio ambiente, cuyo efecto se ilustra en la **sala de especies amenazadas o extintas★★**.
La evolución de la vida - Desde las primeras teorías de los naturalistas (Lamarck, Darwin) hasta los descubrimientos sobre el ADN.

Galería de Paleontología y Anatomía Comparada★

G7 Ⓜ *Gare-d'Austerlitz. 2 r. Buffon - ℘ 01 40 79 56 01 - www.jardindes plantesdeparis.fr - Todos los días, excepto ma., de 10:00 a 18:00 h - 10 € (menores de 25 años, 7 €).*
En un edificio construido entre 1892 y 1898, la galería alberga una colección de 5000 esqueletos de vertebrados, desde peces hasta aves, desde reptiles hasta mamíferos, desde el hombre hasta las ballenas, sin olvidar los impresionantes dinosaurios y mamuts.

Galería de Minerología y Geología★

F7 Ⓜ *Gare-d'Austerlitz. 36 r. Geoffroy-Saint-Hilaire - ℘ 01 40 79 56 01 - www. jardindesplantesdeparis.fr - Todos los días, excepto ma., de 10:00 a 17:00 h - 7 € (menores de 25 años, 5 €).* 770 000 ejemplares de rocas, minerales, cristales, gemas y meteoritos.

Mezquita de París ★

F7 Ⓜ *Place-Monge. Pl. du Puits-de-l'Ermite - ℘ 01 45 35 97 33 - www. mosqueedeparis.net - Todos los días, excepto vi., de 09:00 a 18:00 h - Cerrado festivos musulmanes - 3 € (niños, 2 €).*
Esta mezquita de estilo árabe fue construida entre 1922 y 1926 como homenaje a los soldados musulmanes

que cayeron durante la Primera Guerra Mundial. Un oasis de tranquilidad con ambiente oriental, con un agradable salón de té, restaurante y hammam (*www.la-mosquee.com*).

Arenas de Lutecia ★

F7 Ⓜ *Place-Monge.* Este monumento galorromano que data del siglo II, y que destruyeron los bárbaros en el año 280, permaneció oculto durante quince siglos y solo la toponimia (clos des Arènes) había conservado la memoria de este antiguo teatro, fue descubierto en 1869 durante la construcción de la Calle Monge y no adquirió su aspecto actual hasta 1910. Allí se organizan partidos de fútbol y bolos.

Instituto Árabe del Mundo ★

F6 Ⓜ *Jussieu o Cardenal-Lemoine - 1 r. des Fossés-St.-Bernard - ℘ 01 40 51 38 38 - www.imarabe.org - De ma. a vi., de 10:00 a 18:00 h, fines de semana, de 10:00 a 19:00 h - 8 € (menores de 26 años, gratis).*
El edificio, diseñado por Jean Nouvel, sintetiza los conceptos arquitectónicos de Oriente y Occidente. La fachada sur retoma la geometría tradicional de los países árabes: los 240 paneles recuerdan los típicos dispositivos de ventilación árabes, los *mashrabiyya*.
La Torre de Livres evoca el minarete de la Gran Mezquita de Samarra, Irak. No te pierdas la magnífica **vista★★** sobre París desde la terraza del noveno piso (bar y restaurante panorámicos).
Museo - Descubrirás las facetas del mundo árabe y del Islam a través de la religión, las lenguas, la cultura y la historia.

Saint-Germain-des-Prés★★★ - Montparnasse★

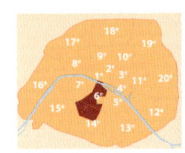

St.-Germain, Odéon, Montparnasse... camina por el corazón de la orilla izquierda siguiendo los pasos de intelectuales comprometidos y escritores de posguerra, que eligieron estos barrios como sus lugares de encuentro favoritos. Además de las magníficas casas señoriales de los siglos XVII y XVIII, las espléndidas fachadas de estilo Haussmann, las calles con encantadoras galerías y tiendas de lujo, el encanto de St.-Germain reside en los animados estudiantes de bellas artes, medicina y arquitectura.

▶**Cómo llegar**: Ⓜ St.-Germain-des-Prés (línea 4), Mabillon (línea 10), Odéon (líneas 4 y 10), St.-Sulpice (línea 4).

Plano del distrito pág. 55. Mapa extraíble CE5-8.

▶**Consejo**: Es mejor ir un sábado, cuando la mayoría de las galerías están abiertas.

SAINT-GERMAIN-DES-PRÉS★★★

DE5-6 Después de la liberación se convirtió en un barrio apreciado por su vida nocturna, locales de música jazz y bares, frecuentado por artistas e intelectuales como Sidney Bechet, Simone de Beauvoir, Boris Vian, Juliette Gréco, Sartre, Picasso. Aún hoy resulta fascinante pasear por sus calles del barrio.

Iglesia de Saint-Germain-des-Prés ★★

DE6 Ⓜ *St.-Germain-des-Prés - 1 pl. St.-Germain-des-Prés -* ☎ *01 55 42 81 18 - www.eglise-saintgermaindespres. fr - Do. y lu., de 09:30 a 20:00 h; ma. y sá., de 08:30 a 20:00 h.*
Fundada en el siglo VI por el hijo de Clodoveo I, el rey merovingio Childeberto I, desde el siglo VIII la abadía pasó a formar parte de la

DÓNDE COMER					
Au Pied de Fouet	25	L' Avant-comptoir du marché	94	Freddy's	76
Clover Green	26	Le Bon Saint-Pourçain	103	Le Bar du Marché	77
Blueberry Maki Bar	29			**DE COMPRAS**	
Marcello	30	**DÓNDE BEBER**		Buly 1803	3
Kodawari Ramen	40	La Palette	25		
Tsukizi	74	Chez Georges	28	**DÓNDE DORMIR**	
		Bread & Roses	30	Hôtel de Nesle	1

R. de Lille

Quai Malaquais

Bibliothèque Mazarine

Pont des Arts

Square du Vert-Galant

R. de Verneuil

Musée Gainsbourg

Saints-Pères

Pl. de l'Institut

Institut de France

Quai de Conti

BATEAUX POMPES

Pont Neuf

Pl. Dauphine

R. de l'Université

École nationale supérieure des Beaux-Arts

Bonaparte

3

Galerie Roger-Viollet

R. des Beaux Arts

Monnaie de Paris

Q. des Orfèvres

N

Pré aux Clercs

des

SCIENCES PO

26

UNIVERSITÉ PARIS V

Rue

R. St-Benoît

Rue

R. Visconti

Rue de Seine

Rue

R. de Nevers

R. Guénégaud

Q. des Grands Augustins

25

R.

R. Jacob

R. J. Callot

25

R. Dauphine

Psge Dauphine

1

R. du Perronet

25

Pl. St-Germain des Prés

St-Germain des Prés

R. de Furstemberg

R. de la Huchette

R. Christine

R. des Gds Augustins

R. de Savoie

Bd St-Germain

Mⁿᵉ natˡ E. Delacroix

Mazarine

76

P

40

R. Séguier

Bibliothèque du Protestantisme français

Les Deux Magots

Café de Flore

Bd

St Germain des Prés

77

de

Buci

Carref. de Buci

R. St-André des Arts

Brasserie Lipp

Pl. du Québec

R. Gozlin

R. de l'Ancⁿᵉ Comédie

Le Procope

Cour de Rohan

R. de l'Éperon

Danton

R. des Sts-Pères

R. du Dragon

R. B. Palissy

74

St-Germain

Cour du Commerce St-André

55

29

R. du Sabot

Rennes

Four

Rue

Princesse

R. Mabillon

R. G. de Tours

Pl. H. Mondor

Odéon

M

Bd St- Germain

Pl. Michel Debré

Pl. M. Benbarka

28

Bonaparte

30

R. des Canettes

Marché St-Germain

P

Rue de Seine

Carrefour de l'Odéon

R. Dupuytren

UNIVERSITÉ PARIS V

de l'École de Médecine

Th. du Vieux Colombier

M

St-Sulpice

94

R. Guisarde

R. Lobineau

St-Sulpice

R. St-Sulpice

R. de l'Odéon

R. de Condé

FACULTÉ DE MÉDECINE CAMPUS DES CORDELIERS

Racine

MAIRIE DU 6ᵉ ARR.

Place St-Sulpice

R. Palatine

R. Servandoni

R. Garancière

Rue

de Tournon

Pl. de l'Odéon

Th. de l'Odéon

Lycée St-Louis

St-Michel

R. de Mézières

Rue

103

R. Férou

Pl. de la Sorbonne

Couvent des Carmes

Cassette

Petit Luxembourg

Pl. P. Dux

Vaugirard

R. de Médicis

Prince

ST-JOSEPH DES CARMES

de Vaugirard

Musée du Luxembourg

Palais du Luxembourg (SÉNAT)

Fontaine Médicis

Place Ed. Rostand

R. V. Cousin

Institut Catholique de Paris

R. Jean Bart

Rue Madame

Rue Guynemer

MONUMENT DE DELACROIX

R. le Goff

P

30

de Fleurs

ST-GERMAIN-DES-PRÉS

d'Assas

Jardin du **Luxembourg**

Boulevard

Luxembourg

0   100 m

imponente fundación benedictina, que contaba con 17 000 abadías y prioratos y que, a lo largo de los siglos, proporcionó a la Iglesia 24 papas. Destruida varias veces por las invasiones normandas, la abadía fue reconstruida cada vez y se convirtió en una auténtica ciudad a las afueras de París («*des prés*» significa «en los prados»), dotada de su propio sistema defensivo, y fue una de los grandes centros intelectuales de la Europa medieval. Desde 1674 sirvió como prisión estatal, antes de ser devastada por la Revolución. Solo quedó intacta la antigua iglesia abacial, cuya arquitectura es del siglo xii: la imponente torre de la fachada data del siglo xi, y la aguja es del siglo xix. El portal original está oculto por un portal exterior que data de 1607. En el interior, las paredes y columnas fueron pintadas en el siglo xix con **frescos★** policromías a las que una reciente restauración ha devuelto todo su esplendor. En la entrada destaca la Virgen con el niño, obra de Notre Dame del siglo xv.

Cafés literarios

La **Brasserie Lipp** (*151 bd. St.-Germain - ℘ 01 45 48 53 91 - www.brasserielipp. fr - De 09:00 a 00:45 h*) fue el lugar de encuentro de escritores y políticos, como Proust, Gide, Malraux y Hemingway, que escribió aquí *Adiós a las armas*. En 1935, el propietario, Marcelin Cazes, creó un premio literario como «plataforma de lanzamiento»: hoy en día, el premio Cazes se sigue otorgando cada año. Se hizo famoso por el **Café de Flore** (*172 bd. St.-Germain - ℘ 01 45 48 55 26 - www.cafedeflore.fr - De 07:30 a 01:30 h*) y el **Les Deux Magots** (*6 pl. St.-Germain-des-Prés - ℘ 01 45 48 55 25 - www. lesdeuxmagots.fr - De 07:30 a 01:00 h*) para perpetuar la tradición literaria que acoge cada año los premios Deux Magots y Flore.

Calle de Furstenberg ★

E6 Ⓜ *St.-Germain-des-Prés* . Calle tranquila, adornada por una plaza sombreada por paulonias. El **Museo Delacroix★** está en lo que fue el piso y taller del pintor de 1858 a 1863 (*6 r. de Furstenberg - ℘ 01 44 41 86 50 - www.*

Nuevos caminos artísticos

Carré Rive gauche (www.carrerivegauche.com) es una asociación que reúne desde 1977 a galeristas y anticuarios entre el Muelle Voltaire, la Calle du Bac, la Calle des Sts-Pères y la Calle de l'Université. Su merecida reputación impulsa a los mayores coleccionistas y museos a comprarles.
Creada a finales de los años 90, la asociación **Art à Saint-Germain-des-Prés** se basa en el mismo principio: tiendas entre la Calle de Seine, la Calle Mazarine y la Calle Dauphine.
Desde 2010, el **Festival Photo Saint-Germain** (www.photosaintgermain.com) reúne en noviembre a diversas instituciones en torno a un mismo tema, por ejemplo la literatura o los viajes.
La Plaza St.-Sulpice también acoge numerosos eventos como el **Mercado de la Poesia** (www.marche-poesie.com), que tiene lugar en junio y dura cinco días.

La Biblioteca Mazarine en el Instituto de Francia.

musee-delacroix.fr - De 09:30 a 11:30 h y 13:00 a 17:30 h, visita nocturna el 1er ju. del mes - Cerrado ma. - 7 € (menores de 26 años, gratis) - 15 € tique combinado con el Museo del Louvre). Entre las obras, destacan *Magdalena en el desierto*, en el Salón de 1845, y *La educación de la Virgen*. Bajando por la Calle de Seine hacia el Instituto de Francia, los amantes de la fotografía y del París histórico encuentran la **Galería Roger-Viollet** (*6 r. de Seine - ☎ 01 55 42 89 00 - www. galerie-roger-viollet.fr - De ma. a sá. de 11:00 a 19:00 h*), fundada en 1938 por Hélène Roger-Viollet: parte de la inmensa colección fotográfica se expone en exposiciones temporales; puedes comprar una reproducción.

Instituto de Francia ★★

E5 Ⓜ *St.-Germain-des-Prés. 23 quai de Conti - ☎ 01 44 41 41 - www. institutdefrance.fr - Sá., de 10:00 a 18:00 h - Gratis.*
Este majestuoso edificio está conectado por el hermoso **Puente de las Artes**. En el origen del edificio se encontraba el testamento del cardenal **Mazarino**, que destinó parte de su fortuna a la fundación de un colegio dedicado a la educación de 60 estudiantes procedentes de las provincias sometidas a obediencia real tras el Tratado de los Pirineos (Piamonte, Alsacia, Artois y Rosellón). Napoleón trasladó el Instituto de Francia al edificio del Colegio Mazarino, que incluye la **Academia**

Francesa (creada por Richelieu en 1635), la Academia de las Inscripciones y Buenas Letras (por Colbert en 1663), la Academia de las Ciencias (1666), la Academia de Bellas Artes (1816) y la Academia de las Ciencias Morales y Políticas (1832).

La **Biblioteca Mazarine★** es la biblioteca pública más antigua de Francia *(23 quai de Conti - ☎ 01 44 41 44 06 - www.bibliotheque-mazarine. fr - De lu. a sá. de 10:00 a 18:00 h - Visitas guiadas en francés, reservar en contact@bibliotheque-mazarine. fr - Gratis).*

Monnaie de París ★

E5 Ⓜ *St.-Germain-des-Prés. 11 quai de Conti - ☎ 01 40 46 56 66 - www. monnaiedeparis.fr - Todos los días, excepto lu., de 11:00 a 18:00 h (mi. hasta las 21:00 h) - 12 € (menores de 26 años, 8 €) - Café Frappé par Bloom abierto todos los días, excepto lu., de 11:00 a 19:00 h, almuerzo el fin de semana, de 11:30 h a 16:00 h.*

Es la institución monetaria nacional de Francia, fundada en el año 864 durante el reinado de Carlos el Calvo. Desde 1775 ocupa este majestuoso edificio neoclásico construido por el arquitecto Jacques-Denis Antoine. Situado junto al Muelle de Conti, tiene 117 m de longitud y destaca por la sencillez de sus líneas. Dedicado a esta institución, el **museo del Conti** ilustra la historia de la numismática, las técnicas de acuñación y los oficios vinculados a la fabricación de monedas. En una parte de los lujosos salones del palacio se encuentra el famoso restaurante *gourmet* Guy Savoy (primer piso, ala oeste).

Plaza St.-Sulpice ★★

DE6 Ⓜ *St.-Sulpice.* Según el plan inicial, todos los edificios que daban a la plaza, de mediados del siglo xviii, debían ser similares al de **núm. 6** construido por el arquitecto Servandoni, pero era una mera ilusión. En el centro está la fuente de Visconti en 1844, que representa a los grandes oradores cristianos del siglo xvii: Bossuet, Massillon, Fléchier y Fénelon. Generaciones enteras compraban artículos religiosos en las tiendas especializadas situadas alrededor de la iglesia: el llamado «arte de St.-Sulpice», objetos *kitsch* de arte sacro que se vendían aquí hasta los años 70; actualmente hay tiendas de moda.

Iglesia de St.-Sulpice ★★

E6 Ⓜ *St.-Sulpice - Pl. St.-Sulpice - ☎ 01 46 33 21 78 - www.paroissesaintsulpice. paris - Todos los días de 08:00 a 19:45 h.* Fundada por la Abadía de St.-Germain-des-Prés, esta iglesia de proporciones imponentes fue reconstruida y ampliada en numerosas ocasiones durante los siglos xvi y xvii: en 134 años trabajaron en ella seis arquitectos. Los **frescos★ de Delacroix** (1849-1861) decoran la Capilla de los Ángeles con un toque de romanticismo: en la bóveda puedes admirar a *San Miguel destruyendo al demonio;* en las paredes, *La expulsión de Heliodoro del Templo* y *La pelea de Jacob con el ángel.* En la **Capilla de la Virgen★** *(en el eje del ábside)* fue decorada por Servandoni. *La virgen y el niño*, en la hornacina del altar, es de Pigalle. La **caja del órgano de tubos★** es obra de Chalgrin (1776). Este fue reconstruido por Aristide Cavaillé-Coll en 1862, y es el órgano más grande de Francia y uno de los mejores. Mientras se lleva a cabo la reconstrucción de Notre Dame, St.-Sulpice acoge las principales celebraciones diocesanas y acoge ceremonias importantes como el funeral de Estado de Jacques Chirac en 2019.

Las calles de la derecha dan al Palacio de Luxemburgo. (🧭 *pág. 49*): **calles Férou★**, **Servandoni★** y **Garancière**.

BARRIO DE SAINT GERMAIN★★

D5-6 Es un barrio elegante y prestigioso que conecta Saint-Germain-des-Prés con Los Inválidos, desde el siglo XVI fue uno de los principales lugares de la aristocracia parisina. Rico en edificios señoriales, alberga instituciones de la República, como el Hotel Matignon, que es residencia del primer ministro francés. En la Calle de Verneuil, la **casa-museo de Serge Gainsbourg** abrió sus puertas en 2023, en la casa donde vivió el célebre cantautor entre 1969 y 1991.

Museo Maillol (Fundación Dina-Vierny)

D5-6 Ⓜ *Rue-du-Bac. 59-61 r. de Grenelle - ☎ 01 42 22 57 25 - www. museemaillol.com - De 10:30 a 18:30 h (mi. hasta las 22:00 h) - 15 € (menores de 7 años, gratis).* Creado el 20 de enero de 1995 por Dina Vierny, musa del artista, expone obras de Maillol, pinturas y esculturas de formas generosas. Se organizan exposiciones de arte moderno y contemporáneo.

Le Bon Marché

D6 Ⓜ *Sèvres-Babylone. 24 r. de Sèvres - ☎ 01 44 39 80 00 - www.24s.com - De lu. a sá., de 10:00 a 19:45 h (ju. hasta las 21:00 h); do., de 11:00 a 19:45 h .* En la esquina de la Calle de Bac y la Calle de Sèvres, se abrieron en 1852 los primeros grandes almacenes de París, diseñados por Aristide y Marguerite Boucicaut. Tuvieron tanto éxito que incluso Zola se inspiró en ella para escribir *En el paraíso de las damas*. Aquí se pueden encontrar productos de lujo expuestos con mucho gusto, rodeados de un ambiente *belle époque*. No te pierdas **La Grande Épicerie de París**, un paraíso para los *gourmets*.

BARRIO DE ODÉON★★

59

E6 Ⓜ *Odéon.* El **Carrefour de l'Odéon** está dominado por la estatua de Danton, del siglo XIX, que se alza en el lugar donde se encontraba la casa del tribuno y donde fue arrestado en 1794. Este cruce es también el centro del barrio, punto de convergencia entre St.-Germain y la Sorbona. Cines, bares, librerías de antigüedades, galerías de arte y tiendas lo convierten en un barrio animado.

Cour du Commerce-St.-André ★

Acceso desde el 130 del bd. St.-Germain. Aquí es donde en 1790 el Dr. Guillotin probó por primera vez la «máquina de decapitación filantrópica» en unas ovejas. Y Marat, en cambio, imprimió allí su periódico, titulado *El amigo del pueblo (L'Ami du peuple)*.

Calle de l'Ancienne-Comédie

En su teatro se representaron los estrenos de las obras de Racine y Molière. Como la situación del teatro no era la mejor, en 1770 la compañía se trasladó al teatro del Palacio de las Tullerías y más tarde al Odéon. En el núm. 13 está **Le Procope** (1686), el café más antiguo de París, símbolo de la vida literaria parisina, desde La Fontaine hasta Verlaine.

Calle de l'École-de-Médecine

Dominado por los edificios neoclásicos de la Facultad de Medicina París-Descartes, se conserva en el núm. 15 el **Convento de las Cordiglieri** (siglo XVI), en 1791 fue sede del club revolucionario dirigido por Dantón.

Calle Monsieur-le-Prince

Una calle junto a la Facultad de Medicina y el Liceo St.-Louis, dirección el Palacio de Luxemburgo. El restaurante Polidor (núm. 41) es una auténtica institución, igual que el Bouillon Racine (*3 r. Racine*), creado por los hermanos Chartier en 1906 y decorado en estilo *art nouveau*. Destaca la espléndida puerta del antiguo Hotel de Bacq, de mediados del siglo XVIII. En el núm. 10, el apartamento, donde murió **Augusto Comte** en 1857, está abierto al público. (☎ *01 43 26 08 56 - www. augustecomte.org - Ma. y mi., de 14:00 a 17:00 h - 4 € (estudiantes, 2 €).*

Plaza del Odéon ★

Los edificios de fachadas cóncavas

crean la armonía de esta plaza semicircular, que se mantiene intacta desde su creación en 1779. En el núm. 1 estuvo el Café Voltaire, frecuentado por enciclopedistas.
El **Odéon-Théâtre de l'Europe**, obra de Peyre y Wailly (1782), fue inaugurado por María Antonieta. Se renovó en el siglo XX con un espléndido techo de André Masson (1965). Entre las primeras óperas representadas aquí están *Las bodas de Fígaro* de Beaumarchais, *Cabeza de oro* de Paul Claudel, *El rinoceronte* de Ionesco y *Esperando a Godot* de Samuel Beckett. Además de los anfiteatros de la Sorbona, el **Odéon-Théâtre de l'Europe** fue ocupado por estudiantes durante las revueltas estudiantiles de mayo del 1968.

MONTPARNASSE ★

CD7-8 Subiendo la **Calle de Rennes** o cruzando el Jardín de Luxemburgo (☎ *pág. 49*), llegarás a Montparnasse. Aunque el barrio se vio afectado por las grandes intervenciones urbanísticas de los años 70, la gente viene aquí por los cines, las creperías y, sobre todo, por las famosas cervecerías bohemias típicas de los años 20, frecuentadas por numerosos artistas e intelectuales que preferían Montparnasse a Montmartre: Modigliani, Chagall, Léger, Kisling, Picasso, Apollinaire, Stravinsky, Miró, Satie, Ezra Pound, Hemingway, etc.

Cervecerías históricas

Le Dôme - *108 bd. du Montparnasse - ☎ 01 43 35 25 81 - www.restaurant-ledome.com - De 12:00 a 15:00 h y*

Plaza Saint-Sulpice con la fuente y la iglesia al fondo.

19:00 a 23:00 h. Creado hacia 1906, fue templo de escritores y artistas, y lugar de reunión favorito de los bohemios americanos.

La Coupole - *102 bd. du Montparnasse - 📞 01 43 20 14 20 - www.lacoupole-paris.com - De lu. a vi. de 08:30 a 24:00 h (lu. hasta las 23:00 h), sá. de 08:30 a 24:00 h y do. de 08:30 a 23:00 h.* Famoso salón de baile de principios del siglo xx, esta cervecería ha conservado sus magníficas decoraciones y frescos, su barra y sus grandes ventanales.

Le Select - *99 bd. du Montparnasse - 📞 01 45 48 38 24 - www.leselect montparnasse.fr - De 07:00 a 02:00 h (vi. y sá. hasta las 03:00 h)* El hermoso entorno *art déco* de esta cervecería de

1925 acogió a figuras como Max Jacob, Apollinaire, Picasso, Modigliani.

La Rotonde - *105 bd. du Montparnasse - 📞 01 43 26 48 26 - www.larotonde-montparnasse.fr - De 07:30 a 24:00 h.* Inaugurado en 1903, refleja la tradición de las *brasseries* parisinas. Por este local retro pasaron Lenin, Trotsky, Picasso y Chagall, entre otros. El barrio está animado por teatros, bares y restaurantes de la **Calle de la Gaîté**. El Teatro Montparnasse (núm. 31), el Teatro Gaîté-Montparnasse (núm. 26), el Bobino (núm. 20) y el Teatro Rive-Gauche (núm. 6).

Torre Montparnasse ★

D7 Ⓜ *Montparnasse-Bienvenüe. 33 av. du Maine - 📞 01 45 38 52 56 -*

www.tourmontparnasse56.com/fr - De 11:00 a 22:30 h (apertura reducida en temporada baja) - 18 € (menores de 18 años, 13,50 €). Desde lo alto de sus 209 m (59 plantas), ofrece una extraordinaria **vista**★ de 360° de París. Antes de los Juegos Olímpicos de 2024, la torre de 1973 se ha sometido a una profunda remodelación a cargo del estudio de arquitectura Nouvelle AOM.

Museo Bourdelle ★

C7 Ⓜ *Montparnasse-Bienvenüe. 18 r. Antoine-Bourdelle - ☎ 01 49 54 73 73 - www.bourdelle.paris.fr - Todos los días, excepto lu., de 10:00 a 18:00 h - Gratis.*
Este curioso museo se encuentra en lo que fue el apartamento-atelier del escultor Antoine Bourdelle (1861-1929). La ampliación firmada por Christian de Portzamparc y la nueva iluminación con tecnología led contribuyen a dar mayor realce a las obras de este antiguo alumno de Rodin.

Museo Zadkine ★

DE7 Ⓜ *Vavin. 100 bis r. d'Assas - ☎ 01 55 42 77 20 - www.zadkine.paris.fr - Todos los días, excepto lu., de 10:00 a 18:00 h - 9 € (menores de 18 años, gratis).*
El taller y el exuberante jardín donde vivió el escultor ruso Ossip Zadkine (1890-1967) se han convertido ahora en un museo con una atmósfera encantadora.

Cementerio de Montparnasse ★

D8 Ⓜ *Edgar-Quinet. 3 bd. Edgar-Quinet - De 08:00 a 18:00 h (los horarios varían según la temporada).*
Muchos artistas, escritores e intelectuales han descansado aquí desde 1824: Baudelaire, Saint-Saëns, Maupassant, Sartre, Simone de Beauvoir, Marguerite Duras, Serge Gainsbourg, Maurice Pialat, Ionesco, etc. Es el segundo cementerio intramuros más grande de París, después del Père-Lachaise.

Fundación Cartier para el arte contemporáneo ★

D8 Ⓜ *Raspail. 261 bd. Raspail - ☎ 01 42 18 56 50 - www.fondationcartier.com - Todos los días, excepto lu., de 11:00 a 20:00 h - 11 € (menores de 25 años, 7,50 €) - Traslado previsto para 2024 al distrito I.*
Diseñado por Jean Nouvel, este edificio de cristal juega con la yuxtaposición de lo real y lo virtual a través de la doble función de ataúd y pantalla. Las exposiciones incluyen los más variados ámbitos de la creación. La **Calle Campagne-Première** en los años 20 y 30 vio pasar a numerosos artistas. Destacan los núms. 31 y 31 bis: el edificio tiene grandes ventanales y está revestido con cerámica de gres flameado policromado; aquí trabajó Man Ray, de 1922 a 1940, y la alta sociedad parisina de las artes y la moda llegó a ser fotografiada. En el núm. 17 no te pierdas el bonito pasaje con pequeños edificios y tiendas.

Plaza Denfert-Rochereau

Mapa extraíble D8 Ⓜ *Denfert-Rochereau.*
Hacia el centro se encuentra el **León de Belfort**, obra de Auguste

Bartholdi, una escultura de bronce creada en memoria del coronel Denfert-Rochereau, quien defendió la ciudad de Belfort en 1870-1871, durante la guerra franco-prusiana. Al sur de la plaza, puedes ir de compras por la **Calle Daguerre**. 88. Cerca, en la Calle Victor-Schœlcher, está el **Instituto Giacometti** que acoge la reconstrucción del estudio de la Calle Hippolyte Maindron, donde vivió y trabajó Alberto Giacometti (1901-1966) durante cuarenta años, y un espacio expositivo dedicado a la colección, al archivo y a iniciativas educativas destinadas a difundir el conocimiento de la obra del artista (*www.fondation-giacometti.fr - De ma. a do., de 10:00 a 18:00 h - 8,50 €; menores de 18 años, gratis*).

Las Catacumbas ★

Mapa extraíble D8 Ⓜ *Denfert-Rochereau. 1 av. du Col.-Henri-Rol-Tanguy - ☎ 01 43 22 47 63 - www.catacombes.paris.fr/le-catacombe-di-parigi - Todos los días, excepto lu., de 09:45 a 20:30 h - tique online 29 € (menores de 18 años, 5 €), tique de «última hora» 15 € (menores de 18 años, gratis). Visita no recomendada para niños pequeños, personas impresionables o personas con insuficiencia cardíaca o respiratoria. Hay 130 escalones hacia abajo, 83 hacia arriba, temperatura: 14°C.* Estas canteras de piedra caliza galorromanas convertidas en osario de 1785 a 1810 conservan los esqueletos de los cementerios parroquiales parisinos.

63

Las catacumbas de París.

Los Inválidos★★★ - Torre Eiffel★★★

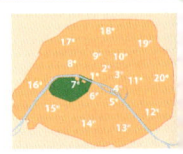

Las amplias avenidas arboladas albergan ministerios, embajadas y palacios, rodeados de inmensos jardines. Un magnífico panorama enmarca la silueta más famosa del mundo, la Torre Eiffel y la espléndida cúpula de Los Inválidos. El Museo Quai-Branly-Jacques-Chirac, una verdadera invitación a viajar, ha aportado un toque de modernidad a este barrio burgués.

▶**Cómo llegar**: **Invalides**: Ⓜ Invalides (líneas 8 y 13), Varenne (línea 13), La Tour-Maubourg (línea 8). RER Invalides (línea C). **Torre Eiffel:** Ⓜ Bir-Hakeim (línea 6), École-Militaire (línea 8), Trocadéro (líneas 6 y 9). RER Champ-de-Mars-Tour-Eiffel (línea C). En Batobus, estación Tour-Eiffel y Musée-d'Orsay.

Mapa extraíble AD4-6.

▶**Consejos**: Haz una pausa para hacer un pícnic en la orilla izquierda del Sena, que ahora es peatonal y está integrada en el Parque Rives-de-Seine, o visita el jardín del Museo Rodin *(pagando entrada)*. Pero si, buscas una zona comercial, vete hacia la Plaza de l'École-Militaire y la Calle Clerc, una animada calle peatonal repleta de bares, restaurantes y tiendas interesantes.

Puente Alejandro III ★★

C4 Ⓜ *Invalides* . El 7 de octubre de 1896, el zar Nicolás II colocó la primera piedra de este puente que simbolizaría la alianza franco-rusa firmada en 1892. Inaugurado durante la Exposición Universal de 1900, el Puente Alejandro III tiene un solo arco de 109 m de largo en línea, de la orilla izquierda, con Los Inválidos y, de la orilla derecha, con la Avenida Winston Churchill, que lleva a los Campos Elíseos. Está decorado con farolas, querubines, ninfas y dos pegasos dorados, que simbolizan la guerra (orilla izquierda) y la paz (orilla derecha). En los cuatro extremos se alzan pilones de 17 m de altura, con la parte superior adornada con bronce.

Los Inválidos ★★★

C5 Cruza el puente y camina o vete en bicicleta por la **esplanada** de Los Inválidos. Fue construido entre 1704 y 1720 por Robert de Cotte, cuñado de Mansart. Disfruta de la magnífica vista del Hotel de los Inválidos, dominado por la majestuosa cúpula. Algunas avenidas adornadas con tilos plateados bordean el césped.

Hotel de los Inválidos

Ⓜ *Varenne. Acceso por 129 r. de Grenelle o pl. Vauban.* Fundado por **Luis XIV**, este complejo fue primero un hospicio para veteranos, luego un hospital, un cuartel e incluso un convento, pero finalmente recuperó

su vocación principal a principios del siglo xx: tratar a los heridos de guerra. El edificio alberga también varias administraciones militares y museos, entre ellos el Museo del Ejército (Musée de l´Armée).

La imponente **fachada**★★ con 196 m de largo, fue diseñada por Libéral Bruant. En el centro hay un portal gigantesco que recuerda al Arco de Triunfo (el único en Francia), desde el que se accede al **Patio de Honor**★★, donde está la estatua de *Napoleón* con ropa de cabo, confeccionada por Seurre.

Iglesia de St.-Louis des Invalides★

Entrada libre. Llamada «Iglesia de los soldados» fue diseñada por **Jules Hardouin-Mansart**, inspirado en los proyectos de Libéral Bruant. El único elemento decorativo interno son las banderas arrancadas al enemigo. Detrás del altar mayor se ve el dosel de la iglesia Dôme por un gran ventanal.

Iglesia del Dôme★★★

Para las condiciones de visita, consulta el Museo del Ejército. Fue construida entre 1677 y 1706 por Jules Hardouin-Mansar y está coronada por una imponente cúpula ovoide, cubierta de ricos motivos dorados y perforada por ojos de buey, con una linterna en la parte superior también dorada. Su riqueza corresponde al rigor de la base del edificio, construido según el modelo de cruz griega. La cúpula recuperó todo su esplendor en el bicentenario de la Revolución francesa: para su restauración se utilizaron 555 000 hojas de oro (12,65 kg).

Desde 1861, en la cripta se ubica la **tumba de Napoleón**, un sarcófago de pórfido rojo rodeado por doce figuras, alegorías de las victorias napoleónicas, obra de Pradier.

Un recorrido en realidad virtual revela los secretos del edificio, sumergiéndote en su pasado arquitectónico *(reserva en la taquilla del museo y en la Iglesia del Dôme - 5 €).*

Museo del Ejército★★★

Entrada desde el Patio de Honor a la Explanada. ✆ 01 44 42 38 77 - www. musee-armee.fr - Todos los días de 10:00 a 18:00 h (ma. hasta las 21:00 h) - 14 € (menores de 26 años, gratis) - Tique sencillo para el acceso a las colecciones permanentes del Museo del Ejército, la Iglesia del Dôme (tumba de Napoleón I), el histórico Charles-de-Gaulle, el Museo de Planos y Relieves y el Museo de la Orden de la Liberación. El museo celebra la rica historia y cultura militar de Francia, está dividido en varias secciones y salas por orden cronológico.

La **Sección Antigua** incluye armas y armaduras de los siglos xiii al xvii (Francia, Europa, Asia, Oriente Próximo), entre ellas la espada y la armadura de Francisco I.

La **Sección Moderna** incluye hallazgos del período que comienza en **Luis XIV a Napoleón III** (1643-1870).

La **Sección Contemporánea** se refiere al período comprendido entre 1871 y 1945. Las **vitrinas inusuales** albergan figurillas, piezas de artillería e instrumentos musicales antiguos.

La **Historia de Charles-de-Gaulle**★ es un espacio multimedia en el que se proyecta la vida pública y el acontecer político del general y estadista. Un verdadero viaje a la Francia del pasado, es el **Museo de los Planos y Relieves★★** donde hay extraordinarias maquetas de ciudades y fortalezas.

Museo Rodin ★★

C5 Ⓜ *Varenne. Hôtel Biron - 77 r. de Varenne - 𝒫 01 44 18 61 10 - www. musee-rodin.fr - Todos los días, excepto lu., de 10:00 a 18:30 h - 14 € (menores de 25 años, gratis).*
El museo está en el **Hotel Biron★★** del siglo XVIII, donde **Auguste Rodin** (1840-1917) se instaló en 1908. Este remanso de paz ofrece un recorrido tanto cronológico como temático de las obras de Rodin, divididas en 18 salas decoradas con magníficos paneles de madera. *La catedral, El beso, La Edad de Bronce*, etc., son obras en bronce o mármol, que se caracterizan por la fuerza de expresión, la energía y la potencia. La sala Rodin constata la presencia del artista en el edificio: con fotografías de época, el espacio parece una sala de las maravillas y con muebles restaurados por el propio escultor. Por otro lado, la sala Rodin y la Antigüedad expone más de un centenar de esculturas griegas, romanas y egipcias, adquiridas y coleccionadas por el propio Rodin. El lugar también contiene un magnífico **jardín**, adornado con espléndidas obras (*El Pensador, Los burgueses de Calais, La Puerta del Infierno*, las estatuas del grupo *Ugolino* , etc.) y una **capilla** de 12 m de altura, adornada con un techo transparente.
También podrás admirar las obras de **Camille Claudel**, hermana del

dramaturgo Paul Claudel y amante de Rodin, en particular *La ola* y tres cuadros de Van Gogh *(Retrato del Père Tanguy, El tren azul* y *Los segadores)*, procedente de la colección personal del maestro.

Escuela Militar ★

B6 Ⓜ *École-Militaire.* En un extremo del Campo de Marte, el edificio consta de un pabellón central diseñado por Jacques-Ange Gabriel y decorado con diez columnas corintias coronadas por un frontón esculpido; las dos alas bajas que lo rodean datan del Segundo Imperio. Originalmente, la Escuela Militar se creó para formar a 500 caballeros pobres en la profesión de oficial. Hoy alberga, entre otras, la Escuela Superior de Guerra y el Instituto de Estudios Avanzados en Defensa Nacional.

Jardines del Campo de Marte

B5-6 Ⓜ *École-Militaire o RER C Champ-de-Mars-Tour-Eiffel.* Durante la construcción de la Escuela Militar, los campos que se extendían entre los nuevos edificios y el Sena se convirtieron en un lugar para los desfiles, el llamado Campo de Marte. Siempre ha sido un lugar de reuniones patrióticas: 14 de julio de 1790 se celebró la Fiesta de la Federación (Fête de la Fédération) en la que participó Luis XVI, o el primer aniversario de la toma de la Bastilla; también Napoleón distribuyó allí medallas y escudos de armas, y celebraron numerosas ferias y exposiciones universales. Aún hoy, este gran jardín reúne a multitudes, especialmente durante el espectáculo de fuegos artificiales del 14 de julio. En los días soleados, turistas y parisinos invaden el césped para hacer un pícnic o relajarse y admirar la Torre Eiffel y el Palacio de Chaillot.

En el extremo sur del Campo de Marte se ubica hasta 2024 el **Grand Palais Éphémère**, un pabellón de exposiciones temporales con estructura de madera desmontable (diseñado por el arquitecto Jean-Michel Wilmotte) que acoge los grandes eventos del Grand Palais (⊙ *pág. 81)*, cerrado por obras.

Torre Eiffel ★★★

AB5 *RER C Champ-de-Mars-Tour-Eiffel. Champ-de-Mars - ☏ 0 892 70 12 39 - www.toureiffel.paris/it - Desde mediados de junio hasta finales de agosto, de 09:00 a 00:45 h; resto del año, de 09:30 a 22:45 h - 11,30 € (menores de 24 años, 5,60 €) para subir escaleras hasta 2.º piso; 21,50 € (menores de 24 años, 10,70 €) para subir escaleras + ascensor hasta la cima; 18,10 € (menores de 24 años, 9 €)* subir en ascensor al 2.º piso; y 28,30 € (menores de 24 años, 14,10 €) hacer el ascenso a la cima en ascensor.

Consejos para la visita

Para no perder demasiado tiempo, compra las entradas *online* o llega un cuarto de hora o media hora antes de la apertura. Para el resto del día no hay reglas: la espera puede variar de un día para otro.

Los tiques te permiten acceder al 2.º piso (por las escaleras de 674 escalones o los ascensores) o al superior 3.er piso), pero en este caso tendrás que pasar por el 2.º piso y tomar otro ascensor donde suele haber una espera de entre 5 y 45 min. Entre octubre y abril abrígate bien porque la cola es en una zona con mucho viento y puede hacer frío. Desde 2018, el muro de cristal erigido para proteger la Torre Eiffel hace que la visita sea un poco menos gratuita.

La torre

Considerado el mirador de la capital, la Torre Eiffel es uno de los monumentos más famosos del mundo.

La torre salvada por el telégrafo

Cuando en 1884 Gustave Eiffel presentó el proyecto de la torre para la Exposición Universal de 1889, causó mucha controversia. La concesión era entonces por veinte años, pero artistas y escritores dieron lugar a una protesta pública, denominada «300» (en referencia a la altura de la torre). Entre los firmantes estaban Maupassant, Gounod, Charles Garnier, François Coppée, Leconte de Lisle… Afortunadamente, la tan denigrada torre fue para otros artistas fue un símbolo de la modernidad y la velocidad y del arte del nuevo siglo, como para Cocteau y Apollinaire que la celebraron, y Pissarro, Dufy, Utrillo, Seurat y Delaunay la citaron ya en sus obras.…Sin embargo, en 1909 corría el riesgo de ser destruida, pero fue su altura, útil para el uso del telégrafo inalámbrico, lo que la salvó: y aquí fue donde se realizaron las primeras pruebas de radioteléfono a principios del siglo xx.

Las vigas metálicas entrelazadas y los ascensores son obra del ingeniero **Gustave Eiffel** (1832-1923); entre 1887 y 1889, 300 trabajadores acrobáticos montaron dos millones y medio de remaches. Altura total: 324 m; peso: 7300 t y 60 t de pintura, que se renueva cada siete años.

En la **planta baja** se puede visitar la maquinaria del ascensor.

El **primer piso**, de 57 m de altura, tiene un suelo de cristal transparente sobre el que se puede caminar: una experiencia emocionante. La galería exterior ofrece un interesante itinerario museístico.

En el **segundo piso**, de 115 m de altura, los ojos de buey permitirán observar los monumentos parisinos, mientras que una interesante exposición te muestra la construcción de la torre. También encontrarás cervecerías, restaurantes y tiendas.

En el **tercer piso**, a 276 m sobre el nivel del mar, cuando el cielo está despejado la **panorámica**★★★ se extiende sobre 67 km. Hay miradores en cada piso.

Al pie de la Torre Eiffel

Después de visitar la Torre Eiffel, admira el **puente de Bir Hakeim** (**A5**), inaugurado también con motivo de la Exposición Universal de 1900. Esta estructura de varios niveles de piedra y hierro (el segundo está reservado para el metro) ha sido elegida a menudo como escenario de numerosas películas de éxito. Para los amantes de Japón, está la **Casa de la cultura japonesa en París** (**A5** *101 bis quai Branly - ☎ 01 44 37 95 01 - www. mcjp.fr - De ma. a sá. de 11:00 a 19:00 h*

- Cerrado en agosto), que está muy cerca.

Frente al Muelle Branly destaca la **catedral de la Sainte-Trinité** (**B4** *1 quai Branly - ☎ 07 67 09 81 01 - www. cathedrale-sainte-trinite.fr - De 14:00 a 19:00 h - Gratis)*, consagrada en 2016 y coronada por magníficos campanarios con cúpulas en forma de cebolla. Aquí está el **Centro espiritual y cultural ortodoxo ruso**.

Museo del Quai-Branly - Jacques Chirac ★★

B4-5 *RER C Pont-de-l'Alma. 37 quai Branly - ☎ 01 56 61 70 00 - www.quai branly.fr - Todos los días, excepto lu., de 10:30 a 19:00 h (ju. hasta las 22:00 h.) - 12 € (menores de 26 años, gratis).*

Diseñado por Jacques Chirac y por Jean Nouvel (2006), el museo se fusionó las colecciones del Museo del Hombre y las del Museo National de Arte de África y Oceanía. Las piezas se dividen en cuatro áreas geográficas (Oceanía, Asia, África, América), en grandes espacios sin paredes ni estancias que lo realzan de forma excepcional. Las **colecciones**★★★, enriquecidas con numerosos documentos visuales y sonoros. El jardín que rodea el museo, creado por Gilles Clément, es el escenario de los eventos culturales que tienen lugar en verano *(consultar la web)*.

La fachada norte del museo (a la derecha de la entrada) está cubierta por un **jardín vertical**★ de 800 m² imaginado por el botánico Patrick Blanc y compuesto por 15 000 plantas de 150 especies de todo el mundo.

Museo de Orsay★★★

Mijo, Degas, Renoir, Monet, Van Gogh, Gauguin, Cézanne... ¡No falta nadie! Entre los museos más visitados de París, está el Museo de Orsay con la mejor colección de obras impresionistas del mundo. Está instalado en el interior de una antigua estación de ferrocarril de 1900, a orillas del Sena, y ofrece una espléndida vista de la ciudad, cuna de numerosas innovaciones pictóricas a finales del siglo XIX.

▶**Cómo llegar**: RER Musée-d'Orsay (línea C), 🚇 Solférino o Assemblée nationale (línea 12).

Mapa extraíble D5.

▶**Información práctica**: 📞 01 40 49 48 14 - www.musee-orsay.fr - Todos los días, excepto lu., de 09:30 a 18:00 h (Ju. hasta las 21.45 h) - 16 € (menores de 25 años, gratis).

▶**Consejos**: Aprovecha la visita del jueves por la noche, en la que hay menos turistas. Luego pasea por las orillas del Sena, peatonal desde 2017, hasta el Museo del Quai-Branly *(🎯 pág. 70)*. Delante hay un puente peatonal, la pasarela Léopold-Sédar-Senghor (antigua pasarela Solférino) que permite acceder al Jardín de las Tullerías, en la orilla derecha *(🎯 pág. 80)*.

71

Este museo ilustra todos los movimientos artísticos de **1848** a **1914**, del academicismo al posimpresionismo y ofrece un formidable punto de contacto entre las colecciones del Louvre y las del Centro Georges-Pompidou. Las obras se presentan en orden cronológico, por artista y/o movimiento.

Palacio, estación y finalmente museo

En 1810, Orsay era un palacio reservado a la administración del Estado. Después del incendio que lo destruyó en 1871 durante la Comuna de París, la Compañía ferroviaria de Orleans adquirió este lugar. A medida que se acercaba la Exposición Universal de 1900, la compañía ferroviaria quería construir una estación prestigiosa cuya arquitectura respondiera a las necesidades estéticas cercano al Louvre y al Jardín de las Tullerías. La empresa mantuvo el diseño de Victor Laloux (1850-1937): el aspecto industrial exterior (vidrio y metal) quedaría oculto por una fachada monumental inspirada en el Louvre; el interior adornado con un artesonado decorado con estuco. Se inauguró el 14 de julio de 1900. Con la electrificación de la red y los trenes más largos, los andenes se quedaron cortos y a partir de 1939 la estación se instaló a las afueras de París. La idea de convertirlo en un museo dedicado al siglo XIX nació en 1973 y se creó en 1979.

Obras maestras

Pintura y escultura

Las colecciones yuxtaponen el arte oficial con las corrientes innovadoras del siglo XIX. Los grandes formatos de los **lienzos históricos**, de extremo virtuosismo técnico (obras de Gérôme, Couture...) y los lienzos imbuidos de la perfección del **academicismo** (*La fuente* de Ingres, *El nacimiento de Venus* de Cabanel) se diferencian con el toque febril de los pintores **románticos** (*La caza del león* de Eugène Delacroix) y la interpretación cruda de los **realistas** (*Un funeral en Ornans* y *El origen del mundo* de Gustave Courbet). Entonces, la **escuela de Barbizon** revolucionó abandonando el paisaje histórico en favor de una representación extremadamente fiel de la naturaleza, como en las obras de Corot y Millet (*Evening Angelus*). Los años que van de 1850 a 1870 anuncian el **impresionismo**: la nueva generación quiere traducir las vibraciones luminosas más puras. Boudin, Degas, Caillebotte (*Los cepilladores de parquet*), Renoir (*Danza del Moulin de la Galette*), Manet (*Almuerzo sobre la hierba*, *Olimpia*, etc.) y, por supuesto, Monet (la serie de la *Catedral de Rouen*) revolucionan lo convencional. Los posteriores defensores del **neo y posimpresionismo** multiplicaron las innovaciones pictóricas con la investigación geométrica de Cézanne (*Naturaleza muerta con manzanas y naranjas*), la vena documental de Toulouse-Lautrec (*El retrete*), la inspiración japonesa de Vuillard (*Les Nourrices*) y Gauguin (*Autorretrato con el Cristo amarillo*), sin olvidar las

visiones atormentadas de Van Gogh (*La iglesia de Auvers-sur-Oise, La noche estrellada, Autorretrato,* etc.).
Entre las **esculturas** destacan *Bailar* de Carpeaux, *Honoré de Balzac* por Rodin, el *Bailarín* de Degas y *Edad madura* de Camille Claudel.

Artes decorativas

Las obras expuestas muestran el eclecticismo de esta época de colonización, viajes y Exposiciones Universales. La vena naturalista culmina en el *art nouveau*: el *escaparate de libélulas* de Gallé, la lámpara Nénuphar de Majorelle y Daum Frères...

Fotografía

Compuesta por obras de artistas famosos como Le Gray, Bayard, Nègre y Nadar, y de artistas desconocidos, la colección recorre la historia de la fotografía desde Nicéphore Niépce, en 1839, hasta los años 1920, con un total de 50 000 negativos aproximadamente.

Artes gráficas

El museo muestra más de 10 000 dibujos, entre ellos algunos verdaderamente excepcionales como *El nudo negro* de Georges Seurat y *El autorretrato dicho con máscaras* de Léon Spilliaert.

Arquitectura

Esta sección se centra en el Segundo Imperio (1852-1870) en las transformaciones de Haussmann. Una interesante maqueta a escala 1:100, colocada bajo un cristal, representa el barrio de la Ópera en 1914.

Trocadero - Chaillot★★ - Alma

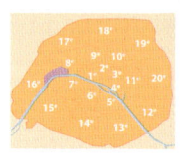

En la colina de Chaillot, en el corazón de este barrio elegante y tranquilo, podrás disfrutar de una vista impresionante de la Torre Eiffel, además de ubicarse museos entre los que se puede escoger el de etnografía, arquitectura, arte asiático, arte moderno y contemporáneo, moda...

▶ **Cómo llegar**: Ⓜ Trocadéro (líneas 6 y 9), Alma-Marceau o léna (línea 9). RER Champ-de-Mars-Tour-Eiffel (línea C).

Mapa extraíble AC3-4.

▶ **Consejos**: Si brilla el sol, tómate algo en la terraza exterior del Museo de Arte Moderno o en el Café Lucy, en el segundo piso del Museo del Hombre, y disfruta de la espléndida vista de la Torre Eiffel y del Campo de Marte. También puedes visitar el Palacio de Tokio al final del día: cierra a medianoche.

Palacio de Chaillot ★★

A4 Ⓜ *Trocadéro*. Este edificio, como todos los del Trocadero, se construyó para la Exposición Universal de 1937 (o «Exposición Internacional de las Artes y Técnicas de la Vida Moderna»). En el centro, la plaza conocida como «de los derechos humanos» conduce a una gran **terraza** ★★★ que ofrece una vista impresionante de la Torre Eiffel. Más abajo están los **Jardines del Trocadero**, construidos para la Exposición Universal con dos edificios a ambos lados de la explanada.

Museo del Hombre★★

17 pl. du Trocadéro - ☎ 01 44 05 72 72 - www.museedelhomme.fr - Todos los días, excepto ma., de 11:00 a 19:00 h - 10 € (menores de 25 años, gratis) - Centro de recursos accesible a todos. Festival de cine etnográfico. Librería. Café Lucy y café de l'Homme.

Encrucijada de disciplinas científicas diferentes pero complementarias (biología, filosofía, antropología e historia), este museo, compuesto de exposiciones innovadoras, pretende responder a tres preguntas importantes: ¿quiénes somos?, ¿de dónde venimos? y ¿a dónde vamos? Del cráneo del hombre de Cromagnon al de Descartes, de la Venus de Lespugue tallada en marfil de mamut hace más de 20 000 años, pasando por el sorprendente muro (19 m de largo y 11 m de alto) cubierto por bustos de yeso y bronce del siglo XIX, se muestra aquí la riqueza de la naturaleza humana. Destaca el mapamundi colgado en la pared, donde el visitante puede hablar un idioma para escuchar a una treintena de personas de todo el mundo. También puedes transformar virtualmente tu rostro en el del *homo sapiens* o del hombre de Neandertal.

Junto a este, el **Museo Nacional de la Marina** ilustra la historia del ejército francés desde el siglo XVII a través de unos 350 modelos de barcos, esculturas navales y pinturas *(17 pl. du Trocadéro-et-du-11-Novembre - ℘ 01 53 65 69 69 - www.musee-marine.fr).*

Chaillot - Teatro Nacional de la Danza

1 pl. du Trocadéro-et-du-11-November - ℘ 01 53 65 31 00 - www.theatre-chaillot.fr - Las tarifas varían en función del espectáculo.

Debajo de la terraza del edificio hay una gran sala que acoge numerosos espectáculos. En 1920, Firmin Gémier creó el TNP, el Théâtre national populaire, que Jean Vilar dirigió de 1951 a 1963. Ofrece una programación de danza y teatro contemporáneos.

Ciudad de la arquitectura y el patrimonio★★

1 pl. du Trocadéro-et-du-11-November - ℘ 01 58 51 52 00 - www.citedelarchitecture.fr - Todos los días, excepto ma., de 11:00 a 19:00 h (ju. hasta las 21:00 h) - 9 € (menores de 18 años, gratis) - 12 € tique combinado con exposiciones temporales.

Esta fascinante Ciudad es el resultado de la fusión de varias instituciones, incluido el Museo de Monumentos Francés, encargado por el arquitecto Viollet-le-Duc en 1879. En su grandiosa galería principal se exponen moldes, pinturas murales, vidrieras y maquetas a tamaño natural con detalles arquitectónicos de los monumentos franceses más importantes desde la Edad Media hasta el siglo XVIII. También nos da una interesante visión de la arquitectura moderna y contemporánea con exposiciones temporales sobre diversos temas.

Museo Nacional de Artes Asiáticas - Guimet ★★★

A4 Ⓜ *Iéna. 6 pl. d'Iéna - ℘ 01 56 52 54 33 - www.guimet.fr - Todos los días, excepto ma., de 10:00 a 18:00 h - 11,50 € (menores de 25 años, gratis) - Tique para exposiciones temporales.*

Templo de la cultura asiática, construido en 1889 por el coleccionista lionés Émile Guimet (1836-1919) y restaurado en 1990 por los arquitectos Henri y Bruno Gaudin, alberga la colección de arte asiático más rica del mundo: **los tesoros de arte jemer★★**, budas de bronce dorado, pinturas nepalesas, estatuillas y objetos rituales tibetanos, **objetos funerarios★★** del norte de China y **porcelana Ming★** (1368-1644) decorada con esmaltes policromados en azul y blanco. También hay muebles de nácar lacados, dorados y con grabados notables de Utamaro (siglo XVIII), Sharaku (finales del siglo XVIII), Hiroshige (siglo XIX) y Hokusai, incluida *La gran ola de Kanagawa★★*.

Las exposiciones temporales tienen lugar en el magnífico **Palacio neoclásico Heidelbach-Guimet** *(Avenida 19 d'Iéna)*, un ala del museo rodeado por un jardín japonés donde se encuentra un auténtico pabellón de té *(jardín accesible solo durante conferencias o eventos excepcionales).*

Palacio de Tokio ★

B4 Ⓜ *Iéna. 13 av. du Prés.-Wilson - ℘ 01 81 97 35 88 - www.palaisdetokyo.com - Todos los días, excepto ma., de*

Exterior del Palacio de Tokio.

12:00 a 24:00 h - 12 € (menores de 18 años, gratis).
☺ *Cafetería de moda para un refrigerio rápido y librería especializada.*
Nacido en 2002, reorganizado en 2012, este espacio completamente modular de 22 000 m² es el centro de prácticas artísticas, cualquiera que sea el modo de expresión: arte, diseño, moda, fotografía, cine, literatura, danza.. Durante todo el año hay exposiciones, actuaciones artísticas, conferencias, proyecciones, conciertos, talleres lúdicos e imaginativos para niños.

Museo de Arte Moderno de la Ciudad de París ★★

B4 Ⓜ Iéna. 11 av. du Prés.-Wilson - ☏ 01 53 67 40 00 - www.mam.paris.fr -

Todos los días, excepto lu., de 10:00 a 18:00 h (ju. hasta las 22:00 h para exposiciones temporales) - Gratis (salvo exposiciones temporales, 7-13 €).
Todos los grandes movimientos pictóricos del siglo XX se exponen en esta ala del Palacio de Tokio, construida para la Exposición Universal de 1937, cuya arquitectura *art déco* original fue restaurada para recuperar su antiguo esplendor. Presentados en orden cronológico, la colección permanente, enriquecida por numerosas donaciones, abarca las **vanguardias** del siglo XX, desde el fauvismo (pasando por el cubismo, la Escuela de París, el surrealismo y el expresionismo) hasta los movimientos actuales, con obras de Hartung,

Modigliani, Léger, Soulages, Soutine, Kupka, Bourgeois, Delaunay, Buren, Boltanski, Messager, Spoerri, Wool, Gordon, Tinguely y otros.
No te pierdas: las dos primeras versiones de **La danza★** de Matisse (1931 y 1932) y **El hada de la electricidad★** (1937) de Raoul Dufy, una de las más grandes pinturas del mundo (600 m^2 y 250 paneles uno al lado del otro). Las exposiciones temporales de **arte contemporáneo** son monográficos.

Palacio Galliera - Museo de la Moda de la Ciudad de París ★

B4 Ⓜ Iéna o Alma-Marceau. 10 av.Pierre-1er-de-Serbie- 📞 01 56 52 86 00 - www.palaisgalliera.paris.fr - Todos los días, excepto lu., de 10:00 a 18:00 h (ju. hasta las 21:00 h) - 14 € (menores de 18 años, gratis).
Construido por Léon Ginain entre 1878 y 1894 a petición de Marie Brignole-Sale, duquesa de Galliera, para albergar su rica colección de arte, el museo acoge las exposiciones temáticas del Museo de la Moda de la Ciudad de París, y se renuevan periódicamente. Las galerías de la planta baja están dedicadas a la historia de la moda desde el siglo XVIII hasta la actualidad.

Museo Yves Saint Laurent

B4 Ⓜ Alma-Marceau. 5 av. Marceau - 📞 01 44 31 64 00 - www.museeysl paris.com - Todos los días, excepto lu., de 11:00 a 18:00 h (sá. hasta las 21:00 h) - 10 € (menores de 10 años, gratis). Inaugurado en 2017, el museo dedicado al legendario diseñador del siglo XX se encuentra en el hotel particular de la que fue sede histórica de la casa de alta costura, donde produjo sus emblemáticos diseños, cerrada en 2002. Hoy, la colección de bocetos, tejidos y accesorios se reparte entre el museo de Marrakech y el de París. Aquí, además de las exposiciones temporales de sus creaciones, se puede visitar el estudio del famoso diseñador, con su biblioteca y su mesa de trabajo, sobre la que descansan sus icónicas gafas.

Hacia el oeste

El **Museo Marmottan-Monet★★** contiene probablemente la colección más importante de obras de Claude Monet: 94 pinturas del maestro impresionista, incluida la famosa Impresión, sol naciente (1872), que dio nombre al movimiento impresionista; diversos dibujos, cuadernos, cartas y objetos personales. Además de las obras de Monet, hay pinturas de artistas y amigos de su época: Renoir, Caillebotte y Berthe Morisot. Se organizan exposiciones temporales, especialmente sobre el impresionismo.
Mapa extraíble A5 Ⓜ La Muette (línea 9 después de Alma-Marceau) - 2 r. Louis-Boilly - 📞 01 44 96 50 33 - www.marmottan.fr - Todos los días, excepto lu., de 10:00 a 18:00 h (ju. hasta las 21:00 h) - 12 € (menores de 18 años, 8,50 €) - 20,50 € tique combinado con la Fundación Monet en Giverny.

Campos Elíseos★★★ y el oeste★

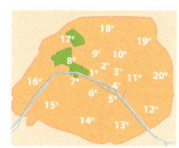

Con casi 7 km de longitud, esta gran avenida ofrece sin duda una de las vistas más bellas de París. Desde el Louvre hasta el Arco de La Défense, la arquitectura de los lugares cuenta casi nueve siglos de historia: las sedes del poder, los palacios construidos para la Exposición Universal de 1900, los principales museos de la ciudad, bellos jardines pero también tiendas de ropa de lujo que hacen de París la capital de la moda: Chanel, Dior, Vuitton, Givenchy, etc.

▶**Cómo llegar**: Ⓜ Tuileries (línea 1), Concorde (líneas 1, 8 y 12), Champs-Élysées-Clemenceau (líneas 1 y 13), Franklin-D.-Roosevelt (líneas 1 y 9), George-V (línea 1) y Charles-de-Gaulle-Étoile (líneas 1, 2 y 6). RER Charles-de-Gaulle-Étoile (línea A). Estación Batobus Champs-Élysées.

Mapa extraíble AD1-4.

▶**Consejos**: Haz una pausa en el Jardín de las Tullerías o baja por el Sena hasta el puerto de los Campos Elíseos (en la orilla derecha, entre la Pasarela Léopold-Sédar-Senghor y el Puente de Los Inválidos), aquí encontrarás un encantador pueblo ribereño en el corazón de París.

Plaza de la Concordia ★★★

CD4 Ⓜ *Concorde.* Construida durante el reinado de Luis XV, está dominada desde 1836 por el **Obelisco**★ donado a Francia en 1831 por el virrey de Egipto Mohammed Ali. De granito rojo, cubierto de jeroglíficos y coronado con una aguja dorada en forma de pirámide, mide 23 m de altura y pesa casi 220 t. Desde el terraplén: los *Caballos de Marly* (obra de Coustou, los originales están en el Louvre) te guían la mirada hacia los Campos Elíseos y los caballos alados de Coysevox (los originales también están en el Louvre) la dirigen hacia el Jardín de las Tullerías y el Louvre. Al final de la **Calle Royale**★, está el frontón y las columnas de la Iglesia de la **Madeleine**★ en contraste con las del **Palacio Borbón**★ (Asamblea Nacional), situados al otro lado del **Puente de la Concorde**. En los lados opuestos se alzan las fachadas clásicas del famoso **Hotel de Crillon** a la izquierda, y del **Hotel de la Marine** a la derecha *(véase más abajo)*.

Hotel de la Marina★★

2 pl. de la Concorde - www.hotel-de-la-marine.paris - De 10:30 a 19:00 h (vi. hasta las 22:00 h) - 13 € para los salones, 17 € audiovisita «Grand tour» de 1 h 30 min (menores de 25 años, gratis).
Este edificio histórico fue construido entre 1757 y 1774 por Ange-Jacques

Gabriel como sede de la Guardia Real. Desde 1789, cuando el gobierno se vio obligado a unirse a Luis XVI para abandonar Versalles y establecerse en el Palacio de las Tullerías, estuvo adscrito al Ministerio de Marina hasta 2015. Abrió sus puertas al público en junio de 2021 con todo su esplendor. En el interior se pueden ver los apartamentos privados de finales del siglo XVIII, que parecen todavía habitados, y los grandes salones de recepción del siglo XIX. Parte del edificio expone la colección Al Thani (que lleva el nombre de la familia gobernante de Qatar), dedicada a las artes decorativas. Aquí, en 1848, Victor Schœlcher firmó la ley que abolía definitivamente la esclavitud.

Jardín de las Tullerías ★

D4 Ⓜ *Concorde o Tuileries. R. de Rivoli - ☎ 01 40 20 53 17 - De junio a agosto, de 19:00 a 23:00 h; de abril a mayo y septiembre, de 19:00 a 21:00 h; resto del año, de 07:30 a 19:30 h.*

☺ *Algún fin de semana, el museo del Louvre (pág. 24) ofrece visitas guiadas gratuitas para descubrir los múltiples aspectos del jardín y sus numerosas esculturas.*

Para embellecer el Palacio de las Tullerías, cuya construcción comenzó en 1564, Catalina de Médicis mandó construir un parque de estilo italiano con numerosas fuentes, un laberinto, una casa de fieras e incluso una cueva; más tarde, Enrique IV añadió un jardín de invierno y un invernadero. El parque pronto se convirtió en un lugar muy popular. En 1664, Colbert encargó a Le Nôtre la tarea de embellecerlo aún más quien diseñó dos terrazas longitudinales para remediar la pendiente del terreno y conseguía así la magnífica **vista** que se disfruta desde la avenida central, y construyó grandes fuentes, parterres y escaleras. El pabellón de la Orangerie, el jardín de invierno, fue construido en 1853, y el edificio gemelo llamado Jeu de Paume fue construido en 1861. La **terraza del Bord-de-l'eau** ofrece una hermosa vista del Sena y de los jardines, adornados con estatuas, castaños y plataneros.

Museo de la Orangerie★★

*Jardin des Tuileries (lado Sena) - ☎ 01 44 50 43 00 - www.musee-orangerie. fr/it - Todos los días, excepto ma., de 09:00 a 18:00 h - 12,50 € (menores de 26 años, gratis).*Desde 1927, la Orangerie alberga la famosa serie de **Ninfas★★★** de Claude Monet. Estas obras maestras del impresionismo están iluminadas por la luz natural, tal y como hubiera deseado el autor. Además contiene la espléndida colección Walter-Guillaume, con obras de Cézanne, Sisley, Monet, Renoir, Gauguin, Marie Laurencin, Picasso, Modigliani, Utrillo, Matisse y Soutine.

Jeu de Paume★★

1 pl. de la Concorde - ☎ 01 47 03 12 50 - www.jeudepaume.org - Todos los días, excepto lu., de 11:00 a 19:00 h (ma. hasta las 21:00 h) - 12 € (menores de 12 años, gratis) - Abierto solo cuando hay exposiciones.
Alberga exposiciones temporales dedicadas a las imágenes, creadas a través de diversos medios: la fotografía, desde sus orígenes hasta la actualidad, el vídeo y la multimedia.

![La avenida de los Campos Elíseos vista desde el Arco de Triunfo.]()

La avenida de los Campos Elíseos vista desde el Arco de Triunfo.

Los Campos Elíseos ★★

BC3-4 Ⓜ *Condorde, Champs-Élysées-Clemenceau, Charles-de-Gaulle-Étoile.*
La avenida más larga de París (71 m de ancho y 2 km de largo, que conecta la Plaza de la Concordia con el Arco de Triunfo) es un verdadero símbolo: aquí tiene lugar el desfile militar del 14 de julio, la llegada del Tour de Francia, la Nochevieja, etc. Sube desde la Plaza de la Concordia y cruza los jardines ingleses y la rotonda para admirar hacia el sur los magníficos Grand y Petit Palais *(ver más abajo)*, y hacia el norte el **Palacio del Elíseo**, sede de la Presidencia de la República.
En la esquina de la Av. George-V, el famoso **Fouquet's**, restaurante de la élite parisina del siglo pasado.

Grand Palais ★

C4 Ⓜ *Campos Elíseos-Clemenceau. 3 av. du Gén.-Eisenhower - ✆ 01 44 13 17 17 - www.grandpalais.fr - Cerrado por obras, reapertura de la nave y galerías para los Juegos Olímpicos de 2024.*
Construido con motivo de la Exposición Universal de 1900, es uno de los edificios más importantes de la *belle époque*: su fachada monumental esconde la **nave**, la sala más grande de Europa, coronada por una **cúpula de cristal**★★ de 17 500 m². Alberga ferias, competiciones deportivas y otros eventos importantes, que tendrán lugar en el **Grand Palais Éphémère** hasta 2024. (ⓒ *pág 68*), en el Campo de Marte, para permitir una restauración sustancial.

En la parte occidental del edificio están las **Galerías Nacionales del Grand Palais**, sede habitual de las grandes exposiciones de arte, y el **Palacio del Descubrimiento★★**, un museo dedicado a la ciencia y su aplicación (*Av. Franklin-Roosevelt -* 📞 *01 56 43 20 20 - www.palais-decouverte. fr - Cerrado por obras, reapertura prevista para 2025. Durante las obras, los laboratorios científicos se ofrecen en una estructura temporal al borde del Parque André-Citroën, Les Étincelles du Palais de la descubierta, en el distrito XV*.

Petit Palais ★★

C4 Ⓜ *Champs-Élysées-Clemenceau. Av. Winston-Churchill -* 📞 *01 53 43 40 00 - www.petitpalais.paris.fr - Todos los días, excepto lu., de 10:00 a 18:00 h - Gratis (exposiciones temporales de pago).* Diseñado para la Exposición Universal de 1900, como el Grand Palais, por Charles Girault, esta joya arquitectónica sorprende al visitante por la riqueza de sus decoraciones: el gran arco de entrada central y la cúpula que lo corona, frescos, bajorrelieves y un mosaico. El edificio, con cuatro alas alrededor de un jardín semicircular bordeado por un peristilo ricamente decorado, alberga una rica colección de **Museo de las Bellas Artes de la Ciudad de París**, dedicada al arte francés entre 1880 y 1914. Las exposiciones temporales suelen ser fascinantes.

Avenida Montaigne

B4-C3 Ⓜ *Alma-Marceau o Franklin-D.-Roosevelt*. Icono del lujo, es el epicentro de la alta costura parisina, con las tiendas de las marcas más prestigiosas: Dior (en el núm. 30 de la avenida desde 1946), Chanel, Saint Laurent, Vuitton, Balenciaga, Céline, Nina Ricci, etc. La antigua Allée des Veuves ha cambiado mucho desde que Eugène Sue describiera su mala fama en su novela *Los misterios de París*. En el núm. 15, el **Teatro de los Campos Elíseos★**, en hormigón armado que era una innovación para la época, fue realizada por los hermanos Perret (1912); Antoine Bourdelle diseñó la fachada y Maurice Denis creó la decoración del techo de la sala donde bailaron Sergei Diaghilev, Joséphine Baker y Rudolf Nureyev. En mayo de 1913 se estrenó *Festival de Primavera* de Igor Stravinsky que escandalizó al público impactado por la modernidad de la obra. En el núm. 25, el **Hotel Plaza Athénée** acoge a jefes de Estado, príncipes y embajadores e invitados de todo el mundo.

Galería Dior ★★

B3 Ⓜ *Franklin-D.-Roosevelt. 11 r. François Ier -* 📞 *01 82 20 22 00 - www. galeriedior.com - Todos los días, excepto ma., de 11:00 a 19:00 h - 12 €.* El museo de la legendaria casa de moda Christian Dior, templo de la alta costura parisina, se inauguró en la primavera de 2022. Tejidos refinados, cortes perfectos, modelos extravagantes: aquí podrás recorrer décadas de moda femenina, desde las primeras faldas «Corolle» del fundador de la casa, Christian Dior, en 1946, hasta las creaciones más emblemáticas de sus sucesores, entre

ellos Yves Saint-Laurent, John Galliano y María Grazia Chiuri.

Arco del Triunfo ★★★

AB2-3 *RER A e* Ⓜ *Charles-de-Gaulle-Étoile. Pl. Charles-de-Gaulle -* ☎ *01 55 37 73 77 - www.paris-arc-de-triomphe. fr - De abril a septiembre, de 10:00 a 23:00 h; resto del año, de 10:00 a 22:30 h - 13 € (menores de 25 años, gratis) - Acceso no garantizado en caso de gran afluencia.*

Al pie de los Campos Elíseos, el Arco de Triunfo, que celebra la gloria del Gran Ejército, está inspirado en la antigüedad y tiene unas dimensiones verdaderamente colosales: 50 m de alto y 45 m de ancho. Destaca en el centro de Plaza de l'Étoile, rebautizada como Plaza Charles-de-Gaulle en 1970, y se abre a doce grandes avenidas que forman una estrella, de donde deriva el apodo *Étoile*. Encargado en 1806 por Napoleón a Jean-François Chalgrin (1739-1811), el monumento, cuando muere el artista, no alcanzaba ni los 5 m de altura; las obras finalizaron en 1836 durante el reinado de Luis Felipe. Desde 1921 alberga la **Tumba del Soldado desconocido** y la llama del recuerdo que arde desde el 11 de noviembre de 1923 se enciende todas las tardes a las 18:30 h. Las **vistas★★★** desde la terraza superior son magníficas.

Fundación Louis Vuitton ★★★

Mapa extraíble A2 Ⓜ *Les Sablons, luego 10 min a pie (o autobús desde Charles-de-Gaulle -Étoile, 1 €) - 8 av. du Mahatma-Gandhi -* ☎ *01 40 69 96 00 - www.fondationlouisvuitton.*
fr - De 09:00 a 21:00 h (vi. hasta las 23:00 h) con motivo de exposiciones temporales - 16 € (menores de 26 años, 10 €); la entrada a la Fundación da acceso al Jardín de Aclimatación).

En la parte norte del **Bosque de Bolonia★**, la Fundación Louis-Vuitton es un centro dedicado al arte y la creación contemporáneos. Una unión de pesadez y delicadeza, fragilidad y poder, el edificio diseñado por Frank Gehry trasciende la perspectiva visual y se adapta a su entorno. La Fundación organiza importantes exposiciones temporales y eventos públicos multidisciplinares.

A pocos pasos, el parque de atracciones infantil, los animales y el sendero del **Jardín de Aclimatación** encantarán a los niños *(Bois de Boulogne - carrefour des Sablons -* ☎ *01 40 67 90 85 - www. jardindacclimatation.fr - Mi., fines de semana y vacaciones escolares, de 10:00 a 18:00 h; lu., ma., ju. y vi., de 11:00 a 18:00 h - 7 € entrada simple; 50 € entrada con tique para 15 atracciones; 33 € entrada diaria y atracciones ilimitadas).*

AUTEUIL ★

Mapa extraíle A6 Ⓜ *Église-d'Auteuil o Michel-Ange-Auteuil.*

En el extremo sureste del Bosque de Bolonia se encuentra una parte del antiguo municipio del mismo nombre que existió desde la Revolución francesa hasta 1860. Actualmente, Auteuil es un barrio verde y elegante con lujosas villas privadas. El arquitecto **Héctor Guimard** (1867-1942), autor de las famosas entradas del metro, diseñó espléndidos edificios modernistas para esta zona, especialmente en **la Calle Jean-de-La Fontaine**.

BARRIO DE MONCEAU ★

C1-2 En el siglo XIX, la antigua Plaine Monceau estaba llena de majestuosos edificios; algunos se han convertido en museos. Las calles están repletas de ricas fachadas de estilo Haussmann y dan a un hermoso parque. Aún hoy es un barrio tranquilo, familiar y burgués.

Parque Monceau ★

BC2 Ⓜ *Monceau.* Este jardín con un encanto único alberga especies raras y variadas: sicomoros, plátanos orientales y *ginkgo biloba*. En la entrada, la Rotonda de Ledoux es uno de los 47 puestos de vigilancia que permitían pasar el peaje de París (◎ *pág. 178*).

Museo Nissim de Camondo ★★

C2 Ⓜ *Monceau. 63 r. de Monceau - ℰ 01 53 89 06 50 - www.madparis. fr - Todos los días, excepto lu. a ju., de 10:00 a 17:30 h - 12 € (menores de 26 años, gratis) - 20 € tique combinado con el Museo de las Artes Decorativas (☝ pág. 28).* Espléndida residencia de 1914 caracterizada por un ambiente *belle époque*. El museo expone lujosos muebles elegidos por el antiguo propietario, el conde de Camondo.

Museo Cernuschi ★

C2 Ⓜ *Monceau. 7 av. Vélasquez - ℰ 01 53 96 21 50 - www.cernuschi.paris.fr -* *Todos los días, excepto lu., de 10:00 a 18:00 h - Gratis.* Este museo conserva las colecciones de arte asiático reunidas a finales del siglo XIX por el banquero Henri Cernuschi.

Museo Jacquemart-André ★★

C2 Ⓜ *Miromesnil - 158 bd. Haussmann - ℰ 01 45 62 11 59 - www.musee-jacquemart-andre.com - De 10:00 a 18:00 h (algunas tardes hasta las 20:00 h) - 15 € (menores de 25 años, 9,50 €). ☺ Salón de té en un magnífico salón y jardín (no es posible reservar, las colas pueden ser abrumadoras).* Las prestigiosas colecciones de arte decorativo y pintura del siglo XVIII (escuelas francesa, del Norte y del Renacimiento italiano) se exponen magistralmente en este edificio de 1869. Entre otros: Boucher, Chardin, Canaletto, Fragonard, David, Rembrandt, Hals, Van Dick, Tiepolo.

BATIGNOLLES ★

Mapa extraíble C1 Ⓜ *Roma o Porte de Clichy.* Los bohemios parisinos han elegido como lugar favorito este barrio rústico, que se sitúa alrededor de la Iglesia de **Ste-Marie-des-Batignolles** (1851) y su plaza de estilo inglés, con numerosos bistrós y tiendas de moda. Al norte de la plaza, el terreno baldío del ferrocarril ha dado paso al gran proyecto de urbanización **Clichy-Batignolles**, que rodea el **parque**. La emblemática **Martin-Luther-King** y la Torre de Renzo Piano, de 160 m de altura, alberga el nuevo **Tribunal de París** *(Parvis du Tribunal de Paris).*

Montmartre★★★ - Pigalle

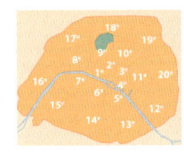

Gracias a su monumento icónico y su glorioso pasado artístico, Montmartre es muy popular entre los visitantes. Sin embargo, a pesar de la renovación urbana y la afluencia de turistas, sigue siendo un pueblo fascinante, salpicado de estrechas calles pavimentadas, encantadoras villas, senderos secretos y románticos viñedos. Más abajo, al sur de Pigalle y alrededor de la Calle des Martyrs, está el barrio de moda donde constantemente se abren nuevos bares y restaurantes.

▶ **Cómo llegar**: Ⓜ Abbesses (línea 12), Blanche (línea 2), Anvers (línea 2) o Pigalle (líneas 2 y 12), funicular del Sacré-Cœur, Montmartrobus.

Plano del distrito **págs. 90-91**. **Mapa extraíble** **E1**.

▶ **Consejos**: En Montmartre la multitud se concentra en la Plaza del Tertre, en la Calle Norvins y en los alrededores de las Abbesses; para disfrutar de un poco de tranquilidad, vete temprano por la mañana o camina por rutas menos conocidas. Para apreciar la arquitectura y el ambiente, sube las empinadas escaleras, que son parte del encanto del lugar. Si estás cansado, toma el Montmartrobus, un pequeño autobús eléctrico que sube haciendo un recorrido interesante (entre Pigalle y el Ayuntamiento del distrito XVIII. El 2.º fin de semana de octubre, no te pierdas la fiesta de la vendimia).

PASEO POR LA COLINA DE MONTMARTRE ★★★

Plano del distrito págs. 90-91, mapa extraíble E1 Ⓜ *Blanche.*

Este itinerario a pie te llevará a los lugares más emblemáticos de la colina de Montmartre y te hará descubrir algunos sitios menos conocidos. Desde la estación Blanche (*línea 2*) toma la **Calle Lepic★**, que te llevará por el famoso Café des Deux-Moulins, famoso por ser el bar favorito del protagonista de la película *El fabuloso destino de Amélie Poulain*. Sube hasta el famoso **Molino de la Galette**, azotado por el viento durante seis siglos, la pista de baile del siglo xix que inspiró a Renoir (el cuadro está en el Museo de Orsay), Van Gogh, Willette... Continúa hacia la **Plaza Marcel-Ayme** y detente un momento para observar la estatua que atraviesa el muro, un homenaje a Marcel Aymé, creador de la novela titulada *El paso del muro*. Sube la colina por la **Avenida junot** y echa un vistazo a los talleres y villas de un **barrio de artistas** (*11 av Junot*) o a **Villa Leandre★**. Luego regresa y cruza el Jardín Suzanne-Buisson donde, en el centro de una fuente, está la **estatua de Saint Denis**, que sostiene la cabeza entre las manos: el primer obispo y famoso mártir de París fue decapitado hacia el

año 250 en la Colina de Montmartre. Al noreste del jardín, entre la Calle Girardon y la Calle de los Brouillards, está el **Castillo de los Brouillards**. Al salir del jardín, en dirección al cementerio, se puede saludar a la cantante **Dalida**, que vivió en el barrio durante 25 años y cuyo busto adorna la plaza que lleva su nombre. En el cruce de la Calle des Saules y la **Calle St.-Vincent** se encuentra el rincón más rústico de París: una pequeña escalera, una pendiente pronunciada, una naturaleza exuberante y el famoso **Cabaret Lapin Agile**. En el **Cementerio de St.-Vincent** descansan Émile Goudeau, Maurice Utrillo, Roland Dorgelès, Marcel Carné, entre otros. No te pierdas los **viñedos** plantados a principios del siglo XX; la vendimia es ocasión de grandes celebraciones.

Museo de Montmartre ★

12 r. Cortot - 📞 01 49 25 89 39 - www. museedemontmartre.fr - Todos los días, excepto ma., de 10:00 a 18:00 h - 13 € (menores de 25 años, 10 €). 😊 Agradable salón de té con vistas al jardín.

Rodeado de tres encantadores jardines, el museo está situado en la Casa Bel Air, que acogió a artistas como Auguste Renoir, Suzanne Valadon, Émile Bernard, Émile Othon Friesz y Raoul Dufy. Las obras recuerdan el Montmartre bohemio: carteles, pinturas, dibujos, la reconstrucción del café de l'Abreuvoir y del apartamento-taller de Suzanne Valadon y su hijo Maurice Utrillo. Una agradable inmersión en la historia del lugar: el espíritu de libertad, los partidarios de la Comuna, llamados comuneros, y la efervescencia artística. Junto a la Casa Bel Air, el **Hotel Demarne** realiza exposiciones temporales centradas en Montmartre.

Iglesia de St.-Pierre-de-Montmartre ★

2 r. du Mont-Cenis - 📞 01 46 06 57 63 - www.saintpierredemontmartre.net - De 09:30 a 19:00 h.

Es una de las iglesias más antiguas de París (siglo XI) y fue construida en el lugar donde una vez estuvo una basílica dedicada a St.-Denis. Las bóvedas de la nave fueron reconstruidas en el siglo XV, mientras que la fachada occidental data del siglo XVIII. La gracia del campanario de la iglesia contrasta con la apariencia masiva de la cúpula del cercano Sacré-Cœur.

El antiguo **Cementerio del Calvario** situado junto a la iglesia en el lado norte, es el más pequeño de París; puedes admirarlo a través de una hermosa puerta de bronce.

Plaza del Tertre ★

Adornada con pequeñas casas y árboles, casi parece la plaza de un pequeño pueblo. Invadida por cientos de artistas callejeros que se ofrecerán a hacerte un retrato, pierde por completo su encanto (¡a menos que vayas allí de madrugada!).

Plaza Émile-Goudeau ★

Se llama la plaza de los pintores (Picasso, Braque y Juan Gris crearon aquí el cubismo) y de los poetas (Max Jacob, Apollinaire, Marc Orlan), y se reunían hacia **Bateau-Lavoir** (núm. 13).

Plaza de las Abadesas ★

La típica entrada de metro de Abbesses, obra de **Héctor Guimard**, es una de las dos únicas que aún existen en París (la otra está en la Puerta Dauphine). Rodeada de bares y restaurantes, *boutiques* y comercios de diversa índole, la plaza y las calles adyacentes están animadas a todas horas. La plaza está dominada por la **Iglesia de St.-Jean-de-Montmartre**, primer edificio religioso construido en hormigón armado (1904), que escandalizó un poco a los fieles de la época. Los habitantes de Montmartre la apodaron San Juan de los Ladrillos por su revestimiento exterior. Al norte de la plaza, el Jardín Jehan-Rictus enmarca el **muro Te amo**, un gran fresco de azulejos cubiertos con «Te amo» escritos en multitud de idiomas.

Basílica del Sacré-Coeur ★★

Ⓜ *Anvers y Funicular de Montmartre. Pl. du Parvis-du-Sacré-Cœur - ☎ 01 53 41 89 00 - www.sacre-coeur-montmartre.fr - De 06:00 a 22:30 h - Acceso para personas con movilidad reducida en 35 r. du Chevalier-de-la-Barre (de 09:30 a 17:30 h).*
Esta **basílica** de estilo romano-bizantino (1876-1914) es obra del arquitecto Paul Abadie (1812-1884). Desde la consagración, en 1919, hay fieles día y noche. Puedes acceder a la **cúpula** pasando por la cripta *(pasillo del lado izquierdo - ☎ 01 53 41 89 00 - www.sacre-coeur-montmartre. com - De mayo a septiembre, de 09:30 a 20:00 h; resto del año, de 10:00 a 17:30 h - Cerrado desde principios hasta mediados de enero - 7 € (menores de 16 años, 4 €) - La cúpula puede estar cerrada o cambiar los horarios según las condiciones climáticas).*
Después de 300 escalones bastante empinados, llegas a la galería exterior, donde puedes disfrutar de una **panorámica★★★** que se extiende 30 km, si hace buen tiempo. La cripta conserva un tesoro (se dice que es el corazón de Jesús), y un vídeo presenta la historia de la basílica y el culto al Sagrado Corazón.

Halle Saint-Pierre ★

Ⓜ *Anvers. 2 r. Ronsard - ☎ 01 42 58 72 89 - www.hallesaintpierre.org - De 11:00 a 18:00 h, sá., de 11:00 a 19:00 h, y do., de 12:00 a 18:00 h - Cerrado los fines de semana de agosto - 9 € (menores de 16 años, 6 €) - Agradable cafetería y librería.*
Construido por un alumno de Baltard en 1868, este antiguo mercado cubierto ha conservado su brillante arquitectura de hierro fundido. Utilizado como centro multicultural, desde hace veinte años se dedica al llamado *art brut* (obras creadas por no profesionales), presentadas en forma de grandes exposiciones temporales, alejadas del academicismo y de las grandes corrientes del arte contemporáneo.
El mercado de telas de París, llamado **Mercado Saint-Pierre**, está frecuentado tanto por sastres aficionados como por profesionales de la moda y el espectáculo.

ALREDEDOR DE PIGALLE

Plano del distrito págs. 90-91. Mapa extraíble E1 Ⓜ *Blanche o Pigalle.*

89

MONTMARTRE PIGALLE

0 ————————— 200 m

DÓNDE COMER

Bouillon Pigalle..**2**
Boca..**24**
Kin Khao..**27**
Le Coq & Fils...**60**
Flesh...**52**
Le Pantruche...**55**
Brasserie Barbès....................................**81**
Bijou..**90**
Luz Verde..**104**

DÓNDE BEBER

La Brasserie Fondamentale................**33**
Le Progrès...**38**
Le Sans-Souci...**39**
Le Dirty Dick...**40**
Marlusse et Lapin...................................**90**
Francis Labutte..**93**

SALIR DE NOCHE

Madame Arthur.......................................**1**

DÓNDE DORMIR

Hôtel des 3 Poussins............................**12**
Hôtel Basss...**17**
Le Pigalle..**18**

Convertido en epicentro de la vida nocturna con bares de moda y hoteles de lujo, Pigalle ofrece una atmósfera única, entre moda y transgresión. Entre la Plaza Blanche y la Plaza **Pigalle**, el **Bulevar de Clichy** atrae a los curiosos al caer la noche: junto a los *sex shops* no te pierdas la Calle **Cité Véron** (núm. 94), con casas de bonitos jardines donde habitaron Boris Vian y Jacques Prévert, o el callejón **Cité du Midi** (núm. 48), que conserva la fachada en cerámica de los antiguos baños públicos.

La **Plaza Blanche** debe su nombre a las antiguas canteras que se encontraban en este lugar. Aquí está el famoso **Moulin Rouge**. Fundado en 1889, en aquella época no era más que un café-concierto, donde los burgueses y bohemios de Montmartre acudían a aplaudir a Yvette Guilbert, Valentin le Désossé y Goulue, inmortalizados por Toulouse-Lautrec.

Al **sur de Pigalle** hay un barrio muy de moda (alrededor de la **Calle des Martyrs**, la Calle Henri-Monnier y la Calle Rochechouart), con bares, restaurantes y tiendas ecológicas y retro. Los parisinos lo llaman **SoPi** , es decir, South Pigalle, en referencia al SoHo, es decir, al sur de Houston Street, en Nueva York.

En el corazón del barrio se encuentra la elegante zona de **Nouvelle-Athènes**, caracterizada por una arquitectura neoclásica y bellos edificios.

El punto central de este barrio, que en el siglo XIX estaba dedicado a las artes y por ser frecuentado por Chopin y George Sand, es la **Plaza St.-Georges**. En el núm. 28 de la Calle Notre-Dame-de-Lorette está el **Hotel de la Païva**,

una sorprendente residencia de estilo neorrenacentista (1840) donde vivió Thérèse Lachmann, marquesa de Païva, famosa mujer fatal. La fachada está casi excesivamente ornamentada por querubines, bustos de Diana y Apolo, etc.

Museo Gustave Moreau ★

Ⓜ *St.-Georges. 14 r. de la Rochefoucauld - ☎ 01 83 62 78 72 - www.musee-moreau.fr - Todos los días, excepto ma., de 10:00 a 18:00 h - 7 € (menores de 26 años, gratis).*
En 1895, Gustave Moreau (1826-1898) transformó su casa familiar en un auténtico mausoleo dedicado a su obra. En las salas y en los amplios y espléndidos talleres de la segunda y tercera planta se exponen más de 6000 creaciones (pinturas, papeles, dibujos, esculturas) del artista, que marcó la pintura simbolista.

Museo de la Vida Romántica ★

Ⓜ *Pigalle. 16 r. Chaptal - ☎ 01 55 31 95 67 - www.museevieromantique.paris. fr - Todos los días, excepto lu., de 10:00 a 18:00 h - Gratis.*
☺ *Bonito salón de té en el pequeño jardín.*
Una estrecha avenida arbolada conduce a esta encantadora residencia de estilo rústico. El pintor **Ary Scheffer** (1795-1858), apreciado por el rey Luis Felipe, recibió allí a sus amigos artistas y escritores: Delacroix, Liszt y Renan. El museo muestra los recuerdos de **George Sand** y las obras de Ary Scheffer.

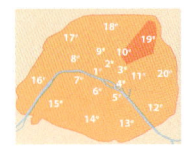

Del Canal de St.-Martin★ a la Villette★★

El canal es testimonio del París popular e industrial del siglo XIX, con un agradable paseo que conduce al Parque de la Villette. Este es un barrio especialmente animado en los días soleados, cuando los estudiantes y los jóvenes vienen a tomar el sol, hacer un pícnic y mojar los pies en el agua, y los numerosos bistrós ponen sus mesas en las aceras. La Villette, espacio verde y centro cultural, valoriza las ciencias del mañana y las artes escénicas y la música en todas sus formas. Puedes terminar el día con un paseo por el Parque des Buttes-Chaumont.

▶ **Cómo llegar**: Ⓜ République (líneas 3, 5, 8, 9 y 11), Jacques-Bonsergent (línea 5), Goncourt (línea 11) y Jaurès (líneas 2, 5 y 7b).
La Villette: Ⓜ Porte-de-la-Villette (línea 7 - acceso por Cité des sciences et de l'industrie), Porte-de-Pantin (Ⓜ líneas 5 y T3b - acceso por La Philharmonie).
Plano del distrito pág. 97. Mapa extraíble GH1-3.
▶ **Consejos**: Los domingos y festivos está cerrado a los coches desde la Calle de la Grange-aux-Belles (Muelle de Jemmapes, en el puente giratorio) hasta la Plaza Stalingrado: se puede visitar a pie o en bicicleta; hay carriles bici a lo largo del canal, la cuenca de la Villette y el Canal de l'Ourcq. En verano, recuéstate en la hierba y disfruta de una película durante el festival de cine al aire libre de la Villette.

PASEOS POR EL CANAL

G1-3 A un paso de la Plaza de la République, el Canal St.-Martin, dominado por tiendas retro y cafés de moda, es uno de los lugares más queridos y frecuentados por los jóvenes parisinos. Vienen aquí para dar paseos románticos, hacer pícnics o tener charlas en bares al aire libre.

Canal St.-Martin ★

🚣 Paseos en barco, pág. 166.

G1-3 Con sus nueve **exclusas**, las pasarelas de hierro, las aceras pavimentadas y las hileras de árboles, el Canal St.-Martin es un lugar lleno de encanto sobre el que vigilan las sombras de Arletty, Balzac y Simenon. En el 102 quai de Jemmapes, la fachada del **Hotel du Nord** recuerda la famosa respuesta que Arletty le dio a Louis Jouvet: «¡Atmósfera! ¡Atmósfera! ¿Tengo cara de atmósfera?» en la película *Hotel Norte* de Marcel Carné (1938). Hoy en día, las tiendas,

El Canal de St.-Martin.

restaurantes y bares de moda y retro animan estas orillas del canal. Más adelante, antes de la Plaza Stalingrad, está el **Point Éphémère** que es un centro artístico y dinámico (☞ *pág. 135*).

Rotonda de la Villette ★

G1 Ⓜ *Jaurès o Stalingrad. Pl. de la Bataille-de-Stalingrad.* Era uno de los puestos de guardia construidos por Ledoux, uno de los puntos de acceso a lo largo de la barrera aduanera de París (♿ *pág. 178*). Hoy en día, la Rotonda alberga un restaurante y un bar.

Bahía de La Villette ★

GH1 Ⓜ *Jaurès o Stalingrad.* La masa de agua artificial más grande de París. Zona muy popular en los días soleados, es el lugar ideal para relajarse: ciclistas y transeúntes hacen pícnics, toman café al aire libre o juegan a la petanca. Instalado en los antiguos establos del mercado local, una colección de ladrillos y «vigas Eiffel» de la Exposición Universal de 1878, forman el cine MK2 Quai-de-Loire que está conectado con su «hermano mayor», situado al otro lado de la cuenca, se puede llegar con un pequeño barco *(gratuito)*.
Al otro lado de la cuenca no te pierdas el espectáculo de **puente levadizo** en la Calle de Crimée. Desde la Calle Riquet se puede llegar al Centquatre *(ver más abajo)*.

Del Nilo al Ourcq

La construcción del Canal St.-Martin fue ordenada en 1802 por Napoleón I con el objetivo de conectar el río Ourcq con el Sena. Pierre-Simon Girard, un ingeniero que regresó de la campaña de Egipto y que había estudiado el funcionamiento de las esclusas del Nilo, estuvo a cargo de las obras, terminadas en 1825. Sin embargo, en 1808 se inauguró un primer tramo del canal. Cavado para abastecer de agua a la capital y de fuentes, siguiendo el ejemplo de Roma, el Canal St.-Martin se extiende a lo largo de 4,5 km y está formado por antiguas cuencas y nueve exclusas, con un desnivel de 25 m. La profundidad es de 2,20 m. El canal se recorre entre la Bastilla y la Calle de Faubourg-du-Temple.

CENQUATRE-PARÍS

Mapa extraíble G1 Ⓜ *Riquet. 5 r. Curial - ☎ 01 53 35 50 00 - www.104.fr - De ma. a vi., de 12:00 a 19:00 h; fin de semana, de 11:00 a 19:00 h - Cerrado en agosto - Tarifas según eventos.*
La misión del Centquatre, instalado en los enormes edificios de la antigua funeraria municipal, es abrir las puertas del arte contemporáneo al público en general, acogiendo en sus estudios a artistas que crean sus obras ante los visitantes. El proyecto nació para remodelar este barrio multiétnico y popular, uno de los más deteriorados de París: hoy los jóvenes instalan aquí sus equipos de baile, las familias vienen a pasear y visitar las exposiciones, a menudo de forma gratuita; y siempre hay algo que ver o escuchar.

PARQUE DE LA VILLETTE

Plano del distrito, pág. 96 mapa extraíble H1
Ⓜ *Porte-de-la-Villette o Porte-de-Pantin, tranvía 3B mismas estaciones.*
Entre el Canal St.-Denis y el Canal Ourcq, donde se encontraban los **antiguos mataderos de París**, este amplio parque contemporáneo, enriquecido con numerosos espacios de juego, alberga la **Ciudad de las Ciencias y de la Industria**, la **Filarmónica**, la **Grande Halle**, el estadio **Zénith**, etc. Arquitectura moderna en un entorno natural: la combinación perfecta de cultura y relajación.

Ciudad de las Ciencias y la Industria ★★

Ⓜ *Porte-de-la-Villette y tranvía 3B. 30 av. Corentin-Cariou - ☎ 01 85 53 99 74 - www.cite-sciences.fr - De ma. a sá., de 09:30 a 18:00 h (do. hasta las 19:00 h) - 12 € (menores de 25 años, 9 €).*
La misión de la Ciudad de la Ciencia y la Industria es difundir la cultura científica a todo tipo de público. La escenografía sitúa al visitante en la posición de actor utilizando las últimas tecnologías.
Explora y el planetario: Exposiciones interactivas de maquetas y reconstrucciones que te permitirán explorar el mundo de hoy y del mañana. El planetario lleva al espectador a descubrir la vía láctea y las galaxias.

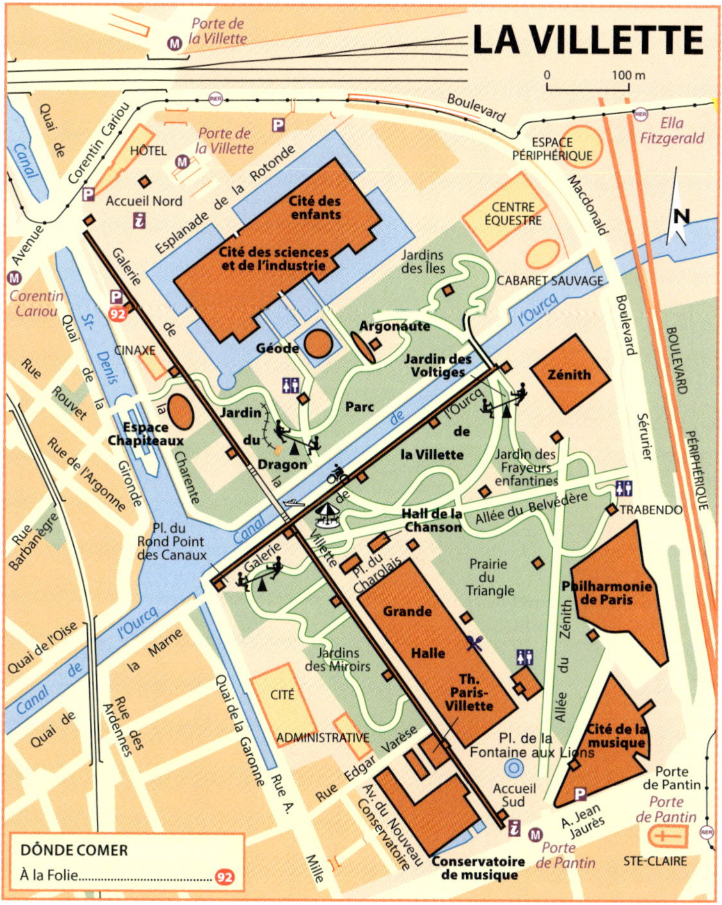

LA VILLETTE

0   100 m

Porte de la Villette

Boulevard

ESPACE PÉRIPHÉRIQUE

Ella Fitzgerald

Quai de Corentin Cariou

HOTEL

Porte de la Rotonde

Accueil Nord

Esplanade de la Rotonde

CENTRE ÉQUESTRE

Macdonald

Avenue

Cité des enfants

Corentin Cariou

Galerie

Cité des sciences et de l'industrie

Jardins des Îles

CABARET-SAUVAGE

Boulevard

BOULEVARD

de la

CINAXE

Rue Rouvet

de la

Charente

Argonaúte

l'Ourcq

Séruriu

PÉRIPHÉRIQUE

St-Denis

Géode

Jardin des Voltiges

Zénith

97

Rue de l'Argonne

Gironde

Jardin du Dragon

Espace Chapiteaux

Parc

de

l'Ourcq

Jardin des Frayeurs enfantines

TRABENDO

Rue Barbanègre

Canal

de

la Villette

Hall de la Chanson

Allée du Belvédère

Canal

Pl. du Rond Point des Canaux

Galerie

de la

Villette

Pl. du Charolais

Prairie du Triangle

Zénith

Philharmonie de Paris

Quai de l'Oise

l'Ourcq

la Marne

Grande

Halle

du

Allée

Cité de la musique

Quai de

Quai de la Garonne

CITÉ

Jardins des Miroirs

Th. Paris-Villette

Porte de Pantin

Rue des Ardennes

Rue A.

ADMINISTRATIVE

Pl. de la Fontaine aux Lions

A. Jean Jaurès

Porte de Pantin

Rue Edgar Varèse

Accueil Sud

Av. du Nouveau Conservatoire

Mille

Conservatoire de musique

Porte de Pantin

STE-CLAIRE

Cité des enfants★★

De ma. a sá., de 10:00 a 18:00 h (do. hasta las 19:00 h) - 12 € (menores de 25 años, 9 €) - Se recomienda reservar.
Dos espacios diferenciados (2-7 años y 5-12 años) ofrecen experiencias lúdicas y educativas en el ámbito de la ciencia y la tecnología.

La Géode ★★

Ⓜ️ *Porte-de-la-Villette y tranvía 3B. www.lageode.fr - Cerrado por obras, se desconoce la fecha de reapertura.*
En esta gran esfera de acero, que se ha convertido en el emblema de la Villette, se proyectan documentales en una pantalla semiesférica de 26 m de diámetro y 1000 m² de superficie.

La Filarmónica de Paris y la Ciudad de la Música ★

Ⓜ️ *Porte-de-Pantin y tranvía 3B. - 221 av. Jean-Jaurès - ☎ 01 44 84 44 84 - www.philharmoniedeparis.fr - De ma. a vi., de 12:00 a 18:00 h; fin de semana, de 10:00 a 18;00 h - Museo de la Música: gratis; exposiciones temporales: tarifas variables.*
Un edificio futurista revestido con paneles de láminas de aluminio, la nueva **Filarmónica** de París (2015) es obra del arquitecto Jean Nouvel. El **auditorio**, con 2400 asientos, acoge conciertos de orquestas sinfónicas pero también de jazz y música étnica. También se organizan exposiciones temporales.
Al lado, la **Ciudad de la Música**, un edificio diseñado por Christian de Portzamparc (1995), alberga el **Museo de la Música** que presenta, a través de un viaje sonoro, cerca de mil instrumentos desde el siglo XVI hasta nuestros días, numerosas obras de arte y la reconstrucción de las grandes obras europeas te harán revivir el estreno del *Orfeo* de Monteverdi y *La consagración de la primavera* de Stravinski.

BUTTES-CHAUMONT

H1-2 Este barrio tranquilo, donde reina un ambiente casi de pueblo, se encuentra alrededor del famoso parque La Villette. Desde los edificios burgueses de la Calle Manin hasta las encantadoras callejuelas de Mouzaïa, podrás descubrir rincones secretos de un París insólito.

Parque de Buttes-Chaumont ★

H1-2 Ⓜ️ *Buttes-Chaumont, Botzaris, Pyrénées, Place-des-Fêtes o Laumière. Acceso al parque por la Calle Botzaris, la Calle Manin, la Avenida Simon-Bolivar o la Calle de Crimée. ☎ 01 48 03 83 10 - www.paris.fr - De mayo a agosto, de 07:00 a 22:00 h; abril y septiembre, de 07:00 a 21:00 h; resto del año, de 07:00 a 20:00 h - Juegos, teatro de marionetas, ponis, quiosco de música.*
☺ *Dentro del parque, el restaurante Pavillon du Lac (☞ pág. 121) ofrece un delicioso menú del día para comer al aire libre cuando hace buen tiempo. Es famosa la «guinguette» parisina, la Rosa Bonheur es el lugar perfecto para tomar un café o una copa por la noche (☞ pág. 135).*
El parque está situado en una antigua colina árida, de 100 m de altura, que alguna vez fue llamada Montaña calva. En el siglo XIV, Felipe el Hermoso

La sala de conciertos Pierre-Boulez de la Filarmónica de París, de Jean Nouvel.

ordenó que todas las casas de París estuvieran revestidas de yeso, un excelente aislante térmico que también protege contra el fuego. Así nacieron las canteras de yeso de Montmartre y Buttes-Chaumont. Poco a poco, la colina se convirtió en un queso suizo y se convirtió en un refugio ideal para los delincuentes. En el siglo XIX, Haussmann, con el apoyo de Jean-Charles Alphand, quiso transformar la zona en un parque que se diferenciara del orden arquitectónico de los jardines franceses, favoreciendo el encanto romántico de los jardines rurales. Rico en especies autóctonas y exóticas, se puede dar un agradable paseo cuesta arriba con un paisaje variado: arroyos, cascadas, enormes árboles, un lago y una cueva. Los plataneros, álamos, arces, castaños, algarrobos plantados a finales del siglo XIX siguen prosperando.

Mouzaïa o Barrio Americano ★

Mapa extraíble H1 Ⓜ *Danube.*
Escondido detrás de edificios, entre la Plaza de Rhin-et-Danube y la Plaza de los Fêtes, este barrio inusual y pintoresco se compone de alrededor de 250 casitas con jardines y bonitas calles adoquinadas iluminadas por farolas de estilo del siglo XIX. Hacia 1890 estaba habitada por la población obrera. Es el lugar ideal para un paseo encantador y bucólico en un París más íntimo.

La Bastilla y el este★

Población multicultural, arquitectura variada, jardines comunes, talleres de artistas, bistrós de moda: la zona este de París, formada por los antiguos barrios de Belleville y Ménilmontant, caracterizados por calles empinadas, fascinará a quienes buscan un estilo menos monumental de París.

▶ **Cómo llegar**: Ⓜ Bastille (líneas 1, 5 y 8). **Père-Lachaise** Ⓜ Père-Lachaise (líneas 2 y 3) o Philippe-Auguste (línea 2). **Belleville**: Ⓜ Belleville (líneas 2 y 11) o Pyrénées (línea 11). **Ménilmontant**: Ⓜ Ménilmontant (línea 2), Ⓜ autobús 96 sube y baja por la r. Ménilmontant.

Mapa extraíble G6 y H3-4.

▶ **Consejo**: Aprovecha los días de puertas abiertas de los talleres de artistas de Belleville (ateliers-artistes-belleville.fr).

LA BASTILLA

Para los parisinos **la Plaza de la Bastilla** es el lugar donde tienen lugar manifestaciones y marchas políticas y sindicales, y es escenario de grandes conciertos populares. En el suelo, las líneas del pavimento trazan el contorno de la antigua fortaleza de la Bastilla, prisión estatal desde el siglo xvii y símbolo de la arbitrariedad del rey, que solo tuvo que firmar una *lettre de cachet*, o carta lacrada, para encerrar a personajes como Voltaire, Diderot y Mirabeau. El 14 de julio de 1789, la prisión fue atacada por revolucionarios y 800 trabajadores, y la destruyeron piedra a piedra. (◉ *pág. 182*). En el centro de la plaza está la **Columna Juillet** (1831-1840), en memoria de los parisinos asesinados durante las revoluciones de 1830 y 1848; en lo alto, la estatua del Genio de la Libertad, sosteniendo la antorcha de la libertad y la cadena rota de la tiranía.

Recientemente remodelada, la plaza es peatonal y ahora ofrece acceso directo al Puerto del Arsenal a través de una escalera.

Ópera de la Bastilla ★

G6 *120 r. de Lyon - ☎ 0 892 89 90 90 - www.operadeparis.fr - Visita guiada con cita previa - 17 € (menores de 25 años, 12 €).*
El edificio, construido donde se encontraba la antigua estación de la Bastilla, fue diseñado por el arquitecto uruguayo-canadiense Carlos Ott entre 1983 y 1989 y alberga una sala con 2700 asientos, que comparte el programa de la ópera parisina con la Ópera Garnier (◉ *pág. 27*). La inmensidad del edificio se debe a la necesidad de reunir en un solo lugar a todos los profesionales necesarios para realizar una obra: 51 profesiones diferentes, desde el peluquero hasta el electricista.

Puerto de Arsenal

G6 Más abajo, entre la Plaza de la Bastilla y el Sena, te sentirás como si ya no estuvieras en París: el puerto deportivo Paris-Arsenal, creado del **Canal Saint Martin** (☉ *pág. 94*) antes de desembocar en el Sena, está bordeado de jardines y barcos y es un lugar agradable para hacer un pícnic.

Coulée Verte ★ y Viaducto de las Artes ★

G6-H7 Por la avenida Daumesnil (*dirección a Gare de Lyon*), el Viaducto de las Artes contiene bajo sus bóvedas tiendas de artesanía y de muebles modernos. Arriba, la Coulée Verte, antigua Promenade Plantée (*acceso por ascensores y escaleras, al inicio de la Av. Daumesnil*), es un agradable paseo por una antigua vía de ferrocarril. Este último unió la Bastilla con la periferia oriental de la ciudad durante más de un siglo (1859-1969), ofreciendo a los parisinos la oportunidad de respirar el aire del campo en el Bosque de Vincennes. Hoy es un largo parque público de 4,5 km.

Calle del Faubourg-St.-Antoine

GH6 Campos, callejones sin salida, calles y paseos peatonales con encanto constituyen el corazón del barrio. Al final de los encantadores **patios con flores** están los raros talleres y almacenes de artesanos y carpinteros. No te pierdas las arcadas de la Cour de l'Étoile-d'Or (núm. 75), la Cour des Trois-Frères (núm. 81-83), la Cour de la Maison-Brûlée (núm. 89), o el pasaje de la Boule-Blanche (núm. 50). Cerca

está el pintoresco **Mercado de Aligre** (*excepto los lunes*), donde se venden productos alimenticios (especialmente frutas y verduras), ropa usada y antigüedades.

Atelier des Lumières ★

H4 Ⓜ *Rue-St.-Maur. 38 r. St.-Maur - ☎ 01 80 98 46 00 - www.atelier-lumieres.com - De 10:00 a 18:00 h (vi. y sá. hasta las 22:00 h, y do. hasta las 19:00 h) - 16 € (menores de 25 años, 11 €).* Innovador espacio de arte digital con tecnología punta, abrió sus puertas en 2018 en las instalaciones de una antigua fundición del siglo XIX. Ofrece exposiciones monumentales inmersivas: con 120 videoproyectores, se muestran imágenes de cuadros famosos en una superficie de 3300 m² en paredes de más de 10 m de altura.

Cementerio del Père-Lachaise ★★

Mapa extraíble desde H4 Ⓜ *Père-Lachaise. 8 bd. de Ménilmontant - ☎ 01 55 25 82 10 - www.pere-lachaise.com - De 08:00 a 17:30 h, sá. de 08:30 a 17:30 h, y do. de 09:00 a 17:30 h (desde mediados de marzo hasta finales de octubre hasta las 18:00 h) - Posibilidad de visita guiada en francés o inglés.* Este cementerio, adornado con más de 3000 árboles, es excepcional por el número y la importancia de los que descansan en él, y por el romanticismo de la mayoría de las tumbas. Creado bajo el Imperio de Brongniart, se considera un museo al aire libre de estatuas funerarias, a veces intrigante, y conmovedor. Encontrarás las tumbas de Jim Morrison, Chopin, Balzac, Marcel Proust, Oscar Wilde, y un monumento a la memoria de las víctimas deportadas de los campos de concentración, y el **Muro de los Federados**. Aquí tuvo lugar el 28 de mayo de 1871 el último episodio sangriento de la Comuna: los insurgentes se atrincheraron en el cementerio donde lucharon contra Versalles. Al amanecer del día siguiente, se disparó a los supervivientes contra el muro circundante y sus cuerpos fueron arrojados a una gran trinchera excavada en el lugar.

BELLEVILLE

Mapa extraíble H3 Ⓜ *Bellaville*. Para visitar este popular barrio, sube por la Calle de Belleville, repleta de bazares, restaurantes y tiendas de alimentación, donde según la leyenda nació la gran Édith Piaf, en el núm. 72 (en realidad nació en el hospital Tenon, cerca de Bagnolet). Toma la Calle des Pyrénées *(a la derecha)* hasta el núm. 371, aquí una escalera te llevará a la **Place Henri-Krasucki**, corazón histórico de Belleville. Por la **Calle des Envierges** llegarás a lo más alto, donde está el **Parque de Belleville★** que ofrece una **vista★★** impresionante sobre París y hasta el Monte Valérien. La Place Henri-Krasucki también conecta la pintoresca Calle de la Mare y **Calle des Cascadas**. Esta calle larga y estrecha, dominada por edificios de solo dos o tres plantas y pequeños bares, conserva el encanto del pasado: será como estar en una pequeña ciudad de provincia. No te pierdas las que antiguamente eran las alcantarillas, pequeñas construcciones que permiten el acceso al agua que discurre bajo la carretera. En el núm. 42 está **el pozo de Saint Martin**, que pertenecía al priorato de St.-Martin-des-Champs: en el escudo, a la izquierda, el caballero San Martín es reconocible por su montura. En el núm. 17 *(bajando las escaleras)* está el **pozo de Messiers** (los guardias que vigilaban los viñedos y los campos). Al final, en la esquina de las escaleras de la Calle Fernand-Raynaud hay vistas maravillosas de la ciudad.

MÉNILMONTANT

Mapa extraíble desde H4 Ⓜ *Ménilmontant. Al final de la Calle des Cascades, gira a la izquierda por la Calle de Ménilmontant y luego a la izquierda por la Calle de l'Ermitage.* **Villa de l'Ermitage** es una antigua calle con un ambiente bucólico, típico de los antiguos pueblos de los suburbios parisinos, bordeada de casas adosadas con una exuberante vegetación que desborda los jardines y coloniza el pie de las murallas. Al fondo, a la izquierda, se encuentra la **Cité Leroy**, una calle corta y estrecha dominada por casas heterogéneas con fachadas cubiertas de plantas trepadoras. En la esquina de la Calle des Pyrénées y la de Ménilmontant, el **pabellón Carré de Baudouin**, una espléndida residencia del siglo XVIII usada como lugar de celebraciones y vacaciones, se ha convertido en un importante centro cultural del distrito *(www.carredebaudouin.fr)*. Luego continúa por la Calle de Ménilmontant hasta la **Iglesia de Notre-Dame-de-la-Croix★** (1880) que tiene una de las naves más largas de París, gracias a la estructura metálica de las bóvedas. Al pie de las escaleras, la **Plaza Maurice-Chevalier**, sombreada por castaños, es el corazón de Ménilmontant**.**

103

NUESTRAS SUGERENCIAS

La terraza de una cafetería en el barrio de Montmartre.
Suchan/Getty Images Plus

🍴 Dónde comer

☛ **Encontrarás las sugerencias en los planos marcadas con círculos numerados (p. ej., ❶) y las coordenadas en rojo (p. ej., C2). Consulta el mapa extraíble (en el interior de la cubierta).**

La Île de la Cité y la Île St.-Louis

Plano del distrito **págs. 18-19**

Idea de pícnic - La Plaza Vert-Galant, en el extremo occidental de la Île de la Cité, es ideal para hacer una pausa en el corazón de París.

Más de 20 €

❶ **Les Fous de l'Île** - **F6** - *33 r. des Deux-Ponts - IV* - Ⓜ *Pont-Marie -* ☏ *01 43 25 76 67 - www.lesfousdelile. com - De 12:00 a 23:00 h - Menú mediodía entre semana, 21/26 €; cena y fin de semana, 19/31 €.* Situado en el corazón de la Île St.-Louis, es un bistró contemporáneo que combina sabores y buen humor. Destaca su decoración: estanterías de madera y una colección única de gallinas.

El Louvre

Plano del distrito **pág. 29**

Idea de pícnic - El Jardín de las Tullerías te espera, pero recuerda que el museo tiene cafés y restaurantes, algunos a precios razonables.

Más de 20 €

❺ **Zen** - **E4** - *8 r. de l'Échelle - I -* Ⓜ *Palais-Royal -* ☏ *01 42 61 93 99 - www.zenrestaurantparis.fr - De 12:00 a 14:30 h, de 19:00 a 22:00 h - Platos, 16/28 €; menú, 30/38 €.* Pequeño

restaurante japonés que ofrece cocina auténtica en un ambiente fresco, verde y blanco.

Ópera-Palacio Real

Plano del distrito **pág. 29**

Idea de pícnic - Los Jardines del Palacio Real son un remanso de paz para una pausa entre la arquitectura clásica y el arte contemporáneo (Columnas de Buren).

Más de 10 €

⑯ **Le Stube** - **E5** - *31 r. de Richelieu - I -* Ⓜ *Palais-Royal-Musée-du-Louvre -* ☏ *01 42 60 09 85- www. lestube. fr - Lu. de 11:30 a 15:00 h, ma. de 11:30 a 19:00 h, de mi. a sá. de 11:30 a 21:00 h -Cerrado do. - Platos 5/11 €.* Un restaurante alemán abierto todo el día. Tartas saladas, sándwiches, Currywurst, chucrut y el típico Strudel.

Más de 15 €

㊸ **JanTchi** - **E4** - *6 r. Thérèse - I -* Ⓜ *Pyramides -* ☏ *01 40 15 91 07 - De lu. a sá., de 12:00 a 14:45 h y 18:30 a 22:30 h; Cerrado do. - Platos 15/16 €.* Un templo de la cocina coreana: sabores y colores se combinan para ofrecer al paladar una experiencia deliciosa. Déjate tentar por el *japchae* del famoso *bibimbap* el cerdo picante y el helado de té verde de la casa. Por la noche, la cola es de 20 min.

Precios dobles

Los rangos de precios se han establecido teniendo en cuenta los precios de los menús y opciones de almuerzo encontrados durante nuestras visitas. Sin embargo, los precios pueden variar en un mismo lugar dependiendo de si quieres almorzar o a cenar. Incluso los restaurantes de cierto nivel ofrecen menús de mediodía por menos de 25 €, mientras que por la noche no está disponible por menos de 40 €.

6 Eats Thyme - **E4** - *44 r. Coquillière - I* - Ⓜ *Les Halles* - 📞 *01 42 33 21 15 - eatsthyme.com - De 11:00 a 21:00 h (do. a las 17:00 h) - Almuerzo 16/17 €.* Un pequeño y agradable local cerca del Louvre y de la Bolsa de Comercio. Ofrece cocina libanesa, el conocido *manoushe*, un pan plano recién horneado relleno de condimentos (tomillo silvestre, ternera especiada, *shawarma* pollo...), y el típico *meze* (humus, caviar de berenjena...). Tiene una pequeña y soleada terraza.

18 Gyoza Bar - **E3** - *56 passage des Panoramas - II* - Ⓜ *Grands-Boulevards* - 📞 *01 44 82 00 62 - Lu. de 12:00 a 14:30 h; de ma. a sá., de 12:00 a 14:30 h y 18:30 a 22:30 h - Cerrado do. - 15 €.* Un plato único y original: la *gyoza*, albóndigas japonesas rellenas de cerdo, puerro y jengibre, servidas con un bol de arroz. El servicio es rápido, pero la sala es pequeña, por lo que puede ser que haya que esperar un poco. Buena relación calidad-precio.

89 Kotteri Ramen Naritake - **E4** - *31 r. des Petits-Champs - I* - Ⓜ *Pyramides* - 📞 *01 42 86 03 83 - Ma. de 18:00 a 22:00 h; de mi a vi., de 11:30 a 16:30 h y de 18:00 a 22:00 h; fin de semana, de 11:30 a 22:00 h - Cerrado lu.* Este pequeño restaurante japonés sirve deliciosas sopas de fideos (ramen) y sabrosos *dumplings*. La cola, que

a menudo es larga, demuestra la popularidad de este lugar.

45 Bouillon Chartier - **E3** - *7 r. du Faubourg-Montmartre - IX* - Ⓜ *Grands-Boulevards* - 📞 *01 47 70 86 29 - www.bouillon-chartier.com - De 11:30 a 23:00 h - Platos 7/12 € - No se puede reservar.* Ven a este lugar a comer a precios razonables y descubre el ambiente de los típicos restaurantes baratos de antaño, llamados *bouillons* es decir, «caldos». La decoración no ha cambiado desde su creación en 1896, con su gran claraboya, sus paneles de madera, sus portaequipajes de cobre y sus taquillas para las servilletas de los clientes habituales. La cola puede ser larga.

99 Daroco - **E4** - *6 r. Vivienne - II* - Ⓜ *Bourse o Pyramides* - 📞 *01 42 21 93 71 - www.daroco.fr - De 12:00 a 24:00 h - Pizzas 12/39 € - Reserva online.* Daroco ha reemplazado a la emblemática tienda de Jean-Paul Gaultier en la Galería Vivienne, muy cerca de la Plaza de las Victoires. En un bello entorno contemporáneo, este joven restaurante sirve exquisitas pizzas y sofisticados primeros y segundos platos. Sin embargo, la recepción no es su punto fuerte y el servicio es lento.

Más de 20 €

❤ **35 Vida** - **F3** - *49 r. de l'Échiquier - X* - Ⓜ *Bonne Nouvelle* - 📞 *01 48 00*

08 28 - www.restaurant-vida.com - De 12:00 a 14:30 h y 19:00 a 21:30 h - Platos 15/24 €. La frescura se impone en este restaurante de paredes blancas y motivos vegetales. La joven chef italiana Tania Cadeddu ofrece con garbo una cocina creativa de influencia mediterránea. Déjate tentar por el bol vegetariano, el ceviche o el risotto de calamar.

54 **À Côté** - **E3** - *16 r. La-Fayette - IX* - Ⓜ *Chaussée-d'Antin* - ☎ *01 48 78 03 68 - acote.paris - De ma. a vi., de 12:00 a 14:45 h y 19:30 a 22:30 h, sá. de 19:30 a 22:45 h - Cerrado lu., sá. mediodía y do. - Platos almuerzo 21 €, menú mediodía 28 €*. Boris y Sébastien ofrecen aquí una «tabla de ensueño», compuesta por un bistec de costilla Limousine cocinado «negro y azul», es decir, crujiente en la superficie, con salsa bearnesa, patatas fritas caseras y un enorme hueso con tuétano. Tiene una buena bodega.

Más de 30 €

48 **L'Office** - **F2** - *3 r. Richer - IX* - Ⓜ *Poissonnière* - ☎ *01 47 70 67 31 - www.office-resto.com - De lun a vi., de 12:00 a 14:30 h y 18:30 a 22:30 h (vi. hasta las 23:00 h) - Cerrado fin de semana - Platos 23/34 € - Se recomienda reservar.* Tonos turquesa, madera natural, plantas verdes, vajilla de cerámica... La decoración es típica de un neobistró y la carta, que es corta y con productos de temporada, sigue la misma línea. ¡Disfruta de su estilo contemporáneo!

46 **Les Diables au Thym** - **E3** - *35 r. Bergère - IX* - Ⓜ *Grands-Boulevards* - ☎ *01 47 70 77 09 - www.lesdiablesauthym-paris.fr - De*

12:00 a 14:00 h y 19:00 a 22:30 h - Cerrado fin de semana - Menú 28 € (almuerzo)/69 €. Situado cerca del Museo Grévin tiene un sencillo comedor de estilo bistró (con cuadros contemporáneos). Cocina moderna, basada en productos de temporada y vinos ecológicos.

47 **Les Retrouvailles** - **E3** - *9 r. du Conservatoire - IX* - Ⓜ *Grands-Boulevards* - ☎ *01 44 83 60 - De 12:00 a 14:00 h y 19:00 a 22:30 h - Platos 19/86 € - Se recomienda reservar.* En el interior del lujoso Hotel de Nell, un elegante escondite decorado por Jean-Michel Wilmotte, con paredes negras, techo blanco y suelo a cuadros. La esencia del bistró es la cocina de Yoni Saada (ex Top Chef), arenosa y generosa: huevo de botarga con valeriana y berros; filete de ternera con tuétano y jugo de pistacho en salmuera, etc.

Le Marais y Les Halles

Plano del distrito **págs. 36-37**
Idea de pícnic - Los muelles de la orilla derecha, frente al Ayuntamiento (en el punto de embarque de los *bateaux-mouches*). Hay algunas mesas de madera junto al río o bajo los sauces llorones.

Más de 10 €

9 **L'As du Fallafel** - **F5** - *34 r. des Rosiers - IV* - Ⓜ *St.-Paul* - ☎ *01 48 87 63 60 - De do. a ju., de 12:00 a 23:00 h, vi., de 12:00 a 16:00 h y sá., de 18:30 a 23:00 h - No se puede reservar.* Bocadillos de falafel y pan de pita, ensaladas, humus y el mejor kebab de París. Para comer allí o para llevar, hay que esperar.

13 Kitchen - **F4** - *74 r. des Gravilliers - III -* Ⓜ *Arts-et-Métiers -* ☎ *09 52 55 11 66 - www.kitchenparis.com - De 08:00 a 15:00 h, fin de semana, de 08:00 a 16:00 h.* Un bar frecuentado por jóvenes artistas del barrio donde sirven zumos, sopas, ensaladas y makis. Cocina vegetariana y ecológica.

27 Notre Café Marais - **G5** - *11 allée Arnaud-Beltrame (entrada por 12 r. de Béarn) -* Ⓜ *Chemin-Vert - www.autisme-en-idf.org - De ma. a vi., de 08:30 a 15:00 h - Menú de mediodía, 12 €.* Dirigido por una asociación médico-educativa, este café está gestionado en parte por jóvenes autistas. Una vocación solidaria que se suma a su encanto: un hermoso refugio contemporáneo enclavado en el corazón de un antiguo cuartel rehabilitado. Perfecto para comer (tostadas, ensaladas...) o una pausa dulce (tartas caseras) muy cerca de la Plaza de los Vosgos.

Más de 15 €

23 Paris New York - **F5** - *10 r. Ste-Croix-de-la-Bretonnerie - X -* Ⓜ *Châtelet o Les Halles -* ☎ *01 42 47 06 59 - www.pnyburger.com - De 12:00 a 15:00 h y 19:00 a 23:30 h.* El lugar ideal para un menú americano exigente. Especialidad en hamburguesas: carne de vaca de razas tradicionales (Angus, Salers, Bretons), criadas en pastos y alimentadas exclusivamente con hierba. Sirven pan fresco y patatas fritas caseras, todo recién preparado. PNY se ha extendido a otros barrios: 1 r. Perrée (III), 24 r. Pierre-Fontaine (IX), 50 r. du Fbg-St.-Denis (X), 96 r. Oberkampf (XI), 120 r. du Fbg-St-Antoine (XII) y 15 r. de la Gaîté (XIV).

56 Happy Nouilles - **F4** - *95 r. Beaubourg - III -* Ⓜ *Arts-et-Métiers -* ☎ *01 44 59 31 22 - De mi a do., de 11:30 a 22:30 h - Cerrado ma. - Platos 10/19 €* El plato estrella es el ramen (sopa de fideos en caldo) con pollo crujiente, cerdo seco, col salada o incluso raviolis de gambas. Sabores fuertes, raciones generosas y precios bajos, pero cuidado con las aglomeraciones.

❤ **12 Marché des Enfants-Rouges** - **G4** - *39 r. de Bretagne - III -* Ⓜ *St.-Sébastien-Froissart - De ma. a sá., de 08:30 a 19:30 h, do. de 08:30 a 14:00 h - Cerrado lu.* En este mercado cubierto, preferido por los parisinos, se puede degustar cocina japonesa, buñuelos de pescado de las Antillas, tajine árabe o especialidades italianas, ya sea paseando, de pie en la barra o sentado a la mesa en un rincón. El puesto de cuscús marroquí tiene la terraza más bonita (el domingo vete pronto para conseguir mesa).

39 Popolare - **E3** - *111 r. Réaumur - II -* Ⓜ *Bourse -* ☎ *01 42 21 30 91 - www.bigmammagroup.com - De lu. a vi., de 11:45 a 14:15 h y 18:30 a 22:30 h (ju. y vi. hasta las 22:45 h); fin de semana, de 12:00 a 15:15 h y 18:30 a 22:30 h (sá. hasta las 22:45 h).* Es uno de los locales del grupo Big Mamma, que lleva años deleitando a sus clientes con la mejor selección de pizzas. Hay que llegar pronto, ya que es muy popular. Los productos y los camareros son italianos. Las pizzas son excelentes y sobresalen del plato. Prueba sin falta la «doble trufa», con *fiordilatte*, parmesano DOP, crema de trufa y trufa fresca rallada.

15 Eataly París - **F5** - *37 r. Ste-Croix de la Bretonnerie - IV -*

Ⓜ *Hôtel-de-Ville -* ☎ *01 83 65 81 00 - www.eataly.fr - De 10:00 a 23:00 h.* Este *concept store* de 4000 m² está dedicado a la gastronomía italiana. Con un espacio de alimentación de 2500 m² y siete puntos de venta de comida, déjate transportar a la Bota y degustar los productos de los pequeños restaurantes especializados en embutidos, pasta, queso, etc. O pide una pizza de masa crujiente en la planta superior. En el patio, ¡podrás comer al sol!

Más de 20 €

⑪ **Breizh Café -** **G5** *- 109 r. Vieille-du-Temple -III -* Ⓜ *St.-Paul -* ☎ *01 42 72 13 77 - www.breizhcafe.com - De 10:00 a 23:00 h.* Tras conquistar Japón con su crepería, Bertrand Larcher ha traído a Francia a chefs japoneses que defienden con simpatía el eslogan de la casa: «la crep alternativa». Un ejemplo es la vasca: espárragos, tomate, chorizo, albahaca y queso fundido. Sin olvidar las creps dulces, aderezadas con *mousse* de chocolate blanco y té matcha o melocotones en almíbar y menta fresca.

Más de 25 €

⑦ **Soon Grill -** **G5** *- 78 r. des Tournelles - III -* Ⓜ *Chemin Vert -* ☎ *01 42 77 13 56 - www.soon-grill.com - De 12:00 a 15:00 h y 19:00 a 22:30 h - Platos 19/25 €, menú 25 € (almuerzo)/27 €.* Un restaurante coreano con imprescindibles *dumplings* a la parrilla y la ternera marinada en salsa de soja. En la carta también tienes algunas preparaciones menos conocidas, como el *bibimbap* servido en un bol de piedra caliente. Es delicado y fragante, ¡una delicia!

㉘ **Le Petit Marcel -** **F4** *- 65 r. Rambuteau - IV -* Ⓜ *Châtelet -* ☎ *01 48 87 10 20 - De lu. a vi., de 08:00 a 24:00 h; fin de semana, de 09:00 a 24:00 h.* Un verdadero clásico en el barrio del Centro Georges-Pompidou. La decoración parece seguir igual desde su apertura a finales del siglo XIX: el antiguo mostrador, los azulejos de cerámica de las paredes, etc. En la carta hay platos típicos de bistró (huevos con mayonesa, pollo de campo del Gers), sin dejar de lado a la innovación.

⑭ **Pirouette -** **F4** *- 5 r. Mondétour - I -* Ⓜ *Étienne Marcel -* ☎ *01 40 26 47 81 - www.restaurantpirouette. com - De 12:00 a 14:00 h y 19:00 a 22:00 h - Cerrado do. - Platos 15/21 €.* «Érase una vez un hombrecillo... pirueta con el techo». Este restaurante ofrece una cocina tan lúdica como una canción infantil. Recetas tradicionales como el *baba* al ron y lima. Ambiente contemporáneo bien cuidado y una terraza agradable en una plaza peatonal.

⑧ **Champeaux -** **E4** *- Forum des Halles, La Canopée, - I -* Ⓜ *Les-Halles -* ☎ *01 53 45 84 50 - www.restaurant-champeaux.com - De 12:00 a 22:00 h - Platos 22/28 €.* Tras los grandes ventanales de este restaurante contemporáneo creado por Alain Ducasse, bajo la Canopée des Halles (el emblemático techo de acero y cristal), descubre las especialidades del día y los platos típicos, como los suflés dulces y salados, el pescado marinado, el tartar a cuchillo o el bocadillo de ternera con verduras agridulces. Con horario ininterrumpido, también puedes degustar por la tarde el

El restaurante Elmer.

chocolate de Lieja de Manufacture Ducasse antes de pasar a los cócteles del barman Olivier Zibi, acompañados de generosas bandejas de embutidos para compartir.

Más de 30 €

95 **Frenchie bar à vin** - **F3** - *6 r. du Nil - II - Ⓜ Sentier - ✆ 01 40 39 96 19 - www. frenchie-bav.com - De 18:30 a 23:00 h - No se puede reservar - Platos 28/34 €.* Grégory Marchand ha abierto esta taberna con mesas altas, vigas vistas y piedras, con precios más asequibles que el restaurante de enfrente. Ven a probar los maridajes de sabores (sepia a la plancha con zanahorias y piñones, tostada de trufa), los quesos ingleses o las sorpresas de la carta de vinos.

Hay que venir pronto, la cola puede ser desalentadora.

❤ 86 **Elmer** - **F4** - *30 r. Notre-Dame-de-Nazareth - III - Ⓜ Temple - ✆ 01 43 56 22 95 - www.elmer-restaurant. fr - De ma. a vi., de 12:15 a 14:15 h; sá., de 19:30 a 22:30 h - Almuerzo 29 €, menú noche desde 65 €.* Este nuevo restaurante agrada a los *gourmets*. El joven chef Simon Horwitz, que se formó con los mejores maestros, ofrece una cocina refinada con productos de calidad. Las verduras y la carne se tratan con respeto y exquisitez y lo puedes ver a través de su cocina abierta. Los muebles de madera tosca, la iluminación tenue y la vajilla sudamericana crean un ambiente acogedor.

10 **Soma** - **G4** - *13 r. de Saintonge - III* - Ⓜ *St.-Sébastien Froissart* - ✆ *09 81 82 53 51 - www.restaurants-soma. fr - De ma. a sáb., de 12:00 a 14:30 y 19:30 a 23:30 h- Menú degustación 60 €.* Situado en Le Marais, este fresco restaurante japonés está siempre lleno gracias al chef, que cocina excelentes verduras, pescados y mariscos directamente delante de los clientes en el acogedor ambiente de un *Izakaya*, como un típico bistró japonés. La ternera al *ponzu* es imprescindible. Buena selección de sake.

El Barrio Latino

Plano del distrito **págs. 46-47**
Idea de pícnic - El Jardín Botánicos es ideal para hacer una pausa a la hora del almuerzo.

Menos de 15 €

21 **Strada Café** - **F7** - *24 r. Monge - V -* Ⓜ *Cardenal-Lemoine* - ✆ *09 83 67 83 64 - www.stradacafe.fr - De lu. a vi., de 08:00 a 18:30 h; fin de semana, de 09:30 a 18:30 h.* Este bar discreto y acogedor te sumergirá en el ambiente de un bar neoyorquino. Es el lugar ideal para hacer una pausa y sobre todo para disfrutar de un buen café ecológico, uno de los mejores de París. Excelente menú de mediodía, bollería casera, zumos de fruta fresca, todo ello con buen humor.

71 **Mexi and Co** - **E6** - *10 r. Dante - V -* Ⓜ *Cluny-la Sorbonne* - ✆ *01 46 34 14 12 - De 11:00 a 23:00 h.* En este colorido restaurante, amenizado por una banda sonora sudamericana, es agradable degustar el Margarita servido en jarra y el guacamole casero. Los burritos y los nachos son excelentes.

Más de 15 €

17 **Mirama** - **E6** - *17 r. St-Jacques - V -* Ⓜ *Cluny-La Sorbona* - ✆ *01 43 54 71 77 - www.mirama.fr - De lu. a vi., de 15:00 h y 18:00 a 22:30 h; fin de semana, de 12:00 a 22:30 h - Platos 11/18 €.* Muy cerca del Bulevar St.-Michel, justo detrás de la Iglesia St.-Séverin, es un paraíso para los amantes de la auténtica cocina china. No te pierdas las sopas y el pato pequinés, especialidades de la casa.

72 **Piment Thaï** - **E6** - *21 r. St-Jacques - V -* Ⓜ *Cluny-la-Sorbonne* - ✆ *01 56 24 84 88 - www.pimentthai21. com - De 12:00 a 14:30 h y 19:00 a 22:45 h - Cerrado lu.* La chef Too creció en la cocina de su abuela en Tailandia y, junto con un ayudante de cocina, elabora aquí sus recetas familiares. Delicados rollitos de primavera, buñuelos de gambas empanados, ternera al curry rojo y, sobre todo, un fabuloso *pad thai* con fideos que se deshacen en la boca y ternera marinada seleccionada por Hugo Desnoyer. Excelente relación calidad-precio.

Más de 20 €

19 **Lhassa** - **F6** - *13 r. de la Montagne-Ste-Geneviève - V -* Ⓜ *Maubert-Mutualité* - ✆ *01 43 26 22 19 - De 12:00 a 14:00 h y 19:00 a 22:30 h - Cerrado lu. y ma. - Platos 15/24 €.* Restaurante tibetano con un ambiente encantador. Cocina al vapor, sopas de harina de cebada tostada, espinacas y carne, albóndigas de ternera y precios razonables, en perfecto estilo zen.

97 **Les Arènes** - **F7** - *16 r. Linné - V -* Ⓜ *Jussieu* - ✆ *01 43 31 76 15 - www.lesarenes-paris.fr - De lu. a vi.,* de 07:30 a 2:00 h; fin de semana, de 08:30 a 20:30 h - Platos 14/27 €. Esta bonita *brasserie* situada entre las Arènes de Lutèce y el Jardín Botánico es frecuentada por los locales. Servicio amable y excelentes terraza. Buena relación calidad-precio.

㉒ Maison Marie - E7 - 222 r. St-Jacques - V - RER Luxembourg - ☎ 01 43 54 78 68 - De 07:30 a 2:00 h. Una *brasserie* abierta ininterrumpidamente, situada entre el Panteón y el Jardín de Luxemburgo. Podrás degustar burrata, tartar de atún picante, carpaccio de vieiras, tostadas, pasta, pollo de corral a la cazuela o un guiso «in bianco» a la antigua usanza. Lo mejor: la gran terraza orientada al sur y el almuerzo familiar de los domingos.

㉖⑨ Les Délices d'Aphrodite - F8 - 4 r. Candolle - V - Ⓜ Censier-Daubenton - ☎ 01 43 31 40 39 - www.mavrommatis.com - De 12:00 a 14:30 h y 19:00 a 22:30 h - Platos 18/27 €, menú 21 € (almuerzo)/25 €. Era la taberna preferida de Georges Moustaki: una invitación al viaje, un baño de sol, en el corazón del distrito V. Pulpo a la parrilla, gambas al ajillo, cordero al aroma de chalote: Andreas Mavrommatis habla directamente a los sentidos, sin muchas florituras.

Más de 30 €

④ Kitchen Ter(re) - F6 - 26 bd. St.-Germain - V - Ⓜ Maubert-Mutualité - ☎ 01 42 39 47 48 - www.zekitchengalerie.fr - De ma. a sá., de 12:00 a 14:00 h y 19:00 a 23:00 h - Cerrado do. y lu. - Platos 20/23 €, almuerzo 29 €, menú mediodía 34 €. Pasta elaborada según la tradición

y realzada con sabores, texturas y colores por el chef William Ledeuil, siempre acompañado por su personal y de productores seleccionados. Los platos son originales como la Girolette con mantequilla de trigo sarraceno y limón, setas y levístico o la pasta con sepia y caldo de yuzu.

St-Germain-des-Prés-Montparnasse

Plano del distrito pág. 55
Idea de pícnic - En el Jardín de Luxemburgo, apodado el Luco, podrás aprovechar las sillas al borde del estanque y un lugar con sombra.

Menos de 20 €

㉕ Au Pied de Fouet - DE5 - 3 r. St.-Benoit - VI - Ⓜ St.-Germain-des- Prés - ☎ 01 42 96 59 10 - www.aupieddefouet.fr - De 12:00 a 14:30 h y 19:00 a 23:00 h - Cerrado do. - Platos 9/13 €. Esta antigua estación de correos es ahora un típico bistró, con unos 20 cubiertos, donde los clientes habituales disfrutan de una cocina sencilla (ensalada de pollo, salchichas) a precios de otra época, todo ello regado con una jarra del vino de la casa. Sitio muy agradable.

㊷ Le Petit Josselin - DE7 - 59 r. du Montparnasse - XIV - Ⓜ Edgar- Quinet - ☎ 01 43 22 91 81 - www.creperielepetitjosselin.fr - De lu. a sá., de 12:00 a 14:30 h y 18:30 a 23:00 h - Cerrado do. - Platos 10 €. Este restaurante es una versión en miniatura de la Crêperie Josselin, toda una institución bretona en el barrio, y conserva todos sus sabores. Las famosas *galettes* dobles de trigo sarraceno o de trigo son suficientes para apaciguar un estómago hambriento.

Más de 20 €

32 Mamie Gâteaux - **D6** - *66 r. du Cherche-Midi - VI -* Ⓜ *St.-Placide - ✆ 01 42 22 32 15 - www.mamie-gateaux. com - De 11:45 a 18:45 h - Cerrado do. y lu.* Mantel encerado, cocina de gas de hierro fundido esmaltado... ¡Has llegado a casa de la abuela! Sobre la encimera cubierta con un paño de cocina a cuadros están las tartas del día, acompañadas de ensaladas. Ven especialmente para probar el *fondant au chocolat* y el *pain perdu* empapado en mantequilla, la tarta de zanahoria con chocolate caliente casero. Hay que ir pronto ya que es lugar famoso.

40 Kodawari Ramen - **E5** - *29 r. Mazarine - VI -* Ⓜ *Mabillon - ✆ 01 43 29 37 67 - www.kodawari-ramen.com - De 11:45 a 22:30 h - Platos 13/14 €.* Por su ambiente bullicioso y su estrecho restaurante, parece que te encuentras en una callejuela del casco antiguo de Tokio. El ramen, hecho al momento y servido en un delicioso caldo de pollo de las Landas, atrae no solo a los aficionados al manga, sino también a *gourmets* de todo tipo. Especialidad local: ramen Kurogowa, elaborado con una salsa secreta y *chashu* de cerdo vasco. Hay que evitar las horas punta, ya que el local es muy popular.

Más de 25 €

74 Tsukizi - **DE6** - *2 bis r. des Ciseaux - VI -* Ⓜ *St.-Germain-des-Prés - ✆ 01 43 54 65 19 - De 12:00 a 14:15 h y 19:00 a 22:30 h - Cerrado do. y lu.* Un típico bar de *sushi*, donde se puede ver al chef manejar los cuchillos y el pescado

crudo. El *chirashi* es una delicia, igual que el pescado a elegir entre atún, salmón, lubina, pulpo, sepia, etc.

31 Wadja - **D7** - *10 r. de la Grande-Chaumière - VI -* Ⓜ *Vavin - ✆ 01 46 33 02 - www.wadja.fr - De 12:00 a 14:30 h y 19:30 a 23:00 h - Platos 24/37 €, almuerzo 24 € (cena 29 €), menú mediodía 27 € (noche 36 €).* Mesas estrechas, mostrador antiguo, espejos, litografías de los años 30: no hay duda que es un bistró. Un lugar que nunca pasa de moda. Buena relación calidad-precio.

75 Garçon! - **D7** - *83 r. du Cherche-Midi - VI -* Ⓜ *St.-Placide ✆ 01 43 22 68 13 - www.garcon-cafe.com - De 12:00 a 14:30 h y 19:00 a 22:30 h (ju.-sá. hasta las 23:00 h) - Cerrado do. y lu. - Platos 18/27 €, menú mediodía 25 €.* Marion Trama, hija del gran chef Alain Trama, ha concebido su restaurante como un bistró de nueva generación. En un ambiente de madera y mármol, puedes sentarte en la barra o en el salón y contemplar la enorme pizarra. Excelente *cochonaille*, espárragos verdes y *foie gras* a la sartén, ceviche de salmonete, rodaballo asado, mollejas de ternera crujientes o simplemente generosos *croque-monsieur* suaves y bien rellenos. Consejo: ¡reserva también para el almuerzo!

Más de 35 €

76 Ida - **C7** - *117 r. de Vaugirard - XV -* Ⓜ *Falguière - ✆ 01 56 58 00 02 - www. restaurant-ida.com - De 12:30 a 14:30 h y 19:30 a 22:30 h - Menú mediodía 34 € (cena 50 €).* Denny Imbroisi recibe a sus clientes como si fueran amigos en su restaurante a medio camino entre un bistró contemporáneo y una auténtica trattoria. Pescado crudo, ceviche, embutidos sublimes que vienen directamente de la Botte. Pero si vienes a «Denny's» es sobre todo para probar los espaguetis carbonara, votados como los mejores de París. Es mejor que reserves.

30 Marcello - **E6** - *8 r. Mabillon - VI -* Ⓜ *Mabillon -* ☎ *01 43 26 52 26 - www. marcello-paris.com - Lu. y vi., de 12:00 a 14:15 h y 19:00 a 22:30 h; sá. de 12:00 a 23:00 h; do., de 12:00 a 22:30 h - Platos 25/35€.* Un restaurante atípico con una magnífica terraza bajo el bullicio del barrio de St.-Germain. Tortilla de claras de huevo y té matcha ecológico de Japón para desayunar, arancini con trufas, calamares a la plancha y fideos de espelta, sándwiches con tocino «nube». Aquí podrás picar excelentes *finger food* a cualquier hora y elegantes cócteles.

29 Blueberry Maki Bar - **D6** - *6 r. du Sabot - VI -* Ⓜ *St.-Sulpice -* ☎ *01 42 22 21 56 - www.blueberrymakibar.com - De ma. a sá., de 12:00 a 14:00 h y 19:00 a 21:00 h - Carta 30/58€.* Para fans del *maki* y el *sushi.* Hay algo pop en este lugar. No importa el nombre del plato, aquí reina el *maki* y la frescura es ley. Combinaciones de anguila y sardinas o gambas sin alejarse demasiado del aguacate.

94 L'Avant-comptoir du marché - **E6** - *14 r. Lobineau - VI -* Ⓜ *Mabillon o St-Germain-des-Prés -* ☎ *01 44 27 07 97 - www.camdeborde.com - De 12:00 a 23:00 h.* Detrás del Avant-comptoir de la mer y el Avant-comptoir de la terre, ambos situados en el cruce del Odeón, Yves Camdeborde tiene un nuevo puesto en el Mercado de

St.-Germain dedicado al cerdo. La clientela se agolpa bajo la enorme cerda roja suspendida para pedir fuentes repletas de cerdo negro de Bigorre, ventresca de Berna, orejas asadas y terrinas de morcilla. Elegante, cálido y *gourmet.*

Más de 40 €

26 Clover - **D5** - *5 r. Perronet - VII -* Ⓜ *St.-Germain-des-Prés -* ☎ *01 75 50 00 05 - www.clover-paris. com - De 12:00 a 14:00 h y 18:00 a 22:00 h - Cerrado do. y lu. - Almuerzo 37€, menú noche 68€.* Un éxito bien merecido. Destaca la rica decoración del restaurante, donde el chef de dos estrellas Jean-François Piège y su compañera Élodie elaboran delicias para el paladar. Prueba el delicioso cordero lechal, garbanzos y salsa picante.

103 Le Bon Saint-Pourçain - **E6** - *10 bis r. Servandoni - VI -* Ⓜ *Mabillon -* ☎ *01 42 01 78 24 - www.bonsaintpourcain. com - De 12:00 a 14:30 h y 19:30 a 22:15 h - Cerrado do. y lu. - Platos 30/36€.* Escondido detrás de la Iglesia St.-Sulpice, este restaurante demuestra esmero y pasión. La decoración: mesas cuadradas, sillas de madera de los años 70, sofás Moleskine. La cocina: una tradición de bistró, con buenos productos de mercado. Aves de corral de las Landas asadas, patatas tiernas, acelgas, setas; paté de pato, *foie gras, chutney* de pera... es sencillamente delicioso. Suele estar lleno: ¡haz una reserva!

Los Inválidos-Torre Eiffel

Idea de pícnic - El jardín de Catalina-Labouré *(29 r. de Babilonia - VII),* con sus huertas y árboles frutales, tiene su propio encanto. Las orillas del Sena, la explanada de Los Inválidos y los jardines del Campo de Marte son alternativas interesantes.

Más de 15 €

51 **L'Augustine** - **C5** - *79 r. de Varenne (acceso incluido con la entrada del Museo Rodin) - VII - Ⓜ Varenne - ☎ 01 45 55 84 39 - Cerrado por la noche y lu. - Almuerzo 16/20 €.* Escondido en el hermoso jardín del Museo Rodin, un pabellón permite a los visitantes y locales a sentarse a comer algo (ensaladas, tartas saladas, platos de pasta) bajo los árboles. Un rincón del paraíso...

Más de 20 €

36 **Le Café du Marché** - **B5** - *38 r. Cler -VII - Ⓜ École-Militaire - ☎ 01 47 05 51 27 - De 07:00 a 01:00 h - Platos 14/25 €.* Un pequeño restaurante de barrio, donde degustar los buenos y contundentes platos típicos de los bistrós y estupendas ensaladas frescas. Un ambiente acogedor para una comida típica parisina.

78 **Marcel** - **D6** - *15 r. de Babylone - VII - Ⓜ Sèvres-Babylone - ☎ 01 42 22 62 62 - www.restaurantmarcel. fr - De lu. a vi., de 10:00 a 15:00 y 18:00 a 23:00 h; fin de semana, de 10:00 a 22:00 h - Platos 18/23 €.* En Marcel te sientes fuera de Francia: los platos del día están en inglés y el *brunch* se sirve durante todo el día. Huevos Benedict, ensalada de albóndigas con lechuga, bulgur y albóndigas picantes, y la famosa ensalada de col rizada. Para satisfacer a los más golosos, ofrecen tarta de lima, una suave tarta de zanahoria o tarta de manzana

acompañada de nata fresca. Personal amable y precios razonables.

Más de 30 €

❤ **77** **Plume** - **C6** - *24 r. Pierre-Leroux - VII - Ⓜ Vaneau - ☎ 01 43 06 79 85 - www.restaurantplume.com - De 12:00 a 14:00 h y 19:30 a 22:30 h - Cerrado do. y lu. - Platos 28/60 € - Se recomienda reservar.* A este nuevo restaurante no le falta ni encanto ni sabor. Al más puro estilo bistró, el joven chef propone una cocina creativa con productos de calidad. Los quesos proceden de la cercana quesería Quatrehomme. La sala es luminosa y la decoración moderna: los ingredientes esenciales de un restaurante de moda.

100 **Radis Beurre** - **B7** - *51 bd. Garibaldi - XV - Ⓜ Sèvres-Lecourbe o Ségur - ☎ 01 40 33 99 26 - www. restaurantleradisbeurre.com - De 12:00 a 14:30 h y 19:30 a 22:30 h - Cerrado fin de semana - Platos 24 €, menú mediodía 30 € (cena 38 €).* Jérôme Bonnet ha ido ascendiendo desde el Pavillon Ledoyen y el Relais Bernard Loiseau. Desde 2015, ofrece una cocina sabrosa, cuidada en un ambiente de bistró sin florituras: manitas de cerdo salteadas con *foie gras* de pato y salsa de carne picante, cabeza de ternera salteada, mermelada de patata... También dispone de terraza.

L'Os à Moelle - **Exterior de B8** - *3 r. Vasco-de-Gama - XV - Ⓜ Lourmel - ☎ 01 45 57 27 27 - www.osamoelle-restaurant.com - De ma. a sá., de 12:00 a 14:00 h y 19:00 a 22:00 h (vi. y sá., hasta las 23:00 h) - Cerrado do. y lu. - Platos 22/60 €, almuerzo 30 €, menú 39 €.* La guarida de Thierry Faucher, uno de los pioneros del bistró, ofrece

El restaurante Plume.

una cocina generosa pero atrevida. Enfrente, la bodega Os à Moelle es un lugar acogedor para degustar el menú de precio fijo, picar algo o tomar una copa.

Trocadero-Chaillot

Idea de pícnic - Los jardines del Trocadero, con vistas a la Torre Eiffel, son ideales.

Más de 20 €

❤️ **79** **Les Marches** - **B4** - *5 r. de la Manutention - XVI -* Ⓜ *Iéna -* ☎ *01 47 23 52 80 - www.lesmarches-restaurant. com - De 12:00 a 14:30 h y 19:30 a 22:30 h - Platos 17/26 €.* Ofrece una cocina que recuerda a la Francia de antaño. Se puede degustar bistec en salsa bearnesa, huevos escalfados y sorbete de limón, servidos sobre manteles de cuadros. El servicio es cálido, como el dueño, a quien, fascinado por los comensales desde niño, le gusta contar cómo realizó su sueño.

41 **Schwartz's Deli** - **A4** - *7 av. d'Eylau - XVI -* Ⓜ *Trocadéro -* ☎ *01 47 04 73 61 - www.schwartzsdeli.fr - De lu. a vi., de 12:00 a 15:00 h y 19:30 a 23:00 h, fin de semana, de 12:00 a 17:00 h y 19:00 a 23:00 h.* Este *diner* americano es un pedacito de Nueva York en París, con el añadido de los manteles a cuadros. En la carta hay nada menos que 14 hamburguesas, de ternera, vegetarianas e incluso de bacalao, y sopas, pastas, sándwiches y ensaladas.

Los Campos Elíseos y el oeste

Idea de pícnic - Demasiado poco conocidos, los jardines de los Campos Elíseos (al final de la avenida) ofrecen su encanto *belle époque* para una escapada tonificante. Al norte, el Parque Monceau es de visita obligada.

Más de 30 €

❤ **Rooster** - **Exterior de C1** - *137 r. Cardinet - XVII - Ⓜ Puente Cardinet - ☏ 01 45 79 91 48 - www.rooster-restaurant.com - De 12:00 a 14:00 h y 19:00 a 22:00 h - Cerrado fin de semana - Platos 34/46 €, almuerzo 32 €, menú mediodía 38 €, menú degustación 79 €.* Es un regreso exitoso el de Frédéric Duca tras su interludio neoyorquino. En su refugio de Batignolles, el chef propone una cocina refinada con toques mediterráneos: lenguado con piñones y espárragos verdes, linguini con erizos de mar y tinta de calamar o incluso cordero lechal para compartir.

🟠**96** **Le Drugstore** - **B3** - *133 av. des Champs-Élysées - VIII - Ⓜ Charles de Gaulle-Étoile o George V - ☏ 01 44 43 75 07 - www.restaurant-le-drugstore. com - De 08:00 a 02:00 h; fin de semana, de 10:00 a 02:00 h - Platos 24/44 €.* Abierto todo el día para servir *finger food*, té, cócteles, es un restaurante con interiores diseñados por Tom Dixon y está dirigido por el chef Éric Frechon (con el Atelier de Joël Robuchon en la misma dirección) y es partícipe del renacimiento del legendario Drugstore Publicis de los Campos Elíseos. Refinado y acorde con los tiempos.

🟠**20** **Ran** - **C3** - *8 r. d'Anjou - VIII - Ⓜ Madeleine - ☏ 01 40 17 04 77*

- www.ran-paris.com - De 12:00 a 14:30 h y 19:30 a 23:00 h (lu., hasta las 22:45 h) - Cerrado sá. al mediodía y do. - menú mediodía 43 €, platos 23/38 € - Se recomienda reservar. Dispone de salones con espejos de bronce y oro, ofrece cocina japonesa con toques de gastronomía francesa en un ambiente sofisticado. No dudes en probar la *robata* carne cocinada sobre piedras de lava, y la tempura de camembert con salsa de miso.

Montmartre-Pigalle

Plano del distrito págs. 90-91

Idea de pícnic - Los jardines del Sacré-Cœur te brindarán una vista espectacular de París.

Más de 15 €

🟠**24** **Boca** - **D2** - *11 bis r. Blanche- IX - Ⓜ Trinité d'Estienne d'Orve - ☏ 01 44 91 95 96 - www.restaurant boca.fr - De ma. a vi., de 18:30 a 24:00 h; sá., de 12:00 a 15:00 h - Cerrado do. y lu. - Se recomienda reservar.* Un pequeño restaurante con un espejo en forma de sol que refleja el ambiente alegre y el servicio amable. Por la noche, ofrece a sus clientes sabrosas tapas, como queso burrata con puré de albaricoque del Vesubio o pulpo marinado con ajo negro y tomates cherry. Al mediodía, se sirven platos sencillos e igualmente tentadores, como el bol Boca de salmón con mango.

🟠**2** **Bouillon Pigalle** - **E1** - *22 bd. de Clichy - XVIII - Ⓜ Pigalle - ☏ 01 42 59 69 31 - www.bouillonlesite.com - De 12:00 a 24:00 h - Platos 9/13 €.* Precios bajos y el menú muy francés típico de los *bouillon* (cantinas populares) de París en el pasado. Ofrece

118

huevos con mayonesa, arenque con patatas en aceite, conchas con *bœuf bourguignon* (buey a la Borgoña), puré de salchichas, *mousse* de chocolate, crema de caramelo… Abierto desde 2017, en este barrio tan bohemio como de moda y turístico, fue un éxito instantáneo. El ambiente es casi festivo.

90 Bijou - **E1** - *10 r. Dancourt - XVIII - Ⓜ Anvers - ✆ 01 42 57 47 29 - Lu. y do., de 12:00 a 15:00 h y 18:30 a 22:00 h (do., hasta las 23:00 h) - Pizzas 10/38 €.* Junto al Théâtre de l'Atelier, Gennaro crea incansablemente nuevas pizzas con ingredientes italianos: clásicas o *gourmet*, como la Capricciosa con jamón cocido, alcachofas, *spianata calabra*, setas y aceite de oliva virgen extra.

Más de 20 €

52 Flesh - **D1** - *25 r. de Douai - IX - Ⓜ Blanche - ✆ 01 42 81 21 93 - De lu. a sá., de 12:00 a 15:00 h y 19:00 a 22:30 h (vi. y sá., hasta la 01:00 h); do., de 12:30 a 22:30 h - Almuerzo 15/19 €, cena 40 € aprox.* Lugar ideal para satisfacer a los amantes de la carne. En un ambiente industrial, podrás degustar carnes rojas argentinas o costillas de cerdo cocinadas a la barbacoa, bañadas con una salsa de la casa (con *bourbon*, miel, limón…) acompañada de patatas fritas, calabacines marinados con queso de cabra y limón, o incluso maíz gratinado con parmesano y cilantro.

55 Le Pantruche - **E1** - *3 r. Victor-Massé - IX - Ⓜ Pigalle - ✆ 01 48 78 55 60 - www.lapantruchoise.com - De 12:30 a 14:00 h y 19:30 a 21:30 h - Cerrado fin de semana - Platos 21/25 €, menú mediodía 19 €, cena 38 €.* Ven

por el ambiente (informal) y la comida (imaginativa). No te pierdas la chuleta de cerdo, acompañada de patatas nuevas. Sencillo y sabroso.

104 Luz Verde - **E1-2** - *24 r. Henry Monnier - IX - Ⓜ Pigalle - ✆ 01 70 23 69 60 - www.luzverde.fr - De 12:00 a 15:00 h y 19:00 a 24:00 h - Cerrado do. y lu. - Reservas solo al mediodía, lista de espera por la noche - Platos 9/45 €.* El joven chef Alexis Delassaux (que ha trabajado en Frenchie, Royal Monceau y Top Chef) reinterpreta la cocina mexicana: ceviche de atún, paletilla de cerdo, guindillas o guacamole, sin olvidar los tacos vegetarianos, que se pueden acompañar con un margarita helada. Una agradable taquería en Pigalle Sur.

81 Brasserie Barbès - **F1** - *2 bd. Barbès - XVIII - Ⓜ Barbès - ✆ 01 42 64 52 23 - www.brasseriebarbes.com - De lu. a do., de 08:00 a 02:00 h (do. hasta las 14:00 h).* Este nuevo y ecléctico local (bar, restaurante y pista de baile) es un lugar de moda en este popular barrio. Los zumos détox y la cocina sana conviven con platos más clásicos, como los sándwiches y el tartar. Si hace buen tiempo, el patio es el lugar ideal para comer. Por la noche, baila en la 2.ª planta.

L'Esquisse - **Exterior de D1** -*151 bis r. Marcadet - XVIII - Ⓜ Lamarck-Caulaincourt - ✆ 01 53 41 63 04 - De ma. a sá., de 12:00 a 14:00 h y 20:00 a 22:30 h - Cerrado do. y lu. - Almuerzo 23 €, cena 50 € aprox.* Dos jóvenes entusiastas han unido sus fuerzas para crear este acogedor bistró *vintage*: parqué macizo, bancos de madera… Aquí podrás comer tranquilamente mientras degustas platos de todo el

119

mundo y recetas originales. Menú del día para el almuerzo, pero más variedad por la noche.

Más de 25 €

60 **Le Coq & Fils** - **Plano del distrito págs. 90-91** - 98 r. Lepic - XVIII - Ⓜ Lamarck-Caulaincourt - 📞 01 42 59 82 89 - www.lecoq-fils.com - De 12:00 a 14:30 h y 19:00 a 23:30 h - Plato del día al mediodía 18 €, platos de noche 23/38 €. El gran chef Antoine Westermann reelabora con brillantez los platos de pollo. El resultado es mágico, con un rincón para comer viendo trabajar a los chefs y un comedor más elegante para disfrutar con calma de las refinadas y elaboradas variedades del pollo. ¿Por qué no compartir un pollo Racan o un pato Dombes con los amigos?

Canal St.-Martin-La Villette y alrededores

Idea de pícnic - Las orillas del Canal St.-Martin son muy apreciadas por los parisinos para hacer pícnics y tomar aperitivos. El Parque de la Villette, más adecuado para familias, es también una alternativa válida para los amantes de los espacios abiertos, al igual que el oasis verde de Buttes-Chaumont.

Más de 15 €

34 **Sol Semilla** - **G3** - 23 r. des Vinaigriers - X - Ⓜ Jacques Bonsergent - 📞 01 42 01 03 44 - www.sol-semilla. fr - De 12:00 a 15:00 h y 18:00 a 23:00 h - Cerrado do. y lu. por la noche - Platos 13/17 € - Se recomienda reservar. Cocina ecológica, vegetariana y sin gluten a base de frutas y verduras frescas de temporada, hierbas

aromáticas y «superalimentos» de la marca Sol Semilla como la algarroba, la maca y el cacao crudo. En resumen, una amplia selección de sabrosos platos que destilan frescura.

59 **Soya** - **G3** - 20 r. de la Pierre-Levée - XI - Ⓜ Goncourt - 📞 01 48 06 33 02 - www.soya-cantine-bio.fr - De lu. a sá., de 12:00 a 14:30 h y 19:00 a 23:00 h; do., de 11:30 a 16:00 h - Platos 17/20 €, almuerzo 15/25 €. Bonita arquitectura de madera y amplio espacio para este pequeño restaurante ecológico que solo sirve ingredientes frescos: tartar de remolacha, meze de verduras y deliciosos zumos; todo casero.

92 **À la folie** - **Plano del distrito pág. 97** - 26 av. Corentin-Cariou - Parc de La Villette, XIX - Ⓜ Porte de La Villette - 📞 07 76 79 70 66 - www.alafolie.paris - Ma. y ju., de 11:00 a 22:00 h; mi. y do., de 11:00 a 23:45 h; vi., de 11:30 a 02:00 h, sá., de 11:30 a 23:00 h - Cerrado lu. Con su enorme terraza de estilo cabaret, este local lleno de vida, fiesta y buena comida es el lugar perfecto para disfrutar del Parque de la Villette. Es el lugar ideal para los carnívoros (la barbacoa aquí es un culto).

93 **Fric-Frac** - **G3** - 79 quai de Valmy - X - Ⓜ République - 📞 01 42 85 87 34 - www.fricfrac.fr - De lu. a ju., de 12:00 a 15:00 h y 19:30 a 22:30 h, de vi a do., de 12:00 a 22:30 h - Platos 9/14 €, almuerzo 18 €. A orillas del Canal St.-Martin, un templo del croque-monsieur. En un ambiente luminoso y moderno de lámparas colgantes y cojines de diseño, podrás descubrir la famosa torrija reinterpretada. Queso de cabra y frutos secos para la Winnie, salmón gravlax y manzanas para el Vikingo. Por supuesto, en el menú

120

figuran *croque-monsieur* tradicionales, generosamente aderezados con bechamel de Mornay, Emmental Grand Cru y jamón Prince de Paris. Por último, el *pain perdu* ¡casero! Un lugar agradable para presupuestos bajos. También en Montmartre (3 r. des Trois-Frères).

49 Le Bichat - G3 - *11 r. Bichat - X - M Bréguet-Sabin - ℘ 09 54 27 68 97 - www.lebichat.fr - De 09:00 a 23:00 h - Platos 9/11 €.* Un restaurante de barrio acogedor y de moda, con mesas comunes que animan a compartir. Los bols veganos, con carne o pescado, se preparan con ingredientes ecológicos y de temporada. Deliciosa bollería sin gluten. Todo a precios muy razonables.

Más de 20 €

44 Le Pavillon du Lac - H1 - *Parc des Buttes-Chaumont (entrada Pl. Armand Carrel) - XIX - M Laumière - ℘ 01 42 00 00 07 21 - www.lepavillondulac.fr - De mi. a do., de 10:00 a 18:00 h - Cerrado lu. y ma. - Almuerzo 23 €, menú 38 €.* En el corazón del Parque Buttes-Chaumont, este restaurante con aspecto de casa de campo permite escapar del caos de la ciudad para disfrutar de una sabrosa comida. En verano, las mesas al aire libre son de las más concurridas de la ciudad. Un lugar sin igual en París.

Cheval d'Or - Exterior de H2 - *21 r. de la Villette - XIX - M Jourdain- ℘ 09 54 12 21 77 - www.chevaldorparis.com - De mi. a do., de 19:00 a 22:15 h - Cerrado lu. y ma.* El llamativo escaparate rojo y amarillo esconde un restaurante con paredes de piedra, paneles de madera clara y cocina abierta. Ver a los cocineros es un espectáculo

digno de lo que depara el menú. Los espárragos en salsa de sésamo con tofu a la parrilla, el tartar de ternera al tamarindo y el pollo al yuzu son una delicia. Reserva con al menos una semana de antelación, excepto si vas a primera hora.

Más de 25 €

♥ 37 Yaya Secrétan - H1 - *33 av. Secrétan - XIX - M Bolívar - ℘ 01 42 41 12 86 - www.yayarestaurant.com - De 12:00 a 14:30 h y 19:00 a 24:00 h - Platos 18/25 €.* Con su olivo central y las palabras «Yaya» en grandes letras blancas en la fachada, este restaurante de paredes azul marino ofrece un menú de *meze* y sabrosos platos griegos en un ambiente cálido y acogedor. Prueba la deliciosa empanada de ternera guisada con naranja y canela. De postre pide las *yaourtimas*, un cremoso yogur sobre un lecho de aceitunas verdes y pistachos caramelizados. ¡Nos dejó impresionados!

Más de 30 €

♥ 98 Chez Michel - F2 - *10 r. de Belzunce - X - M Poissonnière o Gare du Nord - ℘ 01 44 53 06 20 - www. restaurantchezmichel.fr - De 11:45 a 13:30 h y 19:00 a 21:30 h - Cerrado fin de semana - Almuerzo 32 €, menú 38 €.* El marco, entre rústico y marinero, te transporta a otro lugar, a un viaje culinario a Bretaña. En el menú, *kig ha farz* (una especie de carne hervida), vieiras de St.-Brieuc, sopa de pescado con chorizo y parmesano... Los postres inspiran viajes más regresivos, con arroz con leche y mermelada de higos o el legendario Paris-Brest. Carta de vinos muy extensa.

❤ **105** **Les Arlots** - **F1** - *136 r. du Faubourg-Poissonnière - X -* Ⓜ *Barbès-Rochechouart o Poissonnière -* ☎ *01 42 82 92 01 - De 12:00 a 14:30 h y 18:00 a 22:30 h - Cerrado do. y lu.* Ambiente relajado. La generosa cocina de bistró de Les Arlots basada en el territorio y preparada con esmero: salchichas y puré, callos a la Corsa, tartar de mújol... Interesante carta de vinos naturales y ecológicos.

57 **Le Galopin** - **G2** - *34 r. Ste.-Marthe - X -* Ⓜ *Belleville -* ☎ *01 42 06 05 03 - www.le-galopin.paris - Ma., de 19:30 a 22:00 h; de mi. a sá., de 12:00 a 14:00 h y 19:30 a 22:00 h - Cerrado do. y lu. - Menú mediodía 33 €.* Tras haber trabajado en varios bonitos establecimientos parisinos (Ze Kitchen Galerie, Routes, Porte 12) y bretones, Julien Simmonet ofrece una cocina sabrosa que varía en función de la disponibilidad de materias primas. Aquí siempre encontrarás algo que te satisfaga: fórmula bistró en el almuerzo, platos más elaborados por la noche. Vinos cuidadosamente elegidos, agradable acogida: en la pintoresca Place Ste.-Marthe pasarás una velada muy agradable.

Menú único a 70 €

111 **58** **Le Chateaubriand** - **G3** - *129 av. Parmentier - XI -* Ⓜ *Goncourt -* ☎ *01 43 57 45 95 - www.lechateaubriand.net - De 19:00 a 23:00 h - Cerrado do. y lu. - Menú 70 €, pizzas 9/15 €.* Los jóvenes a la moda adoran (merecidamente) a Iñaki Aizpitarte, brillante creador de cocina elegante. El famoso menú sorpresa de estimulante sofisticación atrae a una clientela cosmopolita. No te pierdas el rape asado con ajo,

almendras, tomates y granos de café crujientes.

La Bastilla y el este

Idea de pícnic - Las verdes orillas del puerto del Arsenal son seductoras. Más al este el Parque de Bercy, frente a la Biblioteca François-Mitterrand, ofrece ambientes muy diferentes. ¡Haz tú la elección!

Más de 15 €

❤ **53** **Le Grand Breguet** - **H5** - *17 r. Breguet - XI -* Ⓜ *Bréguet-Sabin -* ☎ *01 43 55 74 92 - www.legrandbreguet.com - De lu. a mi., de 08:00 a 24:00 h; de ju. a sá., de 08:00 a 02:00 h; do., de 10:00 a 18:00 h.* Nos enamoramos de este restaurante tipo cantina que refleja el vibrante ambiente del distrito XI. Se hace cola detrás del gran mostrador donde el equipo compone el plato que desees, con dos tipos de verduras crudas, dos de verduras cocidas y «una proteína», a elegir entre los platos del día. Puedes sentarte en una de las grandes mesas para compartir con los demás en el enorme salón o fuera, en el patio trasero. Todo es casero, fresco, ecológico, y muy sano. Abierto todo el día, es un segundo hogar para los niños del barrio.

33 **Le Floréal Belleville** - **H3** - *43 r. des Couronnes - XX -* Ⓜ *Couronnes -* ☎ *01 43 61 94 66 - www.florealbelleville.com - De ma. a do., de 10:00 a 24:00 h (do., hasta las 18:00 h) - Cerrado lu. - Platos 12 €.* Al pie del Parque de Belleville, este establecimiento funciona como bar, restaurante y espacio cultural. Tras los ventanales de la hermosa fachada *art nouveau* se esconde un cálido ambiente industrial con mobiliario de mercadillo. Para el almuerzo y la cena se sirven generosos platos elaborados con productos de kilómetro cero. A la hora del té, puedes elegir limonada de jengibre y uno de los pasteles caseros. En el menú del *brunch* dominical hay *Chakchouka* (guiso de verduras, especias y huevos), *açaí bowl* (una especie de batido con fruta picada, cereales y bayas de acai), tortitas saladas y muchas otras sorpresas.

62 Dong Huong - **H3** - *14 r. Louis-Bonnet - XI - Ⓜ Goncourt - ☏ 01 57 42 81 - www.pho-donghuong. fr - De 12:00 a 22:30 h - Cerrado ma. - Platos 11/17 €.* Pequeño restaurante vietnamita en Belleville con servicio rápido y comida excelente. No te pierdas las sopas *pho* vietnamitas, rollitos de primavera y el típico *bo bun*, muy fresco.

50 Chez Ramona - **H3** - *17 r. Ramponeau - XX - Ⓜ Belleville - ☏ 01 46 36 83 55 - De 18:30 a 22:30 h - Cerrado lu. - Platos 11/20 €.* Ambiente colorista en esta emblemática tienda-restaurante abierta en los años 60 por Ramona, una española emigrada a Francia. Bastante pintoresca, la pequeña sala tipo cantina del piso de arriba acoge a una clientela fija que viene a disfrutar de las tapas y de la generosa paella.

Más de 20 €

102 Aux Bons Crus - **H5** - *54 r. Godefroy-Cavaignac - XI - Ⓜ Voltaire - ☏ 01 45 67 21 13 - www. auxbonscrus.fr - De 12:00 a 14:30 h y 19:30 a 22:30 h - Platos 14/22 €.* La guía francesa Les Routiers premia a los establecimientos que destacan por su autenticidad, sencillez (de

los manteles a cuadros a los bols de Pyrex) y tradicionalidad. Este bistró respeta estos códigos: platos generosos, clásicos del repertorio popular y almuerzo. En cuanto a los vinos, una buena carta a precios justos.

61 Le Baratin - **H3** - *3 r. Jouye-Rouve - XX - Ⓜ Pyrénées - ☏ 01 43 49 39 70 - De 12:00 a 14:30 h y 19:30 a 02:00 h - Cerrado sá. al mediodía, do. y lu. - Menú mediodía 20 €, a la carta 40-55 €.* Una institución (incluso el mal humor del dueño forma parte del encanto del lugar). *Pâté de tête* y orejas de cerdo a la vinagreta: ¡la chef Raquel es la reina de Le Baratin!

Más de 30 €

68 Le Cotte Rôti - **H7** - *1 r. de Cotte - XII - Ⓜ Ledru-Rollin - ☏ 01 43 45 06 37 - Lu., de 19:30 a 23:00 h; de ma. a vi., de 12:00 a 14:00 h y 19:30 a 23:00 h - Cerrado fin de semana - Menú mediodía 29 €, platos 26/35 € - Se recomienda reservar.* Creatividad, atención al detalle y respeto por los productos de temporada. Nicolas Michel domina su arte con sorprendente seguridad. El único defecto: los precios de las botellas, así que pide los vinos por copas. El menú del mediodía es una auténtica ganga.

66 Les Provinces - **H6** - *20 r. d'Aligre - XII - Ⓜ Faidherbe-Chaligny - ☏ 01 43 43 91 64 - www.boucherie-lesprovinces.fr - De ma. a do., de 12:00 a 14:00 h (ju. y vi., de 19:00 a 21:30 h) - Platos 16/28 €.* Es muy sencillo: Le Provinces convertirá hasta a los vegetarianos más convencidos en auténticos carnívoros. Todo gira en torno a la ternera lentamente

123

F. Flohic/Le Septime

124

El restaurante Septime.

sazonada y las salchichas picantes. Pero no es un sitio lujoso: te sientas, la carne se cuece y llega chisporroteando a tu plato, acompañada de patatas nuevas humeantes.

Más de 35 €

101 **Pianovins** - *H6* - *46 r. Trousseau - XI - Ⓜ Ledru-Rollin - ☎ 01 48 06 95 85 - www.pianovins.com - De ma. a sá., de 09:00 a 14:00 h y 19:00 a 22:00 h - Cerrado do. y lu. - Menú mediodía 34 €, menú noche 52/64 €.* Eric Mancio y Michel Roncière, que trabajaban como cocineros en Guy Savoy's, han abierto un restaurante en lo que antes era el local de Les Déserteurs, que hacía las delicias de los *gourmets* en París. El nivel sigue siendo alto con Pianovins: cocina tradicional reinterpretada y

perfectamente dominada, como las vieiras a la mantequilla de avellanas acompañadas de una delicada crema de apionabo e hinojo.

38 **Towa** - *H6* - *75 r. Crozatier - XII - Ⓜ Faidherbe-Chaligny - ☎ 01 53 17 02 44 - www.towarestaurantparis. fr - Mi., de 19:00 a 22:00 h, de ju. a do., de 12:00 a 14:00 h y 19:00 a 22:00 h - Cerrado lu. y ma. - Menú mediodía 35 €, cena 65 €.* El chef japonés Shin Okusa está al frente de Towa, cerca del famoso Mercado Aligre. Apasionado de la tradición francesa, propone los grandes clásicos (*navarin* de cordero, *pithiviers* de magret de pato), pero también salsas, patés calientes y otras tartas «à la Escoffier».

Más de 65 €

65 **Septime** - *H6* - *80 r. de Charonne - XI - Ⓜ Charonne - ☎ 01 43 67 38 29 - www.septime-charonne.fr - De 12:15 a 14:00 h y 19:30 a 23:00 h - Cerrado fin de semana - Menú mediodía 65 €, cena 110 € - Imprescindible reservar.* Septime representa lo mejor de la nueva generación de restaurantes parisinos, muy de moda y... muy epicúreos. Coronado con una estrella Michelín desde 2014, al chef Bertrand Grébaut le encantan los productos naturales sin artificios y las carnes sazonadas. También ha abierto un anexo dedicado al marisco, **Clamato**, donde sirve marisco a precios más asequibles.

Dónde beber

Acogedoras terrazas, animados bares y salones de té: aquí está París, la ciudad del arte de vivir y del relax. Para el *brunch* es recomendable reservar.

☛ **Encontrarás las sugerencias en los planos marcadas con círculos numerados (p. ej., ➊) y las coordenadas en rojo (p. ej., C2). Consulta el mapa extraíble (en el interior de la cubierta).**

La Île de la Cité y la Île St.-Louis

Plano del distrito págs. 18-19

Salón de té

➋ **Berthillon** - **F6** - *29-31 r. St-Louis-en-l'Île - IV -* Ⓜ *Pont-Marie -* ✆ *01 43 54 31 61 - www.berthillon.fr - De mi. a do., de 10:00 a 20:00 h - Desayuno a partir de las 10:00 h.* Desde 1954 es la heladería más famosa de París. Hay muchísimos sabores: además de los clásicos, hay sorbete de lichi, ruibarbo, tomillo y limón, helado de pan de especias, jengibre... Y también helado de tarta tatín, helado de turrón y granizados, que son muy populares entre los clientes. Puedes pedir para llevar o tomar en el pequeño local, con capacidad para una veintena de comensales.

El Louvre

Salones de té

⓰ **Smith & Son Café** - **D4** - *248 r. de Rivoli - I -* Ⓜ *Concorde -* ✆ *01 53 45 84 40 - www.smithandson.com - De lu. a sá., de 09:30 a 19:30 h; do., de 12:30 a 19:00 h.* En la primera planta de la legendaria librería inglesa Smith&Son, querida por Woody Allen,

este salón de té respeta las reglas del arte del té. Imposible apreciar un té ahumado sin *shortbread* bien untado con mantequilla pastel de zanahoria o gachas de avena. Incluso el té de la tarde se acompaña de platos salados, como *pastel de cerdo* y tostadas con salmón. La vista del Jardín de las Tullerías y el recuerdo de George Washington (ieste era su piso!) añaden magia al lugar.

➑ **Angelina** - **D4** - *226 r. de Rivoli - I -* Ⓜ *Tullerías -* ✆ *01 42 60 82 00 - www. angelina-paris.fr - De 08:30 a 19:00 h (de vi. a do., hasta las 19:30 h).* Este hermoso salón de té situado frente a las Tullerías es toda una institución, con su decoración clásica; es famoso por sus pasteles y su cremoso (y muy nutritivo) chocolate El Africano.

Bar

➏ **Le Fumoir** - **E5** - *6 r. de l'Am.-de-Coligny - I -* Ⓜ *Louvre-Rivoli -* ✆ *01 42 92 00 24 - www.lefumoir.com - De 11:00 a 02:00 h - Platos 18/24 €, cena 36 €, menú cena 40 €, brunch do. 30 €.* Un bar de ambiente acogedor, situado entre el Louvre y St.-Germain-l'Auxerrois. Amueblado con bonitos sillones y bancos, es un local ecléctico: bar, salón de té, biblioteca, restaurante...

Ópera-Palacio Real

Plano del distrito pág. 29

Salón de té

36 **Aki Artisan Boulanger** - **E4** - *16 r. Ste-Anne - I - Ⓜ Pyramides - I - ☎ 01 40 15 63 38 - www.akiparis.fr - De 07:30 a 20:30 h - Cerrado do. - Soba 11/15 €* Tradición francesa y japonesa: esta es la receta del éxito de la pastelería Aki. La Torta Opera con té verde matcha, bento o *baguette*… El gusto es la excusa para viajar y al pastelero nunca le faltan ideas.

Bares

79 **Le Café de la Comédie** - **E4** - *157 r. St.-Honoré - I - Ⓜ Palais-Royal-Musée-du-Louvre - ☎ 01 42 61 40 01 - De 06:00 a 02:00 h.* Situado entre el Louvre y la Comédie-Française, frente a la hermosa Plaza Colette y el quiosco de los noctámbulos, este café es el lugar ideal para una pausa en el corazón de París, sea cual sea la hora.

3 **Hemingway Bar** - **D3** - *38 r. Cambon - I - Ⓜ Opéra o Tuileries - ☎ 01 43 16 33 74 - www.ritzparis. com - De 18:00 a 02:00 h.* El bar inglés del Ritz te sumergirá en la atmósfera acogedora preferida por Cole Porter, Scott Fitzgerald y Ernest Hemingway, cuyos manuscritos y trofeos de safari adornan las paredes. Colin Field, elegido dos veces el «mejor barman del mundo», prepara los cócteles.

45 **Harry's New York Bar** - **D3** - *5 r. Daunou - II - Ⓜ Opéra - ☎ 01 42 61 71 14 - www.harrysbar.fr - De lu. a sá., de 12:00 a 01:00 h.* Inaugurado en 1911, este mítico bar (fue el primero en vender Coca-Cola en Francia) está revestido con los paneles de madera

de un bar neoyorquino, transportado a París durante la Ley Seca. Coco Chanel, Rita Hayworth y Humphrey Bogart saborearon los memorables cócteles que hicieron famoso este lugar ineludible.

Le Marais y Les Halles

Plano del distrito págs. 36-37

Almuerzo

1 **L'Ébouillanté** - **F5** - *6 r. des Barres - IV - Ⓜ Pont-Marie - ☎ 01 42 74 70 52 - Ma. y mi., de 12:00 a 19:00 h; ju. y sá., de 12:00 a 18:00 h; vi. y do., de 12:00 a 22:00 h - Cerrado lu. - Brunch do. a partir de las 12:00 h (21/25 €).* Este restaurante, aunque realmente diminuto, cuenta con la terraza más bonita de la zona peatonal, cerca del ábside de la Iglesia de St.-Gervais. En el menú: ensaladas, *bricks* (tortitas rellenas típicas del norte de África), postres, más de 30 variedades de té, cócteles de frutas…

Salones de té

4 **Mariage Frères** - **F5** - *30 r. du Bourg-Tibourg - IV - Ⓜ Hôtel de Ville - ☎ 01 42 72 28 11 - www.mariagefreres. com - De 10:30 a 19:30 h.* Conocido en todo el mundo, este antiguo salón de té ofrece más de 500 tipos de té de unos 30 países, así como mermeladas, galletas, chocolates, tazas y teteras en un agradable ambiente de estilo colonial.

71 **Lily of the Valley** - **G4** - *12 r. Dupetit-Thouars - III - Ⓜ Temple - ☎ 01 57 40 82 80 - www.lilyofthevalleyparis. com - De 08:00 a 18:30 h; fin de semana, de 11:00 a 19:00 h.* Bajo el techo decorado con flores de Lily, uno no se sorprendería de encontrar un gato rosa encaramado a un árbol. Es el paraíso del té ecológico elaborado en Francia, que se vende a granel. Lo mejor son las tartas ligeras de queso, las galletas de muesli y los bollos decorados con arándanos. Pauline, la anfitriona, es la mejor consejera. El toque extra: la encantadora vajilla, ligeramente anticuada.

12 Carette - **G5** - *25 pl. des Vosges - IV* - Ⓜ *St-Paul, Chemin-Vert o Bastille* - ✆ *01 48 87 94 07 - De 07:00 a 24:00 h.* La famosa pastelería-tetería de la Plaza de Trocadéro también abrió sus puertas en 2010 en la Plaza de los Vosges, con una magnífica terraza dentro de una galería cerca del Pavillon de la Reine. El chocolate

Fuente de chocolate en Hoct e Loca.

caliente es siempre delicioso y los macarons inolvidables. Pequeño menú salado para el almuerzo: sándwiches, ensaladas, etc.

14 Comme à Lisbonne - **F5** - *37 r. du Roi-de-Sicile - IV* - Ⓜ *St-Paul* - ✆ *07 61 23 42 30 - www.commealisbonne. com - De 11:00 a 19:00 h - Cerrado lu.* Un salón de té donde podrás saborear el delicioso *pastel de nata* caliente y espolvoreado con canela, ¡como en Belém!

❤️ **15 Hoct et Loca** - **F5** - *99 r. de la Verrerie - IV* - Ⓜ *Châtelet* - ✆ *01 45 32 12 09 - www.hoctloca.com - De lu. a vi., de 08:00 a 20:00 h; fin de semana, de 10:00 a 20:00 h.* Una chocolatería única con seis grifos de los que sale chocolate caliente de El Caribe, Venezuela o Brasil para que lo pruebes antes de hacer tu elección. Coge el chocolate *gourmet* sin dudarlo y déjate sorprender. Buenísimo.

Bares

22 Bubar - **G6** - *3 r. des Tournelles - IV* - Ⓜ *Bastille* - ✆ *01 40 29 97 72 - De 19:00 a 02:00 h.* No hay vinos franceses en la carta de este bar de vinos, sino vinos extranjeros seleccionados con maestría por Jean-Loup, el «*bubar*» («barbudo») de guardia en ese momento. Siéntate a charlar en la barra con el dueño mientras saboreas las tapas que amablemente te ofrece la casa.

13 Bisou - **G4** - *15 bd. du Temple - III* - Ⓜ *Oberkampf o Filles-du-Calvaire* - ✆ *01 40 27 82 85 - www.bar-bisou. fr - De 17:00 a 02:00 h.* Este bar de cócteles, situado entre la Plaza de la República y el Cirque d'Hiver, apuesta por la fruta ecológica de temporada y el color rosa. No hay carta, los cócteles se preparan según tu gusto, el humor de la noche y la imaginación de Nicolas Munoz. Los originales cócteles decorados con una flor comestible se acompañan, si es necesario, de generosas tapas: humus o *rillettes* de sardinas.

26 **Le Liquorium** - **F5** - *11 r. St-Denis - IV -* Ⓜ *Châtelet -* ☏ *09 63 69 02 72 - www.liquorium.fr - De mi. a sá., de 20:00 a 02:00 h (mi., hasta las 24:00 h).* Gabinete de curiosidades con sede en Drink Doctor, Liquorium ofrece deliciosas creaciones disfrazadas de pociones de boticario. Prueba el Hocus Pocus, coñac con té y sirope de yuzu, clara de huevo y tomillo. Con el «libro de los conjuros homeopáticos» podrás elaborar tus propios cócteles, probetas en mano.

9 **Candelaria** - **G4** - *52 r. de Saintonge - III -* Ⓜ *Filles-du-Calvaire -* ☏ *09 50 84 19 67 - www.candelaria-paris.com - Bar, de 18:00 a 02:00 h - Restaurante, de 12:00 a 23:30 h.* Esta coctelería es uno de los puntos de referencia de la capital, pero es imposible ver nada desde fuera: tendrás que entrar en esta taquería poco acogedora (pero que hace unos tacos deliciosos) y abrir la puerta del fondo. Los clientes quedan inmersos en un ambiente meloso saboreando atrevidas composiciones.

10 **Le Mary Celeste** - **G4** - *1 r. Commines - III -* Ⓜ *Filles-du-Calvaire - www.lemaryceleste.com - De lu. a vi., de 12:00 a 15:00 h, sá. y do., de 12:00 a 02:00 h - Menú mediodía 19 € (lu. a vi.).* Un bar de moda en el Alto Marais, abarrotado, animado y

con precios poco atractivos... pero la diversión y los cócteles merecen la pena. Se puede beber vino, cerveza de barril o cócteles, algunos con mezcal. Ambiente y comida internacionales: también se puede comer y cenar.

❤ **17** **Little Red Door** - **G4** - *60 r. Charlot - III -* Ⓜ *Filles-du-Calvaire -* ☏ *01 42 71 19 32 - www.lrdparis.com - De do a ju., de 17:00 a 01:00, vi. y sá., de 16:00 a 02:00 h.* Una pequeña puerta roja marca la entrada a esta coctelería que ocupó el puesto 29 en la lista de los World's 50 Best Bars 2021. No es un premio menor. El éxito está a la vista, sobrevolando notas de *jazz* y sólidas creaciones con nombres inspirados en un estilo arquitectónico. El cóctel «Art Déco», por ejemplo, contiene whisky Bulleit Rye, coñac Merlet, dátiles fermentados y té de violetas...

72 **Le Perchoir Marais** - **F5** - *33 r. de la Verrerie - IV -* Ⓜ *Hôtel-de-Ville - www.leperchoir.fr - Ma., mi., vi. y sá., de 20:15 a 13:30 h, ju. y do., de 19:15 a 16:00 h; según la estación del año - No se puede reservar y es probable que haya cola.* En la locura de azoteas que ahora perturba las noches parisinas, la azotea del BHV se ha consolidado como un lugar ideal. La decoración es de temporada (cuadros escoceses y pieles sintéticas en invierno) y el ambiente es indudablemente festivo. Con una espléndida vista del corazón de París, ¡por supuesto!

29 **Le Tout-Paris** - **E5** - *Hôtel Cheval Blanc París (7.º piso). 8 quai du Louvre - I -* Ⓜ *Pont-Neuf -* ☏ *01 79 35 50 22 - www.chevalblanc.com - De 07:00 a 01:00 h - Cócteles 22/24 €, platos 29/75 € - Se recomienda reservar.* En lo alto de los recientemente reabiertos grandes almacenes Samaritaine, Tout-Paris hace honor a su nombre, que significa «élite»: esta cascada de terrazas que sobresalen del Sena ofrece una de las vistas más extraordinarias de la capital, desde Notre Dame hasta la Torre Eiffel. Podrás desayunar, comer o tomar un cóctel. Caro, pero inolvidable.

Bodegas

7 Barav - G4 - *6 r. Charles-François-Dupuis - III - Ⓜ Temple - ☎ 01 48 04 57 59 - www.lebarav.fr - De ma. a sá., de 17:00 a 24:00 h (restaurante hasta las 22:30 h) - No se puede reservar.* Un auténtico bar de vinos: puedes degustar vinos junto con productos cuidadosamente seleccionados, todo ello servido en una sala al estilo de un bistró parisino.

73 La Belle Hortense - F5 - *31 r. Vieille-du-Temple - IV - Ⓜ St.-Paul - ☎ 01 48 04 71 60 - www.cafeine.com/belle-hortense - De lu. a vi. de 18:00 a 02:00 h; fin de semana, de 13:00 a 02:00 h. ¿Te apetece una copa de vino selecto? ¿O necesitas un consejo de lectura?* La Belle Hortense cumplirá tus expectativas: este lugar único, a la vez vinoteca y biblioteca, es perfecto para los amantes del vino, la lectura y la tranquilidad.

El Barrio Latino

Plano del distrito págs. 46-47

Salones de té

18 The Tea Caddy - E6 - *14 r. St.-Julien- le-Pauvre - V - Ⓜ Cluny-la-Sorbonne - ☎ 01 43 54 15 56 - www.the-tea-caddy.com - De 11:00 a 19:00 h.* Institución desde 1928, este acogedor salón de té transmite la sensación de estar en Inglaterra. La encantadora propietaria proporciona hojas y lápices a los niños que quieran dibujar para preservar el ambiente agradablemente tranquilo. Pasteles deliciosos, magdalenas y ptartas caseras.

87 Odette - E6 - *77 r. Galande - V - Ⓜ Cluny-la-Sorbonne - ☎ 01 43 26 13 06 - www.odette-paris.com - De lu. a do., de 10:00 a 19.30 h.* Un lugar ideal para saborear un pastel de nata, en la pequeña sala retro del piso de arriba o para llevar.

129

Cafés legendarios

St.-Germain-des-Prés - ¡Sal en busca de los existencialistas de los años 50, siguiendo los pasos de Sartre y Simone de Beauvoir! Reúnete en el Café de Flore, Les Deux Magots, Brasserie Lipp (Ⓖ pág. 56).

Montparnasse - Los lugares simbólicos de Montparnasse de entreguerras, donde alguna vez se reunieron artistas e intelectuales, se han convertido en *brasseries* de lujo, a veces trampas para turistas. En cualquier caso, sentarte bajo las lámparas de araña *belle époque*, frente a los espejos gigantes y en los sofás de cuero rojo es una experiencia preciosa, aunque solo sea para tomar un café. Destaca el cuarteto: La Coupole, Le Dôme, La Rotonde, Le Sélect (Ⓖ pág. 61).

También: La Closerie des Lilas, 171 bd. du Montparnasse -VI - ☎ 01 40 51 34 50.

Bares

19 Le Castor Club - **E6** - *14 r. Hautefeuille - VI -* Ⓜ *Odéon -* ℘ *09 50 64 99 38 - De lu. a m., de 19:00 a 02:00 h; de ju. a sá., de 19:00 a 04:00 h - Cerrado do.* Aparte del castor disecado, el local evoca la Ley Seca y la época en que los bares clandestinos parecían escondites en los que no paraban de sonar melodías *country*. Pero la estética de Le Castor Club sigue siendo elegante y relajada, y los cócteles están bien mezclados. Los fines de semana hay baile en la planta baja.

20 The Bombardier - **F7** - *2 pl. du Panthéon - V -* Ⓜ *Card.-Lemoine -* ℘ *01 43 54 79 22 - www.bombardierpub. fr - De lu. a ju., de 17:00 a 24:00 h; vi., de 17:00 a 02:00 h; sá., de 12:00 a 02:00 h; do., de 12:00 a 24:00 h.* Ambiente al estilo *fish & chips* en el Barrio Latino. Elegante e íntimo durante la semana, este *pub* inglés invita el fin de semana a «mezclarse» con una buena cerveza o a ver un partido. Asegúrate de llegar pronto, la terraza está muy concurrida en verano.

21 Café de la nouvelle mairie - **E7** - *19 r. des Fossés-St-Jacques - V -* Ⓜ *Luxemburgo -* ℘ *01 44 07 04 41 - De 08:00 a 24:00 h - Cerrado fin de semana.* Los parisinos adoran este lugar, ¡y tienen razón! Vinos naturales (aquí los sulfitos no tienen prisa), acompañados de platos contundentes, como la salchicha de Chavassieux sobre puré de patatas o la encantadora terrina de hígados de pollo, para degustar directamente en el mostrador. Cuando hace buen tiempo, la terraza está abarrotada.

Bodega

74 Les Pipos - **F7** - *2 r. de l'École-Polytechnique - V -* ℘ *01 43 54 11 40 - De 09:00 a 01:00 h - Cerrado do.* Aquí todo huele al viejo París. Situado en el corazón de la zona universitaria, atrae a los estudiantes en la terraza de la bonita Plaza Larue. El menú es tradicional.

St-Germain-des-Prés-Montparnasse

Plano del distrito pág. 55

Salón de té

30 Bread & Roses - **D7** - *62 r. Madame - VI -* Ⓜ *Rennes -* ℘ *01 42 22 06 06 - www.breadandroses.fr - De ma. a vi., de 12:00 a 18:00 h; fin de semana, de 09:30 a 19:00 h.* Salón de té, pero también (deliciosa) panadería, pastelería, *delicatessen* y restaurante. Gran variedad de pasteles, bollos, magdalenas, tarta de queso, tarta de zanahoria, *babà al rum*, crumble, milhojas y tartas de frutas.

Bares

77 Le Bar du Marché - **E6** - *75 r. de Seine - VI -* Ⓜ *Odéon o St-Germain-des-Prés -* ℘ *01 43 26 55 15 - De 08:00 a 02:00 h.* Es el mejor lugar para disfrutar del bullicio de St.-Germain-des-Prés. Te sientas en la terraza climatizada a disfrutar de una copa acompañada de un perrito caliente rebosante de queso gratinado, una tortilla o una rebanada de pan tostado de la panadería artesana Poilâne cubierto de *rillettes*. Precios bastante elevados.

❤ **25 La Palette** - **E5** - *43 r. de Seine - VI -* Ⓜ *Mabillon -* ℘ *01 43 26 68 15*

Selección de cervezas de Ker Beer.

- www.lapalette-paris.com - De 08:00 a 02:00 h (do., de 10:00 a 02:00 h) - Platos 11/21 €. Típico café a la antigua, siempre «colonizado» por estudiantes de Bellas Artes. Algunos de ellos han colgado sus cuadros en las paredes. La terraza sombreada es muy agradable y en verano está abarrotada.

28 Chez Georges - **D6** - 11 r. des Canettes - VI - Ⓜ Mabillon - ✆ 01 43 26 79 15 - De ma. a vi., de 18:00 a 02:00 h; sa., de 15:00 a 02:00 h; do. y lu. de 18:00 a 01:00 h. Es uno de los bares míticos de St.-Germain, con su barra original y fotos antiguas colgadas en las paredes. Ideal para tomar una copa con los amigos.

31 Le Smoke - **D8** - 29 r. Delambre - XIV - Ⓜ Edgar-Quinet - ✆ 01 43 20 61 73 - www.le-smoke.fr - De 12:00 a 02:00 h (sá. de 17:00 a 02:00 h) - Cerrado do. - Platos 6/18 €. Si no te interesan los bares legendarios de Montparnasse, Smoke es tu sitio: happy hour de 14:30 a 19:30 h. También se puede comer, almorzar y cenar. Siempre hay mucha gente, inmersa en un agradable ambiente de jazz.

Cervecería

27 Ker Beer - **D8** - 10 r. Vandamme - XIV - Ⓜ Montparnasse - ✆ 01 42 84 43 22 - www.kerbeer.bzh - De 17:00 a 01.30 h. En el corazón de Montparnasse, este bar cooperativo promueve el trabajo de las microcervecerías bretonas (50 etiquetas en botellas). Para picar, excelentes tablas de embutidos y buenas tapas de marisco.

Bodega

76 **Freddy's** - **E6** - *54 r. de Seine - VI - Ⓜ St.-Germain-des-Prés - De 12:00 a 24:00 h - Cerrado lu. y ma. - Almuerzo 18 €.* En este bar sin mesas ni teléfono (¡pero con página de Facebook!) se puede degustar un buen vino y pequeños platos *gourmet* elaborados al estilo tapas.

Los Inválidos-Torre Eiffel

Bar

78 **Café Central** - **B5** - *40 r. Cler - VII - Ⓜ École-Militaire - ✆ 01 47 05 00 53 - www.lecentral-paris.com - De 07:00 a 01:00 h.* Situado en el centro de la peatonal Calle Cler, recuerda a la sede de la *jeunesse dorée* del distrito VII. Su decoración de estilo neoyorquino y su amplia terraza crean un ambiente relajado.

Los Campos Elíseos y el oeste

Salón de té

❤ **35** **Plaza Athénée** - **B4** - *25 av. Montaigne - VIII - Ⓜ Alma-Marceau - ✆ 01 53 67 66 65 - www.dorchester collection.com - De 12:00 a 18:00 h.* En la elegante Galerie, el pastelero Angelo Mussa, galardonado con el título de Mejor Obrador de Francia y campeón del mundo de pastelería, propone sus creaciones, entre ellas el hojaldre de crema vainillado.

Montmartre-Pigalle

Plano del distrito págs. 90-91

Bares

Comestibles y Marchands de vins - **Exterior de E1** - *65 r. du Mont-Cenis - XVIII - Ⓜ Jules-Joffrin - ✆ 01 73 70 56 28 - www.cmv18.com - De 12:00 a 15:00 y 18:00 a 24:00 h; fin de semana, de 12:00 a 24:00 h.* Vinoteca, bar de tapas, restaurante y tienda de ultramarinos, he aquí un lugar polifacético nacido de la imaginación de Sébastien Arnaud, amante de los productos franceses de calidad: charcutería artesanal de Louis Ospital, productos de la conserva Belle-Iloise, magret de pato, buey a la *bourguignon...*

90 **Marlusse et Lapin** - **E1** - *14 r. Germain-Pilon - XVIII - Ⓜ Pigalle - ✆ 01 42 59 17 97 - De 16:00 a 02:00 h.* Los dos camareros, Marlusse y Lapin, deben de ser fiesteros. Aquí la *happy hour* empieza a las 16:00 h y los amantes de las cervezas «de verdad» quedarán satisfechos: en la carta hay cervezas Chouffe, Tripel Karmeliet y Delirium, y una amplia selección de cócteles. No te pierdas la trastienda, que te transportará a otra época.

93 **Francis Labutte** - **Plano del distrito págs. 90-91** - *122 r. Caulaincourt XVIII - Ⓜ Lamarck-Caulaincourt - ✆ 01 42 23 58 26 - De 08:00 a 2:00 h (do., de 09:00 a 02:00 h).* Un gran clásico, frecuentado tanto por los locales como por estudiantes de la cercana escuela Femis (Escuela de Oficios de la Imagen y el Sonido). Ambiente moderno y cocina sencilla. Al pie de una escalera típica de Montmartre se encuentra la terraza.

38 **Le Progrès** - **E1** - *7 r. des Trois Frères - XVIII - Ⓜ Anvers - ✆ 01 42 64 07 37 - De 09:30 a 02:00 h.*

«La hora del té» en un gran hotel

5 **Le Bristol** - **C3** - *112 r. du Faubourg-St-Honoré - VIII -* Ⓜ *Miromesnil -* ☏ *01 53 43 00 - www.oetkercollection.com - Hora del té de 15:00 a 18:00 h - 30-60 €.* En el jardín a la francesa, los querubines de la Fuente del Amor vigilarán tu té de verano, que irá acompañado de aperitivos salados, bollos, magdalenas y las creaciones del pastelero Pascal Hainigue en forma de pastas mignon.

11 **Le Ritz** - **D3** - *15 pl. Vendôme - 1.º -* Ⓜ *Opéra -* ☏ *01 43 16 33 74 - www.ritzparis.com - Hora del té de 14:00 a 18:00 h - 68/83 €.* En la sala Proust del Ritz, frente a la chimenea, rodeado de libros antiguos, deléitate con los placeres del paladar. François Perret, coronado como mejor pastelero de restaurante del mundo en 2019, destaca en las galletas y también con salados, con *florentinos* o *cigarrillos rusos*. Todo ello presentado en magnífica porcelana blanca de Limoges.

92 **Le Shangri-La** - **A4** - *10 av. d'Iéna -XVI -* Ⓜ *Iéna -* ☏ *01 53 67 19 91 - www.shangri-la.com - Hora del té: fin de semana, de 15:00 a 18:00 h - 55 €.* Las propuestas para el té de la tarde 100 % vegano del restaurante La Bauhinia incluyen *calisson* de almendra y naranja, montebianco con castañas y grosellas negras, tartaletas de chocolate, galletas, *financier* y shortbread.

133

Restaurante con una decoración de época. Cocina sencilla de la abuela y aperitivos en la terraza de uno de los cruces más bonitos.

39 **Le Sans-Souci** - **E1** - *65 r. Jean-Baptiste-Pigalle - IX -* Ⓜ *Pigalle -* ☏ *01 53 16 17 04 - Lu., de 12:00 a 15:00 h y 19:00 a 23:00 h, ma. a sá., de 12:00 a 23:00 h - Cerrado do.* Auténtica institución en Pigalle Sur, es el «cuartel general» de los juerguistas del barrio. Tranquilo durante el día, al caer la noche reúne a un público numeroso que se mueve al ritmo de los DJ de electro-*rock*. Ambiente cargado pero inofensivo y decoración sobria. Al final de la calle Victor-Massé, girando a la derecha, se encuentra Mansart, un poco más elegante.

40 **Le Dirty Dick** - **E1** - *10 r. Frochot - IX -* Ⓜ *Pigalle -* ☏ *01 48 78 74 58* - De 18:00 a 02:00 h. Un antiguo burdel convertido en un bar de moda en Pigalle Sur. En un ambiente electrizante y exótico, ofrece cócteles tropicales: Polinesia, Hawai, México... con zumos y siropes caseros frescos, a veces servidos en cocos o conchas marinas.

La Divette de Montmartre - **Exterior de E1** - *136 r. Marcadet - XVIII -* Ⓜ *Lamarck-Caulaincourt -* ☏ *01 46 06 19 64 - De 12:00 a 23:00 h - Cerrado lu.* No puede ser más parisino y setentero este bar dedicado al *rock*, cubierto de pegatinas y regentado por Serge, orgulloso propietario de su colección de vinilos. Los viernes por la noche, actúan en directo interesantes grupos musicales. En verano, la terraza te invita a tomarte una cerveza a las 18:00 h.

💙 **La Recyclerie** - *Exterior de E1*
- 83 bd. Ornano - XVIII - Ⓜ Porte de Clignancourt - 📞 01 42 57 58 49 - www.larecyclerie.com - De 12:00 a 24:00 h; vi. y sá., de 12:00 a 02:00 h; do., de 11:00 a 22:00 h. Dentro de los muros de la antigua estación de cercanías de Ornano, la Recyclerie ha «reciclado» la sala de espera en un bar de vinos, y la ha transformado en un espacio acogedor; los andenes de las vías se han convertido en terrazas al aire libre. El planteamiento es 100 % verde, con un huerto, un gallinero, e incluso, colmenas. También hay un espacio de bricolaje (se prestan herramientas). En resumen: ¡hay que ir, aunque solo sea para apoyar esta iniciativa ecológica y responsable!

Matthieu Salvaing/Comptoir Général

Le Comptoir Général.

Cervecería

🟢33 **La Brasserie Fondamentale** - **E1**
- 6 r. André Antoine - XVIII - Ⓜ Pigalle - 📞 09 72 14 27 63 - www.lbf-biere.fr - Lu., de 18:00 a 24:00 h, de ma. a sá., de 18:00 a 02:00 h (mi., hasta la 01:00 h); do., de 17:00 a 23:00 h. En este nuevo «*brewpub*» parisino, las barricas de madera se colocan junto a los barriles de metal. En el bar circular, se sirven excelentes cervezas artesanales. La calidez de la acogida y el placer de iniciarse en los secretos del lúpulo son palpables. Para los más creativos: talleres de fabricación de cerveza.

Canal St.-Martin-La Villette y alrededores

Bares

🔵51 **Le Floréal** - **G3** - *150 av. Parmentier y 73 r. du Fg-du-Temple - X - Ⓜ Goncourt - 📞 01 40 18 46 79 - www.lefloreal.com - De 08:00 a 02:00 h.* Este antiguo bar-taberna está de moda en el barrio, con decoración al estilo de los años 50 y 60, sillones de polipiel verde o roja y un mosaico de vivos colores en la fachada.

🔵52 **Le Comptoir Général** - **G3**
- 84 quai de Jemmapes - X - Ⓜ République - 📞 01 44 88 24 48 - www.lecomptoirgeneral.com - Ma. y mi., de 18:00 a 01:00 h; ju. y vi., de 18:00 a 02:00 h; sá., de 11:00 a 02:00 h; do., de 11:00 a 01:00 h - Cerrado lu. ¿Es una guarida de piratas o una isla del tesoro? Un poco de las dos cosas. Este inmenso espacio, decorado al estilo de Hollywood, es sin duda la coctelería más inesperada de París. También es marisquería y charcutería. ¡Cuidado con las

aglomeraciones durante el *brunch* del fin de semana!

💚 **43** **Gravity Bar** - **G3** - *44 r. des Vinaigriers* - Ⓜ *Château-d'Eau o Gare de l'Est* - 📞 *06 98 54 92 49 - De ma. a sá., de 18:00 a 02:00 h - Platos 11/13 €.* En un sobrio interior de madera y hormigón que recuerda el minimalismo nórdico, Gravity combina el arte de la mixología y los aperitivos de alta gama. Los nombres de los cócteles (Desorientación, Ausencia de gravedad, Sudores fríos...) dejan entrever el ambiente. Los platos incluyen tataki de pato, higos y pistachos; caramelos de salmón y buñuelos de zanahoria; pera en almíbar con queso fresco de cabra...

💚 **54** **Le Syndicat Bar** - **F3** - *51 r. du Faubourg-St-Denis* - X - Ⓜ *Château-d'Eau - www.domainesyndicat.com - De 18:00 a 02:00 h.* Un bar de mármol decorado con cortinas doradas. Entra en la Organización para la Defensa de los Espirituosos Franceses, que promueve los espirituosos 100 % franceses, pero con estilo. El hip-hop *vintage* acompañará su cóctel.

56 **Lavomatic** - **G3** - *30 r. René-Boulanger* - X - Ⓜ *République - www.lavomatic.paris - Ma. y mi., de 18:00 a 01:00 h; de ju. a sá., de 18:00 a 02:00 h - Cerrado do y lu.* Uno de los bares más íntimos de París, escondido en la parte trasera de una lavandería. Busca el botón camuflado y descubrirás un bar con decoración pop, paredes desconchadas, gruesos cojines y mecedoras. Cócteles explosivos elaborados con especias, frutas y verduras, como el DétoxOmatic, con remolacha, grosella negra, ginebra, cítricos y licor de alcachofa.

23 **L'Ours Bar** - **F2** - *8 r. de Paradis* - X - Ⓜ *Château-d'Eau o Gare de l'Est* - 📞 *01 45 23 40 06 - Lu. y ma., de 18:00 a 01:00 h; de mi. a sá., de 18:00 a 02:00 h - Cerrado do.* Ofrece cócteles clásicos o imaginativos como Le Point Vert (ron venezolano, licor de melocotón, lima, albahaca y clara de huevo) o el Gusano (mezcal, martini rojo, Campari, sirope de agave y chocolate amargo). Mención especial para el Jardin Anglais y su toque de pepino. Puedes pedir tablas de quesos o embutidos para seguir bebiendo.

64 **25° Est** - **G1** - *10 pl. de la Bataille-de-Stalingrad* - Ⓜ *Jaurès o Stalingrado* - 📞 *09 53 27 68 16 - De 10:00 a 02:00 h (ma. y ju. de 11:00 a 02:00 h).* Uno de los más bellos espacios al aire libre de París. Situado a orillas del canal, se puede tomar una copa con los pies en el agua en un ambiente muy relajado. La *happy hour* empieza a las 15:00 h y los camareros preparan cuba libre, piña colada, Long Island y White Russian. También se ofrecen algunos platos: tartar de salmón, queso de cabra crujiente y hamburguesas.

55 **Point Éphémère** - **G1** - *200 quai de Valmy* - X - Ⓜ *Jaurès* - 📞 *01 40 34 02 48 - www.pointephemere.org - Ma., de 18:00 a 02:00 h; mi. y ju., de 12:00 a 02:00 h; vi. y sá. de 12:00 a 03:00 h; do., de 12:00 a 23:00 h - Cerrado lu.* Este local organiza exposiciones, conciertos, espectáculos y ofrece servicio de bar y restaurante en una sala con grandes ventanales o en terraza con vistas al canal. La azotea está abierta de junio a septiembre.

94 **Rosa Bonheur** - **H2** - *Parc des Buttes Chaumont, entrada por r.*

135

Botzaris - XIX - Ⓜ *Botzaris - ☎ 01 71 60 29 01 - www.rosabonheur.fr - Ju. y vi., de 19:00 a 24:00 h; sá. y do., de 12:00 a 24:00 h.* En un entorno idílico, rodeado de vegetación, esta antigua *guinguette* en el Parque de Buttes-Chaumont. Por la noche, el ambiente se anima con música electropop. Tras invertir en una gabarra amarrada frente al Puente Alexandre-III *(ver Salir por la noche, pág. 149)* la familia Rosa Bonheur ha vuelto a crecer. Desde junio de 2021, es en el chalet de la Porte Jaune, en el Bosque de Vincennes, donde el famoso espíritu de *guinguette* ha decretado su éxito.

Péniche Antipode - **Exterior de H1** *- Frente a 55 quai de Seine - XIX -* Ⓜ *Jaurès - ☎ 01 42 03 39 07 - www. penicheantipode.fr - De lu. a vi., de 17:00 a 02:00 h; fin de semana, de 12:00 a 02:00 h.* A mediados de julio y agosto, la gabarra se traslada a Bobigny (posibilidad de autobús lanzadera). Kevin, capitán desde hace muchos años, está al timón de esta embarcación amarrada en el Bassin de la Villette. Todos los productos son de comercio justo y, cuando hace buen tiempo, el servicio es en cubierta. También hay espectáculos infantiles, conciertos, etc.

83 Chez Jeannette - **F3** *- 47 r. du Faubourg-St-Denis - X -* Ⓜ *Châteaud'Eau - ☎ 01 47 70 30 89 - De 08:00 a 23:30 h; do., de 22:00 h - Platos 15/22 €.* Meca de los parisinos de moda, el Jeannette desprende cierto encanto... con sus luces de neón y su mostrador de formica. Café, cerveza o mojitos, el local se adapta a todas las horas del día. También se puede comer.

Cervecería

❤ **Paname Brewing Company -** **Exterior de H1** *- 41 bis quai de la Loire - XIX -* Ⓜ *Crimée - ☎ 01 40 36 43 55 - www.panamebrewingcompany. com - De 11:00 a 02:00 h.* Si la barcaza empieza a ponerte ojitos, hasta el punto de asustarte, ¡seguramente es porque has abusado de la bebida de lúpulo favorita de Paname! Las cervezas tienen nombres divertidos y son buenas, sobre todo porque se pueden saborear casi con los pies en el agua. Esta cervecería de nueva generación ofrece una buena selección de cervezas artesanas en un entorno extraordinario.

La Bastilla y el este

Bares

60 Combat - **H3** *- 63 r. de Belleville - XIX -* Ⓜ *Pyrénées o Belleville - ☎ 09 80 84 78 60 - De mi. a sá., de 18:00 a 02:00 h; de do. a ma., de 18:00 a 24:00 h.* Un trío femenino al que no le falta energía. Al timón, Elena Schmitt y Margot Lecarpentier (antes Experimental). Para los cócteles, Élise Drouet prepara bebidas endiabladamente originales, como el 14130 (calvados, *arbusto* rábano blanco, sirope de goma arábiga, zumo de lima) o Quatresse (whisky escocés Laphroaig al que se añade amargo Suze, lima y salvia)... Todo servido con una sonrisa, en un marco luminoso en las alturas de Belleville.

50 Le Perchoir - **H4** *- 14 r. Crespin-du-Gast - XI -* Ⓜ *Ménilmontant - ☎ 01 83 62 64 22 - www.leperchoir.tv - De mi. a sá., de 18:00 a 02:00 h.* Espléndida vista de París, pero también merece

la pena por los platos: el bocadillo de bogavante es una locura.

Les Chaises - **Exterior de H4** - *33 r. de la Chine - XX -* Ⓜ *Pelleport -* ☏ *09 51 65 08 24 - De lu. a vi., de 12:00 a 14:30 h y 18:00 a 02:00 h, sá., de 18:00 a 02:00 h - Cerrado do.* Aquí no encontrarás turistas: es un bar de barrio, muy parisino, donde se puede degustar la Gallia, una cerveza producida en París. La clientela son locales que vienen a comer platos de embutidos y quesos y beber vino, cerveza o un cóctel. En ocasiones puedes escuchar un concierto, jugar a las cartas o participar en un taller de escritura.

66 L'Alimentation Générale - **H4** - *64 r. Jean-Pierre-Timbaud - XI -* Ⓜ *Parmentier -* ☏ *01 43 55 42 50 - www.alimentation-generale. net - De mi. a sá., de 19:00 a 02:00 h - Cerrado de do. a ma. - Entrada según programa.* Casi parece una tienda de ultramarinos, pero las estanterías están llenas de música de todo el mundo. Barato y de calidad, unos cuantos conciertos y algo para picar... aseguran la fiesta. Ambiente popular y poco convencional.

Cervecería

49 La Fine Mousse - **H4** - *6 av. Jean-Aicard - XI -* Ⓜ *Rue-St-Maur -* ☏ *01 48 06 40 94 - www.lafinemousse. fr - De 17:00 a 02:00 h; fin de semana, de 16:00 a 02:00 h.* Cervezas sí, pero artesanales, francesas e internacionales. En el barrio de Oberkampf, un verdadero paraíso para los amantes de la cerveza gracias a una selección de 20 cervezas de barril y una interesante carta de cervezas embotelladas.

Bodega

57 Les Caves de Prague - **H6** - *8 r. de Prague - XII -* Ⓜ *Ledru-Rollin -* ☏ *01 72 68 07 36 - www.cavesde prague. fr - De ma. a sá., de 09:00 a 23:00 h - Cerrado do. y lu.* La alquimia del lugar es inexplicable. Situada en la tranquila Calle de Prague, esta bodega desprende un ambiente cálido y amaderado. Thomas, un curioso sumiller, encontrará el vino que mejor se adapte a tu paladar, sin intentar venderle las botellas más caras (lo cual es de agradecer). Las tablas de embutidos son excelentes. En verano, las pocas mesas al aire libre están muy solicitadas: ¡tendrás que pelear para hacerte con una!

Bares musicales

69 Le Vieux Belleville - **H3** - *12 r. des Envierges - XX -* Ⓜ *Pyrénées -* ☏ *01 44 62 92 66 - www.le-vieux-belleville. com - De 20:00 a 02:00 h, veladas musicales ma., ju., vi. y sá. - Cerrado do.* Un bistró con ambiente muy acogedor: por las noches, las canciones del viejo París pasan de mesa en mesa y el coro espontáneo creado por los comensales hace que la gente baile mientras canta.

La Maroquinerie - **Exterior de H3** - *23 r. Boyer - XX -* Ⓜ *Ménilmontant -* ☏ *01 40 33 35 05 - www.lamaroquinerie. fr - De lu. a vi., de 14:00 a 19:00 h, restaurante de 18:30 a 23:00 h - Noches de concierto de 18:30 a 2:00 h - Cerrado en agosto - Platos 12/24 €.* A la vez bar, restaurante y sala de exposiciones, pero sobre todo sala de conciertos, este local ofrece un programa ecléctico de música contemporánea. Agradable terraza para relajarse y terminar la velada.

De compras

Horarios: La mayoría de las tiendas abren de 10:00 a 19:00 h y cierran los domingos, excepto los grandes almacenes y comercios ubicados en zonas turísticas (♿ *pág. 160*).

Ventas: Desde enero de 2020, la duración de las rebajas de invierno y verano se fija en cuatro semanas,y los descuentos pueden caer hasta un 70 %.

♿ *Las zonas donde puedes ir de compras las encontrarás en el mapa de págs. 140-141.*

Compras típicas

Les Halles y Calle de Rívoli: Es el distrito de la moda, todas las grandes cadenas internacionales de moda tienen una tienda en la Calle de Rivoli, en **Foro de las Halles** (centro comercial subterráneo) y alrededores. Aquí también encontrarás muchas tiendas de recuerdos baratos.

En la orilla izquierda la **Calle de Rennes** y sus alrededores albergan tiendas de moda, muebles, Fnac, etc. Cerca, en las **calles St.-Placide, Cherche-Midi y d'Alésia**, están las grandes marcas y tiendas que no son de diseño, con descuentos de hasta el 50 %.

Compras de lujo

En la **Calle Faubourg-St-Honoré** hay *boutiques* de lujo (alta costura, tiendas de disfraces y joyerías alrededor de la Place Vendôme) y tiendas conceptuales.

Todos los grandes diseñadores tienen una boutique en **Avenida Montaigne** (Chanel, Dior, etc.) o en **Avenida George-V** (Hermès, Givenchy) y, cada vez más, en **Le Marais**.

También en la orilla izquierda hay tiendas de lujo, especialmente alrededor **St-Germain-des-Prés**.

Compras de moda

Le Marais: Las *boutiques* de artistas y galerías de arte que abundan en el barrio atraen a turistas y parisinos elegantes.

Si te gusta la moda *vintage*, las antigüedades y el diseño, date un paseo por Montmartre, **Abbesses** y **la Calle de Charonne**, donde diseñadores y *boutiques* inusuales compiten por los clientes.

No te pierdas los característicos **pasajes cubiertos** (Galería Vivienne, Pasaje Verdeau), alrededor de los Grandes Bulevares.

De compras por la orilla izquierda

St.-Germain-des-Prés: En el Boulevard St-Germain, las librerías se han sustituido por *boutiques* de ropa de lujo. Hay tiendas de antigüedades alrededor del Muelle Voltaire y la Calle du Bac y galerías de arte en la Calle de Seine, Calle Guénégaud, Calle des Beaux-Arts, etc.

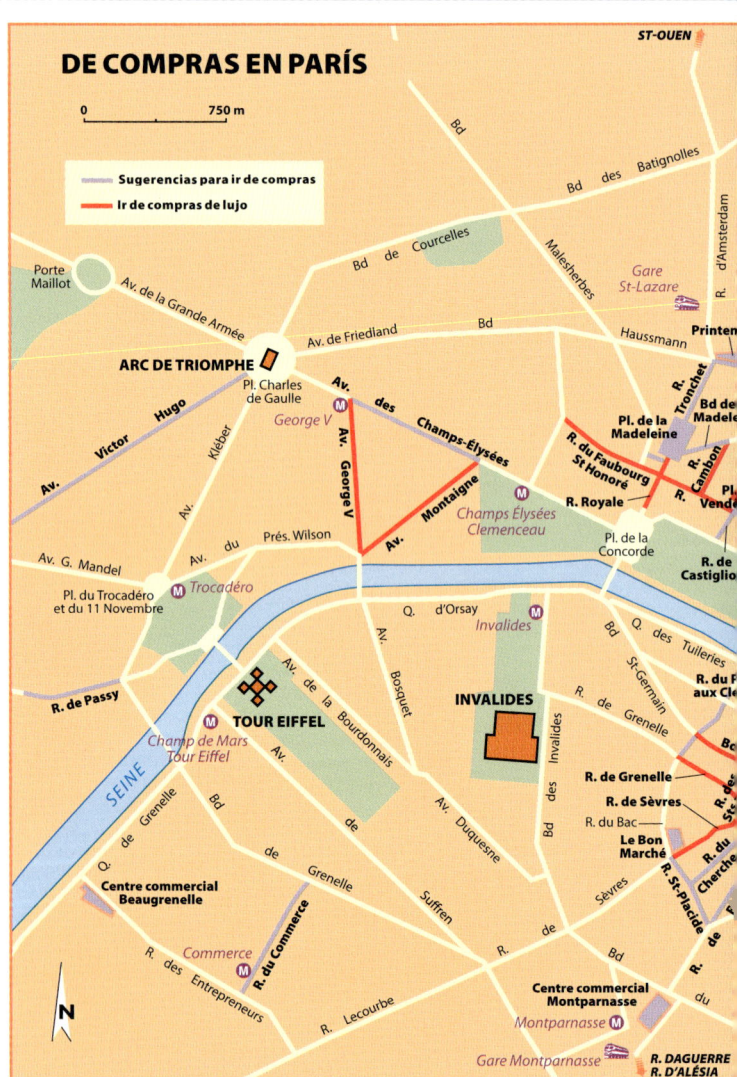

DE COMPRAS EN PARÍS

0   750 m

- Sugerencias para ir de compras
- Ir de compras de lujo

ST-OUEN

Bd

Bd des Batignolles

R. d'Amsterdam

Bd de Courcelles

Malesherbes

Gare St-Lazare

Porte Maillot

Av. de la Grande Armée

Av. de Friedland

Bd

Haussmann

Printen

ARC DE TRIOMPHE

Pl. Charles de Gaulle

Av. des

R. Tronchet

Hugo

George V

Champs-Élysées

Pl. de la Madeleine

Bd de Madele

Av. Victor

Av. Kléber

Av. George V

Montaigne

R. du Faubourg St Honoré

R. Cambon

Av.

Champs Élysées Clemenceau

R. Royale

Pl. Vendé

Av. G. Mandel

Av. du Prés. Wilson

Pl. de la Concorde

R. de Castiglio

Pl. du Trocadéro et du 11 Novembre

Trocadéro

Q. d'Orsay

Invalides

Q. des Tuileries

R. du P aux Cl

R. de Passy

Av. de la Bourdonnais

Av. Bosquet

INVALIDES

R. de Grenelle

St-Germain

Bc

TOUR EIFFEL

Champ de Mars Tour Eiffel

Av.

des Invalides

R. de Grenelle

R. des

SEINE

Q. de Grenelle

Bd

de

Av. Duquesne

Bd

R. de Sèvres

R. du Bac

Le Bon Marché

R. St-Placide

de

Cherche

de Grenelle

Sèvres

Centre commercial Beaugrenelle

R. du Commerce

Suffren

R.

Bd

Commerce

R. des Entrepreneurs

R. Lecourbe

Centre commercial Montparnasse

du

Montparnasse

Gare Montparnasse

R. DAGUERRE
R. D'ALÉSIA

N

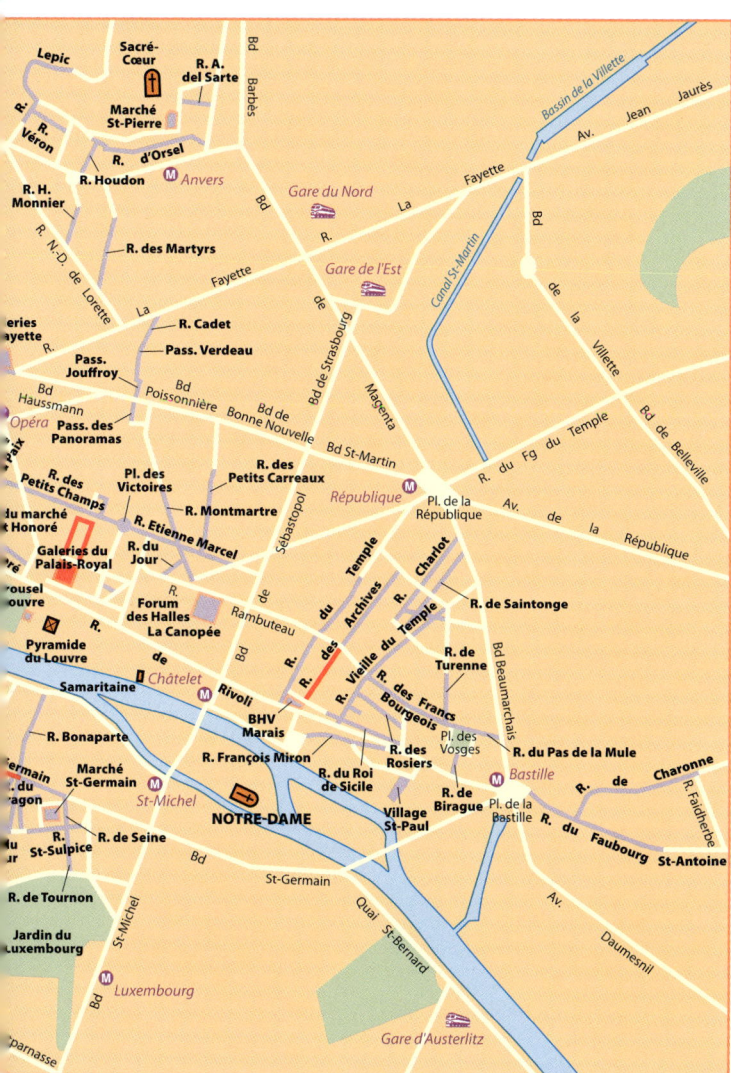

Lepic

Sacré-Cœur

R. A. del Sarte

Bd Barbès

Marché St-Pierre

R. Véron

R. d'Orsel

R. Houdon

M Anvers

R. H. Monnier

R. N.-D. de Lorette

R. des Martyrs

Fayette

La

Gare du Nord

Bd

R.

Fayette

La

Bassin de la Villette

Av. Jean Jaurès

Canal St-Martin

Bd

de la Villette

Bd de Belleville

R. Cadet

Pass. Verdeau

eries ayette

R.

Pass. Jouffroy

Bd Haussmann

Opéra

Pass. des Panoramas

Paix

R. des Petits Champs

Pl. des Victoires

R. Montmartre

R. Etienne Marcel

R. du Jour

Galeries du Palais-Royal

du marché t Honoré

re

ousel ouvre

R.

Pyramide du Louvre

Samaritaine

R. Bonaparte

ermain du agon

Marché St-Germain

M St-Michel

R. St-Sulpice

R. de Seine

R. de Tournon

Jardin du uxembourg

M Luxembourg

Bd

arnasse

Bd de Poissonnière

Bonne Nouvelle

Bd de

Bd St-Martin

Bd de Strasbourg

Gare de l'Est

de

Magenta

Sébastopol

R. des Petits Carreaux

République

R. du Fg du Temple

Temple

du

des

Archives

Rambuteau

Bd

de

Forum des Halles La Canopée

R.

M Châtelet

Rivoli

BHV Marais

R. François Miron

R. du Roi de Sicile

NOTRE-DAME

Bd

St-Germain

St-Michel

Quai St-Bernard

Charlot

R.

Vieille du Temple

R. de Saintonge

R. de Turenne

R. des Francs Bourgeois

Pl. des Vosges

R. des Rosiers

Village St-Paul

R. de Birague

Pl. de la Bastille

Bd Beaumarchais

R. du Pas de la Mule

M Bastille

R. de

R. du Faubourg St-Antoine

Charonne

R. Faidherbe

Av.

Daumesnil

Gare d'Austerlitz

Pl. de la République

Av. de la République

M République

Grandes almacenes

Le Bon Marché, el más antiguo de los grandes almacenes parisinos y hoy el más lujoso, está en Sèvres-Babylone (VII). ¡No te pierdas la famosa Grande Épicerie!

Más turísticos pero no menos cautivadores, los **Printemps** y las **Galerías Lafayette** del **Bulevar Haussmann** (IX) atraen cada día a miles de turistas. Encontrarás de todo, ¡incluidas tiendas de alta costura! Inaugurado en 1856, **el BHV Marais**((IV) ofrece de todo. Justo detrás, en la Calle de la Verrerie, el BHV L'Homme ocupa un edificio de cinco plantas.

Al final, **La Samaritaine** (I) vuelve a ser noticia: los históricos grandes almacenes Pont-Neuf reabrieron sus puertas en 2021 después de más de 15 años de construcción. ¡La tienda conceptual es increíble!

Nuestros favoritos

♿ **Encontrarás las sugerencias en los planos marcadas con círculos numerados (p. ej., ❶) y las coordenadas en rojo (p. ej., C2). Consulta el mapa extraíble (en el interior de la cubierta).**

Tienda insólita

❶ **Deyrolle** - **D5** - *46 r. du Bac - VII - Ⓜ Rue du Bac - ☎ 01 42 22 30 07 - www.deyrolle.com - De lu. a sá., de 10:00 a 19:00 h - Cerrado do.* Con sus animales disecados de la sabana, gran cantidad de mariposas y otros insectos expuestos, es un punto de referencia para los aficionados a la taxidermia y la entomología. Fue creada en 1831 y es un verdadero encanto.

Decoración y papelería

❷ **Fleux** - **F5** - *39 y 52 r. Ste-Croix-de-la-Bretonnerie - IV - Ⓜ Hôtel-de-Ville - ☎ 01 53 00 93 30 - www.fleux.com - De lu. a sá., de 11:00 a 20:00 h; do., de 13:15 a 19:30 h.* Templo del diseño de moda: desde utensilios de cocina a muebles de diseño, pasando por lámparas Jielde y velas perfumadas, Fleux ofrece una exquisita selección de objetos excéntricos y pop.

⓮ **Calligrane** - **F5** - *4 r. du Pont-Louis-Philippe - IV - Ⓜ Pont-Marie - ☎ 01 48 04 09 00 - www.calligrane.fr - De ma. a sá., 12:00 a 19:00 h.* Esta tienda de papelería artística es conocida entre los artistas por su amplia selección de papeles: raros, vegetales, de Japón, de Nepal... en múltiples formatos. También son interesantes los cuadernos y la marroquinería.

Belleza

❸ **Buly 1803** - **E5** - *6 r. Bonaparte - VI - Ⓜ St-Germain-des-Prés - ☎ 01 43 29 02 50 - www.buly1803.com - Todos los días excepto do., de 10:30 a 19:00 h.* Esta *boutique* que recuerda a un taller del siglo XVII parece haber estado siempre aquí, pero la apariencia es engañosa. En este mundo de madera, mármol y terracota, los productos son sencillos y naturales. De los jabones a las cremas, del agua de rosas a los aceites corporales: te seducirán siempre. Otro local en el Alto Marais, en el 45 r. de Saintonge.

Sugerencias para *gourmets*

❹ **Épicerie Izraël** - **F5** - *30 r. François-Miron - IV - Ⓜ St-Paul - ☎ 01 42 72 66 23 - De ma. a vi., de 09:30 a 13:00 hy 14:30 a 19:00 h, sá., de 09:00 a 19:00 h.*

El mercadillo de de Saint-Ouen

¡Es imposible visitar en su totalidad este enorme mercadillo de antigüedades al aire libre! Por todas partes se vende (a veces discretamente) ropa de segunda mano y objetos de todo tipo a precios bajos y en un ambiente muy popular.

Ⓜ Porte-de-Clignancourt (línea 4) - www.marcheauxpuces-saintouen. com - Vi., de 08:00 a 12:00 h; sá., de 10:00 a 18:00 h; do, de 10:00 a 18:00 h; lu., de 11:00 a 17:00 h.

- Cerrado do. El parecido con la cueva de Alí Babá salta a la vista nada más entrar en la charcutería Izraël. Desde hace más de medio siglo, esta tienda abastece a los parisinos, amantes de cocinas lejanas, de especias y productos exóticos procedentes de todo el mundo.

5 Maison Plisson - **G5** - *93 bd. Beaumarchais - III -* Ⓜ *St.-Sébastien-Froissart* ℘ *01 71 18 19 09 - www. lamaisonplisson.com - Lu., de 09:30 a 21:00; de ma. a sá., de 08:30 a 21:00 h; do., de 09:30 a 20:00 h.* Los productos ecológicos, de cadena corta y el buen comer se encuentran aquí. Desde la panadería hasta la charcutería, pasando por los puestos de frutas y verduras, todo es realmente apetecible.

9 Stohrer - **E4** - *51 r. Montorgueil - II -* Ⓜ *Les Halles - ℘ 01 42 33 38 20 - www.stohrer.fr - De 07:30 a 20:30 h.* La pastelería más antigua de París (1730), donde Nicolas Stohrer creó pasteles

para la corte. Aparte de los pequeños bocadillos para el almuerzo, lo que atrae son los dulces.

7 La Manufacture de Chocolat Alain Ducasse - **G5** - *40 r. de la Roquette - XI -* Ⓜ *Bastille - ℘ 01 48 05 82 86 - www. lechocolat-alainducasse.com - De 10:00 a 19:30 h.* El gran chef Alain Ducasse siente pasión por el cacao y en esta hermosa fábrica de interior atemporal, el chocolate se elabora de la forma más tradicional. Ha sido galardonada con el sello «Entreprise du Patrimoine Vivant»...¡y se puede degustar!

La Laiterie de Paris - **Exterior de F1** - *74 r. des Poissonniers - XVIII -* Ⓜ *Marcadet - Poissonniers - ℘ 01 42 59 44 64 - De lu. a vi., de 10:00 a 13:00 h y 14:30 a 20:00 h; sá. de 10:00 a 20:00 h; do. cerrado.* Al pie de la colina de Montmartre, una auténtica lechería que produce deliciosos quesos y yogures.

Tiendas conceptuales

6 Merci - **G5** - *111 bvlr. Beaumarchais - III -* Ⓜ *St-Sébastien-Froissart - ℘ 01 42 77 00 33 - www.merci-merci.com - De lu. a sá., de 10:00 a 18:30 h (mi. y sá., hasta las 19:30 h) - Cerrado do.* Esta meca de la moda y el diseño no deja de sorprender. Siempre al acecho de las nuevas tendencias, Merci ofrece en nada menos que 1500 m^2 una cuidada selección de objetos y prendas. Las colecciones de ropa de hogar y vajilla bien merecen una visita. Tres espacios de restauración para los clientes deseosos de tomarse un respiro.

8 Sargeant Paper - **G3** - *26 r. du Château d'Eau - X -* Ⓜ *Jacques-Bonsergent - ℘ 01 83 89 99 55 - www.*

sergeantpaper.com - De ma. a sá., de 12:00 a 20:00 h; do., de 11:00 a 18:00 h. Este *concept store* especializado en artes gráficas ofrece una cuidada selección de dibujos, *street-art* y fotografías, y promociona cada mes a algunos artistas jóvenes. Aquí se promueve el arte accesible y cada impresión se realiza con sumo cuidado y va acompañada de un certificado de autenticidad.

MK2 Store - **Exterior de H8** - *128-162 av. de France - XIII - Ⓜ Bibliothèque François Mitterrand - ℰ 01 53 61 71 70 - www.mk2.com/mk2-store - De 09:45 a 21:00 h.* Dedicada al cine, este *concept store* de madera y aluminio ofrece 700 m^2 de DVD, CD y libros sobre sus películas de arte y ensayo favoritas. También hay objetos de culto, como los vasos de whisky de *Blade Runner* o los altavoces Bang & Olufsen firmados por David Lynch. Hazte una foto en el fotomatón del estudio Harcourt, y hojea un libro en el Bob's Café del cinéfilo Marc Grossman.

Librería

15 **Le Piéton de Paris** - **F6** - *58 r. de l'Hôtel-de-Ville - IV - Ⓜ Hôtel-de-Ville o Pont Marie - ℰ 01 53 69 09 16 - Todos los días, excepto do. y lu., de 11:00 a 19:00 h.* Los amantes de París tienen su propia librería: literatura, poesía, historia, arquitectura, adolescentes... ¡solo libros dedicados a la capital!

Fotografía

16 **Paris est une photo** - **E3** - *55 passage Jouffroy - IX - Ⓜ Grands-Boulevards - ℰ 01 56 92 04 47 - www.photo.paris - De lu. a mi., de 12:00 a 18:30 h; vi., de 12:00 a 19:00 h; sá., de*

11:00 a 19:00 h; do., de 11:00 a 18:00 h - Cerrado ju. En el bello marco de hierro y cristal del pasaje Jouffroy (inaugurado en 1847), esta galería de fotos y marcos dedicada a la capital es el lugar ideal para regalarse una instantánea de recuerdo del París histórico o contemporáneo.

Moda

10 **Bazar de marcas** - **D6** - *33 r. de Sèvres - VI - Ⓜ Sèvres-Babylone - ℰ 01 45 44 40 02 - www.brandbazar.com - Todos los días, excepto do., de 10:30 a 19:30 h.* Paraíso de los fashionistas, es una tienda multimarca que ofrece ropa de moda, pero refinada y popular. Compuesta por las grandes marcas de jóvenes diseñadores franceses e internacionales, la colección es moderna. La bisutería es elegante y colorida, los bolsos bohemios y los zapatos de buena calidad; aquí no reina la sobriedad, pero sí una cálida acogida.

Recuerdos

13 **Paris Rendez-Vous** - **F5** - *29 r. de Rivoli - IV - Ⓜ Hôtel-de-Ville - ℰ 01 42 76 43 43 - Todos los días, excepto do., de 10:00 a 19:00 h.* Aquí la Ciudad de la Luz se presenta en todas sus formas: taza, paño de cocina, chocolate, libro para colorear... Los objetos, muchos con el logotipo de la Torre Eiffel, son bonitos. El sitio ideal para llevarse algún recuerdo.

Salir por la noche

La Ciudad de la Luz es también la ciudad de los focos. Podrás participar de la euforia general y de una increíble variedad de espectáculos.

☞ **Encontrarás las sugerencias en los planos marcadas con círculos numerados (p. ej., ❶) y las coordenadas en rojo (p. ej., C2). Consulta el mapa extraíble (en el interior de la cubierta).**

Programas

La herramienta imprescindible para organizar tus salidas, *L'Officiel des spectacles (1,80 € en los quioscos - www.offi.fr o en la aplicación),* cada miércoles se anuncia el programa completo de espectáculos (cines, teatros, conciertos... y paseos por la ciudad.

El sitio web **nuit.lebonbon.fr** enumera todos los espectáculos y salidas nocturnas día a día. Ver también:

- www.lylo.fr
- www.parisbouge.com
- www.sortiraparis.com
- www.timeout.fr/paris
- www.telerama.fr/sortir
- evene.lefigaro.fr

Taquillas de teatro

El día del espectáculo, las entradas más caras se venden a mitad de precio. Se ofrecen más de 100 espectáculos y 120 obras teatrales. No se aceptan pagos con tarjeta de crédito.

Haz cola media hora antes para tener más posibilidades de conseguir un asiento.

Kiosque Madeleine - D3 - *Pl. de la Madeleine - VIII -* Ⓜ *Madeleine - www.kiosqueculture.com - Ma., de 12:30 a 14.30 h y de 15:00 a 19:30 h; de mi. a do., de 12:30 a 19:30 h (do., hasta las 15:45 h) - Cerrado lu.*

Kiosque Montparnasse - D7 - *Pl. Raoul-Dautry - XV - Parvis de la gare Montparnasse -* Ⓜ *Montparnasse-Bienvenüe - www.kiosqueculture.com - Próxima apertura vi.-sá.*

Oficina de Turismo de París - *29 r. de Rivoli - IV-* Ⓜ *Hôtel de Ville - www.kiosqueculture.com - De ma. a do., de 10:00 a 17:50 h - Cerrado lu.*

Taquilla juvenil

Los jóvenes menores de 30 años pueden recoger invitaciones o comprar entradas para espectáculos a precios muy reducidos.

Kiosque jeunes Canopée - *10 passage de la Canopée - I -* Ⓜ *Châtelet - kiosquejeunes.paris.fr - Todos los días, excepto do. y lu., de 11:00 a 18:00 h.*

Conciertos

Para conciertos clásicos en grandes salas, como las de la Filarmónica de París, el Auditorio de Radio Francia, la Sala Pleyel o la Sala Gaveau, debes reservar con antelación.

Todas las noches se celebran conciertos en lugares más pequeños (iglesias, bares, discotecas, etc.). Consulta la programación en: www.lylo.fr y www.offi.fr

Ópera y ballet

Los dos teatros de la **Ópera Nacional de París**, la Ópera Bastilla (**G6** - Ⓜ *Bastille)* y la Ópera Garnier (**D3** - Ⓜ *Opéra),* ofrecen óperas, conciertos y representaciones, así como *ballets* clásicos y contemporáneos. Para algunos espectáculos, conviene reservar con varios meses de antelación. Consulta en: www. operadeparis.fr.

La **Opéra Comique Salle Favart** (**E3** - Ⓜ *Richelieu-Drouot)* ofrece óperas y recitales. Para más información: www. opera-comique.com.

Para danza contemporánea, consulta la programación de **Teatro Nacional de Chaillot** (**A4** - Ⓜ *Trocadéro)* en: www.theater-chaillot.fr.

Los amantes de la danza y de los espectáculos musicales también pueden consultar la programación del **Théâtre du Châtelet** (www.chatelet. com) y del **Théâtre de la Ville** (www. theatredelaville-paris.com).

Cabaret

La vida parisina debe su reputación internacional a los magníficos espectáculos que ofrecen los locales de cabaret, desde la segunda mitad del siglo xix: el **Folies-Bergère** (**E2** - Ⓜ *Grands-Boulevards o Cadet)*; el **Moulin Rouge** (**D1** - Ⓜ *Blanche)*; la **Lido** (**B3** - Ⓜ *George-V)*; el **Crazy-Horse** (**B4** - Ⓜ *Alma-Marceau)* y el **Paradis Latin** (**F6-7** - Ⓜ *Jussieu)*. El cabaret ㉛ **Madame Arthur** (**E1** - Ⓜ *Pigalle)* es

Rosa Bonheur en el Sena.

una institución de 1946 en el corazón de Pigalle, que atrae con actuaciones cantadas en francés. Nostálgico y transgresor.

Centros culturales

16 **Maison des Métallos** - **H3** - *94 r. J.-P.-Timbaud - XI -* Ⓜ *Couronnes o Parmentier -* ☎ *01 47 00 25 20 - www. maisondesmetallos.paris.* Esta antigua fábrica se convirtió en 1937 en la «casa de los metalúrgicos», lugar de reunión de los sindicalistas, y hoy es una institución cultural que ofrece teatro, danza, arte digital, exposiciones, encuentros y debates. También hay un bar.

La Bellevilloise - **Exterior de H5** *- 19-21 r. Boyer - XX -* Ⓜ *Gambetta*

B. Gardel/hemis.fr

La Bellevilloise.

o Ménilmontant - ☎ *01 46 36 07 07 - www.labellevilloise.com.* Fundada en 1877 tras la Comuna, esta cooperativa es hoy un espacio cultural independiente y multidisciplinar que acoge conciertos, proyecciones, almuerzos de *jazz*, festivales… El lugar tiene un encanto increíble con sus olivos y su enorme claraboya.

CENTQUATRE-PARIS - *Ver pág. 96.*

Discotecas

No faltan discotecas en París. Consulta los sitios web: www.soonnight.com (los folletos permiten entrada gratuita y diversos descuentos), www.timeout. com y www.villaschweppes.com.

La entrada suele ser gratuita para las chicas, pero antes de medianoche, los chicos generalmente tienen que pagar 10-15 €, dependiendo del lugar. A veces es necesario reservar y muchas veces te piden un documento de identidad en la entrada ya que la mayoría de las discotecas son para adultos.

Nuestra selección de discotecas

2 **Le Duplex** - **A2** - *2 bis av. Foch - XVI -* Ⓜ *Charles-de- Gaulle-Étoile - www. leduplex.com - De 23:30 a 06:00 h - Gratis antes de las 00:30 h con flyer - R&B y electrónica.* Tres salas, tres tipos de música. Todos los días se organizan fiestas temáticas; pedir información para fiestas privadas.

10 **Rex Club** - **EF3** - *5 bd. Poissonnière - II -* Ⓜ *Bonne-Nouvelle -* ☎ *01 42 36 10 96 - rexclub.com - De mi. a sá., de 23:45 a 07:00 h - Electrónica.* La discoteca más emblemática de París, donde los DJ mezclan sin parar.

12 **Badaboum** - **H6** - *2 r. des Taillandiers - XI -* Ⓜ *Ledru-Rollin -* ☎

01 48 06 50 70 - www.badaboum. paris - Ma., de 20:00 a 06:00 h; mi. y ju., de 19:00 a 06:00 h; vi. y sá., de 20:00 a 07:00 h - Cerrado do. y lu. - Electrónica. Conciertos y fiestas privadas amenizadas con espectáculos visuales y sonoros.

En la ribera del río

Orilla derecha del Sena

Del Louvre al Pont-Marie, lugar histórico de Paris Plages, el ambiente de verano es relajado, con un bar al aire libre, *guinguette* para bailes y conciertos. La fiesta continúa hasta **Muelle de la Rapée,** donde atracan barcazas con bares de moda.

Orilla izquierda del Sena

Entre Puente Royal y Alexandre-III hay bares, restaurantes, locales flotantes, merenderos y discotecas.

6 **Concorde Atlantique** - **D4** - *frente al 23 quai Anatole-France - VII -* Ⓜ *Assemblée-Nationale -* ☏ *01 40 56 02 82 - www. bateauconcordeatlantique.com.* Con sus tres plantas sobre el Sena, esta gabarra se alquila a menudo a particulares, pero también organiza fiestas discotequeras.

32 **Rosa Bonheur sur Seine** - **C4** - *37 quai d'Orsay - Port des Invalides - VII -* Ⓜ *Invalides -* ☏ *01 42 00 45 - www. rosabonheur.fr - De mi. a vi., de 18:00 a 01:30 h; sá., de 12:00 a 01:30 h; do., de 12:00 a 23:00 h.* Hermano menor del famoso bar Rosa Bonheur, en el Parque de Buttes-Chaumont *(* ☉ *pág. 135),* este bar-barcaza no es menos impresionante. Al anochecer, la cubierta del barco se transforma en

> ### Muelles festivos
> Desde el lanzamiento de Paris Plages en 2002 y el cierre al tráfico de la carretera que bordea el Sena (orilla izquierda en 2013 y orilla derecha en 2016), los parisinos han recuperado la ribera del río y también la de los canales y cuencas parisinas, que en verano se convierten en el lugar de todas las celebraciones. La gente viene aquí para hacer un pícnic, tomar una copa, jugar a la petanca, charlar en una barcaza o tomar una clase de salsa al aire libre.

una pista de baile. Sabrosas tapas y una magnífica vista del Grand Palais. **A los pies del Instituto del Mundo Árabe,** en los días soleados el **jardín Tino-Rossi** da la bienvenida a bailarines de salsa, *rock* y tango para clases y bailes al aire libre. ¡Diversión y ambiente garantizados!
Entre los puentes de Bercy de Tolbiac, los muelles albergan numerosos lugares para fiestas, ya sean temporales o no.
Bateau Phare - **Exterior de H8** - *11 quai François-Mauriac -* Ⓜ *Biblioteca-F.-Mitterrand -* ☏ *06 89 86 35 03 - www.lebateau phare.co - De 11:00 a 02:00 h.* Auténtica institución de la noche parisina, el antiguo Batofar se ha renovado. Ahora se puede degustar su deliciosa cocina o simplemente a tomar el aperitivo. Mesas al aire libre en el muelle de mayo a septiembre.

Del Canal St.-Martin a la Villette
♿ *Consulta Visitar París, pág. 94 y Dónde beber, pág. 134.*

Dónde dormir

Diferentes barrios, atmósferas particulares, París puede ser residencial (distritos VII, XV, XVI), noctámbulo (distritos III, X, XI), elegante (distritos VI, VII, VIII) o familiar (distritos XII, XIII, XIV, XV).

☞ Encontrarás las sugerencias en los planos marcadas con círculos numerados (p. ej., ➊) y las coordenadas en rojo (p. ej., C2). Consulta el mapa extraíble (en el interior de la cubierta).

Nuestros rangos de precios están determinados en base a una noche en habitación doble estándar en temporada baja/alta. Numerosas promociones online.

La Cité

Plano del distrito págs. 18-19

De 130 a 150 €

➋ Hôtel Andréa - F5 - *3 r. St-Bon - IV - Ⓜ Châtelet - ✆ 01 42 78 43 93 - www. hotelandrea.paris - 32 habitaciones.* Céntrico hotel renovado desde la recepción hasta las habitaciones y la sala de desayunos. Mobiliario moderno y aire acondicionado en todas partes.

Ópera-Palacio Real

Plano del distrito pág. 29

De 59 a 148 €

⓫ Hôtel des Arts - E3 - *7 cité Bergère - IX - Ⓜ Grands-Boulevards - ✆ 01 42 46 73 30 - hoteldesarts.fr - 25 habitaciones - ☕ 8 €.* En el corazón de la cité Bergère, este hotel tiene el encanto de los hoteles de provincias. Las habitaciones son luminosas.

De 97 a 147 €

⓾ Hôtel Chopin - E3 - *46 passage Jouffroy - entrada por 10 bd. Montmartre, IX - Ⓜ Grands- Boulevards - ✆ 01 47 70 58 10 - www.hotelchopin-paris-opera.com - 36 habitaciones - ☕*

150

10 €. Este pequeño hotel goza de una extraordinaria tranquilidad. Dispone de bonitas habitaciones con paredes de colores. Hay que reservar con mucha antelación.

De 180 a 260 €

❤ ⓮ El Hoxton - E3 - *30-32 r. du Sentier - II - Ⓜ Bonne Nouvelle - ✆ 01 85 65 75 00 - www.thehoxton.com/ paris - 172 habitaciones - ☕.* Con su inmenso techo de cristal, sus sofás de colores y su jardín de invierno, esta residencia privada del siglo XVIII desprende un ambiente relajado. En el interior, el restaurante Rivié sirve cocina francesa, y en el Jacques Bar y el Planche ofrecen diferentes ambientes para tomar una copa.

Le Marais y Les Halles

Plano del distrito págs. 36-37

De 160 a 230 €

➌ Hôtel Crayon - E4 - *25 r. du Bouloi - I - Ⓜ Palais-Royal-Musée-du-Louvre - ✆ 01 42 36 54 19 - www. hotelcrayon.com - 26 habitaciones - ☕.* Un hotel colorista y acogedor, decorado íntegramente por la artista

Julie Gauthron. La zona de bar y los muebles chinos harán de tu estancia una experiencia única.

De 195 a 250 €

4 **Hôtel du Petit Moulin** - **G4** - *29/31 r. de Poitou - III -* Ⓜ *St.-Sébastien-Froissart -* ☎ *01 42 74 10 10 - www. hotelpetitmoulinparis.com - 17 habitaciones 185/465 € -* ⊑ *20 €*. El diseñador Christian Lacroix imaginó la decoración de este magnífico hotel: inusual, refinada, entre tradición y modernidad. Bañeras con patas y colores fosforescentes: ¡cada habitación es una joya!

El Barrio Latino

Plano del distrito págs. 46-47

De 99 a 169 €

❤ **16** **Hôtel Henriette** - **F8** - *9 r. des Gobelins - XIII -* Ⓜ *Les Gobelins -* ☎ *01 47 07 26 90 - www.hotelhenriette.com - 32 habitaciones -* ⊑ *14 €*. A dos pasos del Barrio Latino, este hotel tiene encanto. Los tonos azul claro realzan la iluminación «de autor» y el mobiliario *vintage* de los años 60. El ambiente es acogedor.

De 110 a 150 €

5 **Hôtel des Grandes Écoles** - **F7** - *75 r. du Card.-Lemoine - V -* Ⓜ *Cardinal-Lemoine -* ☎ *01 43 26 79 23 - www.hoteldesgrandesecoles.com - 51 habitaciones -* ⊑ *9 €*. En este hotel con estilo casa de campo encontrarás tranquilidad. El edificio principal ha conservado su encanto algo antiguo, mientras que los otros dos han sido reformados con gusto.

S. Sonnet/hemis.fr

151

El Hotel Chopin.

St.-Germain-des-Prés-Montparnasse

Plano del distrito pág. 55

De 85 a 150 €

1 **Hôtel de Nesle** - **E5** - *7 r. de Nesle - VI -* Ⓜ *Odéon -* ☎ *01 43 54 62 41 - www.hoteldenesleparis. com -* Ⓟ *- 18 habitaciones*. ¡Un lugar impresionante en el corazón de París! Las habitaciones, algunas sin baño, están decoradas según una temática concreta (colonial, oriental...). El jardín está adornado con palmeras.

Más de 89 €

Solar Hotel - Exterior de E8 - *22 r. Bolardo - XIV -* Ⓜ *Denfert-Rochereau -* ☎ *01 43 21 08 20 - www.solarhotel.fr -*

🅿 - *34 habitaciones*. Este hotel fue creado por un entusiasta de la ecología: la comida es orgánica, los residuos se reciclan, el agua se reutiliza, se ahorra energía y puedes recargar pilas en la hermosa terraza florida. El primer hotel ecológico de París. Alquiler de bicicletas.

De 110 a 240 €

Fabe Hotel - *Exterior de C8* - *113 bis r. de l'Ouest - XIV* - Ⓜ *Pernety* - ✆ *01 40 44 09 63 - www.lefabehotel. fr - 17 habitaciones* - ☕ *12 €*. Tonos verdes y chocolate y habitaciones con nombres evocadores (Mona Lisa, Rocío, Romance francés...); los cabeceros de las camas y los muebles están adornados con estampados que representan enormes fotografías de flores. Cálido, práctico y de diseño.

7 **Hôtel de Sèvres** - *D7* - *22 r. de l'Abbé-Grégoire - VI* - Ⓜ *St.-Placide* - ✆ *01 45 48 84 07* - *www.hoteldesevres.com* - 🅿 - *32 habitaciones* - ☕ *14 €*. A los amantes de las compras les encantará este hotel, situado al lado del Bon Marché. El ambiente es cálido, dominado por tonos beis y marrones. La sala de desayunos da a un patio de flores. Zona de bienestar.

Los Inválidos-Torre Eiffel

De 125 a 290 €

8 **Le Bailli de Suffren** - *C7* - *149 av. de Suffren - XV* - Ⓜ *Ségur* - ✆ *01 56 58 64 64 - www.lebailliparis. com - 25 habitaciones* - ☕. Situado entre la Torre Eiffel, Los Inválidos y Montparnasse, es un hotel de estilo minimalista con encanto parisino.

Las habitaciones son confortables, luminosas e insonorizadas.

Trocadero-Chaillot

De 80 a 180 €

Hôtel Le Hameau de Passy - *Exterior de A4* - *48 r. de Passy - XVI* - Ⓜ *La Muette* - ✆ *01 42 88 47 55 - www. hameaudepassy.com* - 🅿 - *32 habitaciones* - ☕. Un callejón sin salida te lleva al bonito patio interior, adornado con vegetación, de este encantador hotel. Las habitaciones son pequeñas pero modernas y limpias.

Montmartre-Pigalle

Plano del distrito págs. 90-91

De 90 a 140 €

17 **Hôtel Basss** - *E1* - *57 r. des Abbesses - XVIII* - Ⓜ *Abbesses* - ✆ *01 42 51 50 00 - www.hotel-basss. com - 36 habitaciones* - ☕ *10 €*. En el corazón de Montmartre, este hotel completamente renovado en colores suaves te seducirá. La recepción es tan agradable que desearás quedarte (sobre todo porque ofrecen postres). Las habitaciones son sencillas, limpias y decoradas con gusto.

De 190 a 315 €

❤ **18** **Le Pigalle** - *E1* - *9 r. Frochot - IX* - Ⓜ *Pigalle* - ✆ *01 48 78 37 14 - www. lepigalle.paris - 40 habitaciones* - ☕ *15 €*. Este hotel de nueva generación tiene su propia identidad. Además de su decoración *trendy* y sutilmente transgresora, es una especie de «cuartel general» del barrio y cuenta con numerosas colaboraciones de artistas, artesanos y comerciantes de la zona. Todas las habitaciones están equipadas con un tocadiscos y una selección de vinilos, un minibar, un Ipad y un precioso cuarto de baño retro. Los amantes de la tranquilidad preferirán las habitaciones que dan al patio.

De 225 a 480 €

⑫ **Hôtel des 3 Poussins** - **E2** - *15 r. Clauzel - IX -* Ⓜ *St-Georges -* ✆ *01 53 32 81 81 - www.les3poussins.com - 40 habitaciones -* 🍽 *12 €.* Situado en una calle tranquila, este pequeño hotel, recientemente renovado, dispone de luminosas habitaciones decoradas con fotografías de París. Algunas cuentan con cocina americana. Hay un pequeño patio para desayunar y relajarse.

Canal St.-Martin-La Villette

De 98 a 278 €

⑬ **Best Western Hôtel Littéraire Arthur Rimbaud** - **F3** - *6 r. Gustave-Goublier - X -* Ⓜ *Estrasburgo-St-Denis -* ✆ *01 40 40 02 - www.hotel-litteraire-arthur-rimbaud.com - 42 habitaciones -* 🍽 *16 €.* Este hotel, cerca de la Gare de l'Est y de la Gare du Nord, goza de una buena ubicación. Las habitaciones están decoradas con gusto y tematizadas: naturaleza, plumas, lunares, etc. Son confortables y acogedoras.

De 170 a 240 €

⑲ **Hôtel Providence** - **F3** - *90 r. René-Boulanger - X -* Ⓜ *République -* ✆ *01 46 34 04 - www.hotelprovidenceparis. com - 18 habitaciones -* 🍽. Molduras, parqué con motivos geométricos, terciopelo y un mostrador de madera noble: el estilo chic parisino adquiere aquí todo su significado.

Completamente renovado, este hotel es una joya, ideal para visitar la zona este de la ciudad. Dispone de una terraza, donde podrás tomarte un café.

La Bastilla y el este

De 99 a 179 €

⑮ **Le 20 Prieuré Hôtel** - **G4** - *20 r. du Grand-Prieuré - XI -* Ⓜ *Oberkampf -* ✆ *01 47 00 74 14 - www.hotel20 prieure. com - 32 habitaciones -* 🍽 *13 €.* Hotel de estilo urbano contemporáneo que ofrece pequeñas habitaciones, pero confortables y decoradas en tonos blancos, muebles de diseño y grandes fotografías de París.

De 99 a 209 €

Mama Shelter Paris East - **Exterior de H4** - *109 r. de Bagnolet - XX -* Ⓜ *Gambetta -* ✆ *01 43 48 48 - www.mamashelter.com -* Ⓟ *- 170 habitaciones -* 🍽 *18 €.* El diseñador Philippe Starck ha creado un marco original, a la vez minimalista, conceptual y visionario: un gran hotel a la vanguardia de la modernidad. Restaurante iluminado por grandes ventanales, amplia terraza con vistas y *brunch* los fines de semana.

De 160 € a 280 €

Cinéma-hôtel Paradiso - **Exterior de H6** - *135 bd. Diderot - XII -* Ⓜ *Nation -* ✆ *01 88 59 20 01 - www.mk2hotelparadiso.com - 37 habitaciones -* 🍽. Este hotel, creado en 2021, está dedicado al séptimo arte. Todas las habitaciones están equipadas con grandes pantallas y pensadas para ver una película, ¡a elegir entre una amplia selección! Sueña a lo grande...

153

INFORMACIÓN PRÁCTICA

Planificar el viaje

La estancia de la A a la Z

Eventos y espectáculos

155

En el Puente Alexandre-III dirección a Los Inválidos.
A. Serrano/hemis.fr

Planificar el viaje

Ir en avión

París tiene dos aeropuertos internacionales. Para más información sobre el estado de los vuelos y el acceso al aeropuerto visita: **www.parisaeroport.fr**.

El aeropuerto **Roissy Charles-de-Gaulle**, situado a 23 km al norte de París, está conectado a través de la autopista A1. El aeropuerto de **Orly**, situado a 11 km al sur de París, está conectado a través de la autopista A6. Por último, está el aeropuerto de **Beauvais**, situado a 80 km al norte de París, al que también llegan compañías de bajo coste.

☞ *Detalles de las conexiones de transporte público, pág. 3.*

Ir en tren

Información y reserva de trenes SNCF: ☎ 3635 - www.sncf-connect.com.

Conexiones con otras estaciones

Todas las estaciones están bien comunicadas con todo el transporte público y taxis, y cuentan con estaciones Vélib'.

Gare de Lyon (distrito XII): trenes procedentes del sudeste de Francia, Italia y Suiza. Líneas 1 y 14, y RER A, B y D.

Gare de Bercy (distrito XII): trenes procedentes de Clermont-Ferrand, Borgoña y algunos de Lyon. Servicio de transporte de coches. Líneas 6 y 14.

Gare d'Austerlitz (distrito XIII): trenes procedentes del suroeste de Francia y España. Líneas 5 y 10, y RER C.

Gare Montparnasse (distrito XV): trenes procedentes del oeste de Francia. Líneas 4, 6, 12 y 13.

Gare du Nord (distrito X): trenes procedentes del norte de Francia, Reino Unido, Bélgica y Países Bajos. Líneas 2, 4 y 5, RER B, D y E.

Gare de l'Est (distrito X): trenes procedentes del este de Francia y Alemania. Líneas 4, 5 y 7. Se puede acceder a las líneas D, B y E del RER desde la Gare du Nord y desde una estación en la Gare de l'Est.

Gare St.-Lazare (distrito IX): trenes procedentes de Normandía. Líneas 3, 9, 12, 13 y 14, y RER E.

☞ *Taxi y Transporte público, págs. 162.*

Ir en autobús

Los autobuses de larga distancia de la empresa Flixbus (www.flixbus.es) realizan conexiones regulares de bajo coste entre muchas ciudades españolas y París.

Ir en coche

Viniendo de España, París está a 1.270 kilómetros de Madrid y a 1.000 de Barcelona. Cuando llegues a la ciudad, hay que tener en cuenta la dificultad y el elevado coste del aparcamiento, así como los atascos. Desde 2021, con el establecimiento de la «zona de bajas emisiones», los vehículos más contaminantes ya no pueden circular libremente por la capital. Para viajar es necesario exhibir una pegatina Crit'Air (www.certificat-air.gouv.fr) en el parabrisas.

PRECIOS HIPOTÉTICOS (EN EUROS) PARA ESTABLECER TU PRESUPUESTO	
Una habitación doble en un hotel confortable	100-150 €
Una habitación doble en un hotel de categoría superior	150-250 €
Una comida en un restaurante sencillo	20-25 € por persona
Una comida en un buen restaurante	35-50 € por persona
Una comida en un restaurante *gourmet*	75-150 € por persona
Una copa de vino	3-6 €
Un cóctel en un bar	8-15 €
Una entrada a un museo nacional	8,50-15 €
Un billete sencillo/un bono de 10 viajes de metro	1,90-16,90 €

Cuándo ir

París atrae a millones de turistas durante todo el año; las vacaciones de fin de año y verano, el período de Semana Santa y el período en el que se celebran ferias internacionales son las épocas más populares. Si tienes intención de visitar la ciudad durante estos períodos te recomendamos reservar tu estancia con mucha antelación. Algunos hoteles ofrecen tarifas promocionales durante la **temporada baja** (noviembre-marzo, excluyendo el período de vacaciones de fin de año y durante grandes eventos).

Para saber más

Oficina de Turismo y Congresos de París - es.parisinfo.com

Para saber todo lo que necesitas sobre actualidad, eventos, museos, visitas guiadas, hoteles, restaurantes, pero también para reservar *online* hoteles, lugares turísticos, museos y cruceros por el Sena, o comprar la tarjeta Paris Visite para moverte libremente en transporte público, etc.
Comité Regional de Turismo de París y la Île-de-France - www.visitparisregion.com
Ciudad de París - www.paris.fr
Qué hacer en París - www.paris.fr/quefaire. El sitio web del Ayuntamiento de París actualiza semanalmente los eventos, exposiciones y actividades organizadas en la zona.

Presupuesto

Para establecer tu presupuesto consulta la tabla superior.

157

La estancia de la A a la Z

Lavabos públicos

Son gratuitos y se desinfectan automáticamente (3 minutos entre una persona y otra). Hay lavabos gratuitos en los grandes almacenes, galerías comerciales y aeropuertos. Sin embargo, hay que pagar en las estaciones de tren.

😊 Existen numerosas aplicaciones gratuitas para móviles para localizar el lavabo público más cercano.

Para niños

París es una ciudad agradable para visitar con niños, a quienes les encantará la Torre Eiffel, los *bateaux-mouches* y los grandes parques. Además:
- el Jardín Botánico, con el Museo Nacional de Historia Natural, la Gran Galería de la Evolución y la Ménagerie (𝓒 *pág. 52*);
- el Parque de la Villette, con la Ciudad de los Niños (Cité des Enfants) y la Géode (𝓒 *pág. 98*);
- el Museo de la Caza y de la Naturaleza (𝓒 *pág. 40*);
- CENTQUATRE-PARIS (𝓒 *pág. 96*);
- el Jardín de Aclimatación (𝓒 *pág. 84*);
- el Museo Grévin (𝓒 *pág. 32*).

Bicicletas y nueva movilidad

La bicicleta es un buen medio de transporte en la ciudad: hay alrededor de 1000 km de carriles bici.
El mapa de carriles bici *París à vélo*

se distribuye en las distintas oficinas municipales y de turismo.
Obligaciones - El equipamiento incluye timbre, dos frenos, luces delanteras y traseras, reflectores en las ruedas y pedales. Debes estacionar en los espacios designados (está prohibido dejar la bicicleta atada al mobiliario urbano); y no se puede circular por la acera o en zonas peatonales.
Información - www.paris.fr/velo

Bicicletas de autoservicio

Vélib'Métropole - La fórmula Vélib', es decir, «bicicleta en libertad», es muy sencilla: lleva una bicicleta donde quieras y devuélvela donde quieras, en una de las numerosas estaciones de la capital y de los municipios vecinos. Las bicicletas disponibles son mecánicas (verde) o eléctricas (azul). Bonos de 1 a 7 días.
Información - www.velib-metropole.fr
Vélib - Aplicación para smartphones en App Store y Google Play.
Lime - Esta aplicación permite el alquiler de bicicletas eléctricas con el propio smartphone (0,15 €/min + 1 € por desbloqueo del vehículo).
Información - www.li.me

Alquiler

Se requiere de un documento de identidad. El alquiler incluye en ocasiones casco, cesta y silla para niños.
Paris à Vélo - 22 r. Alphonse-Baudin - XI - Ⓜ San Sebastián-Froissart - ✆ 01 48 87 60 01 - parisavelo.fr - De abril a octubre: 09:30-13:00 h, 14:00-17:00 h

(de mi. a vi., hasta las 18:00 h, fin de semana, hasta las 19:00 h); de noviembre a marzo: 09:30-13:00 h, 14:00-17:00 h (fin de semana, hasta las 18:00 h) - Bicicleta urbana: 14 €/½ día, 17 €/1 día; e-bike: 33 €/½ día, 40 €/1 día - Fianza 250 € - Visitas guiadas temáticas (3 h): 35 € (menores de 26 años, 28 €).

AICV (Animation insertion culture et vélo) - 38 bis quai de la Marne - XIX - Ⓜ Ourcq - ✆ 01 43 43 40 74 - www. aicv.net - De abril a octubre: de mi. a do., 09:30-12:30 h, 13:30-17:00 h; de noviembre a marzo: de ma. a sá., 09:30-12:30 h, 13:30-17:00 h - 10 €/3 h, 15 €/1 día (adultos), 8 €/3 h, 10 €/1 día (niños) - Fianza 200 €. Situada en el embalse de la Villette, esta asociación propone interesantes itinerarios con magníficas excursiones.

Patinetes eléctricos

Es un medio de transporte popular en París, utilizado tanto por los jóvenes para ir al colegio como por los oficinistas para ir a trabajar. Las calles de la ciudad y los carriles bici están llenos de patinetes eléctricos, especialmente en las horas punta y los fines de semana. Se alquilan en autoservicio, desbloqueándolos con una aplicación para smartphone, y deben dejarse en los espacios reservados para patinetes o junto a los aparcamientos para bicicletas. Advertencia: está prohibido su uso en las aceras; hay que conducir con cuidado ya que los accidentes son bastante frecuentes.

Hay tres empresas autorizadas para alquilar patinetes eléctricos *free floating* en París: **Lime** (www.li.me), **Dott** (ridedott.com/fr) y **Tier** (www. tier.app), cuyos vehículos están equipados con cascos. Calcula de 0,15 a 0,25 €/min más 1 € de desbloqueo.

Personas con discapacidad

es.parisinfo.com - En el sitio web de la Oficina de Turismo de París, consulta «París, una ciudad accesible», donde hay una guía descargable disponible en francés e inglés y numerosas informaciones útiles sobre transporte, restaurantes, ofertas turísticas específicas, etc.

Museos - La mayoría de los museos y sitios turísticos están adaptados para sillas de ruedas. Además, los museos de la ciudad de París (www.parismusees. paris.fr/es) organizan numerosas

El carril bici de la Calle de Rivoli.

actividades para personas con discapacidad: talleres, visitas táctiles, conferencias en lengua de signos y/o con lectura labial y visitas específicas para personas con discapacidad psíquica.

Lavabos públicos - Todos los lavabos públicos de la ciudad son accesibles para personas con discapacidad (*C pág. 159*).

Transporte - Todas las líneas de autobús están adaptadas para personas en sillas de ruedas gracias a una rampa extraíble situada en la parte inferior del vehículo. Sin embargo, solo están adaptadas la línea 14 del metro y a algunas estaciones del RER. El sitio web **www.iledefrance-mobilites.fr** te ayudará a encontrar las rutas que mejor se adapten a tus necesidades.

Los Taxis G7 Access (*℘* 01 47 39 00 91 - www.g7.fr - aplicación para smartphone) disponen de una flota de vehículos equipados para personas con movilidad reducida.

Visitas guiadas - La Asociación Parisien d'un jour - Paris Greeters (www.greeters.paris) organiza visitas diseñadas específicamente para personas con alguna discapacidad (*C pág. 165*).

La asociación AICV alquila **bicicletas** (*handbikes*, triciclos, etc.) adaptadas a personas discapacitadas (*C pág. 159*).

Los domingos

En París, las tiendas de las zonas turísticas pueden abrir los domingos. Por ejemplo **Le Marais**, en particular la zona de la Calle du Temple y la Calle des Francs-Bourgeois, así como las tiendas de **St.-Paul**, el barrio de Les Halles, los **Campos Elíseos** y el

Carrusel del Louvre. Algunos **grandes almacenes** (Galeries Lafayette en la Opéra, Le Bon Marché Rive Gauche, BHV Marais), los **centros comerciales** de Beaugrenelle, Bercy Village, Les 4 Temps en la Défense y las principales **estaciones de tren** también abren los domingos.

C De compras, pág. 139.

Farmacias

Las farmacias que hay a continuación están abiertas las 24 horas del día, los 7 días de la semana.

Pharmacie internationale - 5 pl. Pigalle - IX - Ⓜ Pigalle - *℘* 01 48 78 38 12.

Pharmacie Européenne - 6 pl. de Clichy - IX - Ⓜ Place-de-Clichy - *℘* 01 48 74 65 18.

La Pharma de Répu - 5 pl. de la République - III - Ⓜ République - *℘* 01 47 00 18 08.

Pharmacie Opéra Bastille - 6 blvr. Richard-Lenoir - XI - Ⓜ Bastilla - *℘* 01 47 00 49 44.

Aprium Pharmacie centrale París 15 - 52 r. du Commerce - XV - Ⓜ Avenue-Émile-Zola - *℘* 01 45 79 75 01.

Otras farmacias están abiertas hasta altas horas de la noche (*C es.parisjetaime.com*).

Bonos turísticos

Paris Museum Pass - Válido para 2, 4 o 6 días consecutivos, este tique permite el acceso gratuito, directo e ilimitado a más de 50 museos y monumentos de la ciudad y de la región parisina. A la venta en www.parismuseumpass.com, en museos, estancos y en la Oficina de Turismo de París. Precios: 52 €/2 días, 66 €/4 días, 78 €/6 días. Útil para

quienes deseen visitar varios museos en un día porque permite saltarse las colas.
Paris Passlib' - El bono oficial válido por 1 año desde el primer uso, es digital. Disponibles 4 fórmulas (Mini desde 49 €, City desde 99 €, Explore desde 169 €, Explore+ desde 249 €), te permite elegir de 3 a 7 actividades entre una amplia selección de cruceros, recorridos en autobús, visitas a museos, etc. A la venta en: parisinfo. com.
🕝 *Tarjeta Paris Visite, pág. 161.*

Gratuito
La mayoría de museos y monumentos nacionales son gratuitos para los menores de 26 años de la Unión Europea, y los museos nacionales son gratuitos para los mayores de 26 años el 1.er domingo de cada mes. Entrada a las colecciones permanentes de **museos de la ciudad de París** es gratuito para todos, excepto las catacumbas y la cripta arqueológica de Notre Dame. **Información** - www. parismusees.paris.fr/es.

Números de emergencia
Número único europeo para emergencias - ℘ 112
Samu (Servicio de asistencia médica de emergencia) - ℘ 15
Policía - ℘ 17
Bomberos - ℘ 18
SOS Medico - ℘ 01 47 07 77 77
Centro de Toxicología - ℘ 01 40 05 48 48
Robo de tarjetas de crédito - ℘ 0 892 705 705 (0,35 €/min)

Por la noche
París no pierde su antigua reputación de ciudad social, con numerosos lugares para salir por la noche, teatros y cabarets legendarios.
🕝 *Salir por la noche, pág. 146.*

Objetos perdidos
Primero intenta encontrar el objeto perdido donde crees que lo has perdido; si no, comunícate con el **Servicio de Objetos Perdidos** - 36 r. des Morillons - XV - Ⓜ Convention - ℘ 3430 - www.ppbot.fr. Declaración del siniestro en línea.

Horarios y festivos
Tiendas: de 10:00 a 19:00 h aprox., todos los días excepto los domingos.
Tiendas de alimentación: suelen abrir domingos por la mañana y cerrar los lunes.
Restauración del barrio: muchos están abiertos hasta altas horas de la noche.
Supermercados: de 09:00 a 20:00 h, excepto domingos (algunas grandes cadenas, como Monoprix, abren hasta las 22:00 h y domingos por la mañana).
Grandes almacenes: de 10:00 a 20:00 h.
Museos y monumentos: Las taquillas cierran generalmente 30 min antes de la hora de cierre del edificio.
Iglesias: no se permite la visita durante la misa ni durante el horario de cierre, entre las 12:00 y las 14:00 h.
Algunos sitios turísticos y tiendas pueden estar cerrados los siguientes **días festivos**: 1 de enero, lunes de Pascua, 1 y 8 de mayo, jueves del Día de la Ascensión, lunes de Pentecostés, 14 de julio, 15 de agosto, 1 y 11 de noviembre, 25 de diciembre.

161

Los horarios de apertura de museos y monumentos durante los días festivos varían mucho. Se recomienda consultar con antelación.

Parques y jardines

La capital cuenta con casi 500 espacios verdes. Abren entre las 08:00 y 09:30 h entre semana y a las 09:00 h el fin de semana. Los horarios de cierre varían según las estaciones: de mediados de abril hasta finales de agosto, a las 21:00 o 22:00 h; de septiembre a octubre, a las 20:00 h; de principios de marzo a mediados de abril, a las 19:00 h; en febrero y finales de octubre hasta mediados de noviembre, a las 18:00 h; resto del año a las 17:30 h.

Información - www.paris.fr

La mayoría de los parques y jardines parisinos tienen grandes zonas de césped y áreas de pícnic equipadas. Es posible participar en visitas guiadas para descubrir los parques y jardines parisinos (C *pág. 165*).

Taxi

Encontrar un taxi

Los taxis suelen estar cerca de las estaciones de tren y en las calles principales. La forma más habitual de llamarlo es saludando al conductor (si el taxi está libre, el cartel luminoso del techo es verde).

También puedes reservar uno por teléfono o por internet. Si es así, al precio del trayecto hay que sumar el precio del trayecto realizado hasta llegar a ti.

Precio mínimo por un viaje: 7,30 €.
Precio máximo de adquisición: 4,18 €.
Precio máximo por kilómetro: 1,16 €.

Reservar

www.g7.fr - ✆ 3607 (0,45 €/min) - aplicación para smartphone que dispone de vehículos monovolumen de cinco a siete pasajeros con equipaje y vehículos con rampa de acceso para personas con movilidad reducida.

VTC - Para coches con conductor www.lecab.fr o www.uber.com.

Transportes públicos

Metro

Es el medio de transporte más sencillo, rápido y económico, pero se llena de gente en las horas punta (de 08:00 a 9:30 h y 17:00 a 19:30 h).

Catorce líneas cruzan la capital, con una frecuencia media de un tren cada 2-4 min (6-8 min desde las 20:30 h y el fin de semana). Los trenes circulan de 05:30 a 01:15 h (02:15 h vi., sá. y vísperas de días festivos).

Robo : para minimizar el riesgo de robo, manten tus maletas cerradas y claramente visibles.

Información - www.ratp.fr

Autobús

Es el medio de transporte más agradable, pero hay que tener en cuenta los atascos y la frecuencia irregular de paso.

La red está formada por 60 líneas. El acceso es por la parte delantera del vehículo, excepto en los autobuses *pop-up* (a los que se accede por cualquier puerta). Valida tu billete en la máquina amarilla. Si tienes una tarjeta magnética, utiliza la morada.

Autobuses Noctilien: 47 líneas nocturnas (de 00:30 a 05:30 h) cubren París y las afueras; el número del autobús está precedido por la letra «N». En la ciudad, salen desde las estaciones: Gare de Lyon, Gare de l'Est, Gare St.-Lazare, Gare Montparnasse y Châtelet. Las líneas circulares N01 (circular interna) y N02 (circular externa), son muy prácticas, atraviesan lugares con gran afluencia nocturna. Frecuencia de las líneas N01-N02: cada 17 min (10 min vi.-sá.).

Información - www.ratp.fr

RER

Es ideal para ir a las afueras de la ciudad (aeropuertos de La Défense, Versailles, Disneyland, Roissy y Orly), pero es menos práctico para visitar París porque, aunque es más rápido que el metro, se tarda más en acceder a los andenes, que están debajo de los del metro.

La red cuenta con cinco líneas, tres de ellas están en la estación central de Châtelet-Les-Halles (líneas A, B y D).
La **línea A**, de oeste a este, pasa por Disneyland Park.
La **línea B**, de norte a sur, se dirige al aeropuerto de Roissy Charles-de-Gaulle al norte y Antony al sur (para tomar el Orlyval).
La **línea C**, de oeste a este, pasa por Versailles-Rive-Gauche (palacio).
La **línea D** va de norte a sureste.
La **línea E** va de oeste a este.
☺ Recuerda no tirar el billete una vez estés en el tren porque es necesario para salir de la estación.

Información - www.ratp.fr

Tranvía

París y los suburbios están conectados por 11 líneas de tranvía. Este medio de transporte no se destina estrictamente a viajes turísticos, salvo las líneas T3a y T3b que recorren los bulevares des Maréchaux, en correspondencia con autobús, metro y RER. Al sur, la línea T3a conecta la Puerta de Versailles (centro de exposiciones) con la Puerta de Vincennes (y su parque), pasando por el Parque Montsouris y la Biblioteca François-Mitterrand. Al noreste, la línea T3b es muy práctica para llegar al Parque de la Villette (estación Porte de la Villette o Porte de Pantin).

Información - www.ratp.fr

Batobús

Una forma original, aunque cara, es cruzar París en barco por el Sena, y puedes subir y bajar cuando quieras.
Batobús - www.batobus.com - De 10:00 a 21:30 h (de septiembre a mediados de abril, hasta las 19:00 h), cada 25 min - 19 €/1 día (menores de 16 años, 9 €), 21 €/2 días (menores de 16 años, 11 €). Estaciones: Tour Eiffel, Invalides, Musée d'Orsay, St.-Germain-des-Prés, Notre-Dame, jardín des Plantes, Hôtel de Ville, Louvre, Place de la Concorde.

163

Organizar los viajes

Consulta la web **www.ratp.fr.**
La aplicación gratuita para móviles **Next Stop Paris** resulta útil para identificar los medios de transporte, estaciones, sitios turísticos más interesantes, etc.
También puedes consultar la web **www.citymapper.com/ paris** o descargar la aplicación correspondiente, que es gratuita y se puede usar sin conexión.
☾ *Mapa de transporte público en la parte posterior del mapa extraíble.*

Billetes

Ticket T+ - Billete sencillo en formato papel o desmaterializado que permite viajar en metro, RER (dentro de París), tranvía o autobús e, incluso realizar algunas conexiones. Tiene una validez de 2 h en metro y RER o 1 h y 30 min en autobuses y tranvías, siempre que no salgas de la red. El precio de los billetes RER para salir de París varía en función de la distancia que se quiera recorrer; en autobús, un Ticket T+ te permitirá moverte por toda la línea y hacer transbordos entre autobuses y tranvías, y entre tranvías para un trayecto de 1 h y 30 min entre la 1.ª y la validación final.

Pass Navigo Easy - Tarjeta *contactless* no nominal para cargar billetes de viaje; es transferible pero no puede ser utilizado por varias personas al mismo tiempo. Está a la venta (2 €) en las estaciones de metro, RER, etc.

App Bonjour RATP - Permite comprar y cargar billetes de viaje en el móvil.

Tarifas - Puedes adquirir billetes sencillos o en talonarios de 10 viajes en las estaciones de metro y RER. Billete sencillo 1,90 €; tarjeta (10 viajes): 16,90 € (Navigo Easy y app 14,90 €); tarifa reducida (4-9 años): 8,45 € (Navigo Easy y app 7,45 €). En los autobuses solo puedes adquirir el billete sencillo por 2 €, válido para un trayecto y sin transbordo.

Tarjeta Paris Visite

Te permite viajar ilimitadamente en metro, autobús, tranvía, RER y Transilien. Hay dos opciones: Zonas 1-3 para moverse por París; Zonas 1-5 para llegar a los dos aeropuertos, a Disneyland París o al Palacio de Versalles. Permite descuentos para algunos sitios y actividades. Válido por 1, 2, 3 o 5 días. Precio adulto:
- **Zonas 1-3**: 12 €/1 día; 19,50 €/2 días; 26,65 €/3 días y 38,35 €/5 días.
- **Zonas 1-5**: 25,50 €/1 día; 38,35 €/2 días; 53,75 €/3 días y 65,80 €/5 días.

Información www.ratp.fr

Oficinas de turismo

Oficina de Turismo de París
Puntos de atención permanentes:
Hôtel de Ville (oficina principal) - 29 r. de Rivoli - IV - Ⓜ Hôtel-de-Ville - es.parisinfo.com - De 10:00 a 18:00 h - Cerrado el 25 de diciembre.
Gare du Nord - 18 r. de Dunkerque - X - Ⓜ Gare-du-Nord - De lu. a sá., de 09:00 a 17:00 h - Cerrado do. y festivos.

Comité Regional de Turismo de París e Île-de-France
www.visitparisregion.com - Recepción, información y venta de artículos turísticos. Puntos de información en los aeropuertos, Galerías Lafayette y Disneyland Paris.

Oficinas de correo

Horarios: De lu. a vi. de 08:00 a 19:00 h, sá. de 08:00 a 12:00 h - Cerrado do. y festivos.
Una de las oficinas de correos ha ampliado su horario de apertura:
Oficina Central de Correos del Louvre - 50 r. du Louvre - I - Ⓜ Louvre-Rivoli o Étienne-Marcel - www.laposte.fr - De 08:00 a 24:00 h (do., de 10:00 a 24:00 h).

Emergencias
☏ *Números de teléfono útiles, pág. 161.*

Viajar diferente

Información

es.parisinfo.com - La Oficina de Turismo de París ofrece información sobre lugares ecológicos en la sección Turismo sostenible en París: alojamientos, restaurantes, mercados y tiendas especializadas.

www.voyageons-autrement.com - El primer portal francés sobre turismo responsable. Artículos, marcas y muchas ideas para viajar de forma sostenible por el mundo y en París.

Alojamientos

www.hoteles-insolites.com - La selección parisina puede hacerte soñar, tanto en términos de decoración como de ubicación. Precios acordes.

www.paristay.com - Esta agencia ofrece apartamentos de lujo para alquileres a corto plazo.

Comer en familia

www.eatwith.com - Plataforma que pone en contacto a turistas y parisinos que desean compartir su gastronomía.

Vigipirate

El nivel de alerta del plan de seguridad Vigipirate, creado por el presidente de la República francesa Giscard d'Estaing, en 1978, se reforzó tras los atentados de París de 2015. Se registran bolsos en la entrada de grandes almacenes, museos o lugares de ocio. Cascos, bolsos y paraguas deben dejarse en los guardarropas.

Visitas guiadas

Todos los días se ofrecen visitas guiadas a monumentos, barrios y exposiciones; encontrarás información en algunos periódicos nacionales, en revistas de espectáculos (como *L'Officiel des spectacles*), en las entradas de los monumentos, en las oficinas de turismo y en internet. Para asegurarte es mejor reservar antes de acudir al punto de encuentro.

☺ Para obtener información, consulta la web de la Oficina de Turismo, **es.parisinfo.com**, donde encontrarás varios proveedores de servicios que ofrecen, en particular, visitas en medios de transporte originales (Citroën 2CV, tuk-tuk...).

Visitas a pie

Asociación para la protección y valorización del París histórico - 44-46 r. François-Miron - Ⓜ St.-Paul - ℘ 01 48 87 74 31 - www.paris-historique.org - De lu. a vi., de 13:00 a 18:00 h; sá., de 12:00 a 19:00 h; do., de 14:00 a 18:00 h. Visitas guiadas al patrimonio histórico-arquitectónico y a algunos barrios de París, dirigidas por guías voluntarios (14 €, y menores de 25 años, 7 €). Visitas guiadas a la Casa de Ourscamp (sede de la asociación), con reserva previa (5 €, y menores de 18 años, 2 €), para descubrir ocho siglos de historia de la ciudad.

Centro de Monumentos Nacionales - ℘ 01 44 54 19 33 - www.monuments-nationaux.fr - 12/30 € sin entradas a los monumentos (7-18 años, 6 €). Visita puntos de interés de la red de Centros de Monumentos Nacionales con guías titulados.

Visitas guiadas a parques y jardines. - La ciudad de París ofrece visitas guiadas gratuitas a los parques y jardines de la ciudad. El programa se

165

puede consultar *online* en la web de la ciudad de París, en la página www.paris.fr/jardins.

Parisino por un día - Paris Greeters - www.greeters.paris - Los voluntarios parisinos acogen gratuitamente o previa petición a grupos de hasta 6 personas para descubrir un París insólito (se agradece una donación para el desarrollo de las actividades de la asociación).

Ça se visite - ☏ 06 72 20 27 11 - www.ca-se-visite.fr - 14 € a pie, 17 € con patinete eléctrico (14/17 €, y menores de 10 años, gratis). Paseos urbanos (2 h/2 h 30), a pie o con patinete eléctrico, para conocer a los habitantes y artistas de los barrios populares parisinos. Programa disponible en la página web.

París par rues méconnues - ☏ 01 77 17 11 06/06 62 98 96 64 - www.paris-prm.com - Grupos de 1 a 20 personas. Paseos alternativos, repletos de anécdotas contadas por aficionados: una forma original de vivir un turismo diferente y de conocer a los parisinos.

Visitas en autobus turístico

Ver París a través de una ventana, acompañado de alguien que conoce bien la calle: he aquí una forma original de descubrir la ciudad, con o sin guía auditiva. Hay varias posibilidades: **autobuses turísticos** y el RATP autobuses (⊙ *pág. 160*), algunos pasan por los barrios históricos por el precio de un billete sencillo, e irás rodeado de parisinos.

Montmartrobus - Recorrido circular por la colina de Montmartre, entra la Oficina Municipal del distrito XVIII y la Plaza Pigalle (billete T+).

Gran autobús París - www.bigbustours.com/es/paris - visitas guiadas (también en español) en autobús de dos pisos - Estaciones: Tour Eiffel, Champ-de-Mars, Opéra Garnier, Louvre-pyramide, Louvre-pont des arts, Notre-Dame, Musée d'Orsay, Champs-Élysées, Grand Palais, Trocadéro - Duración aprox. de 2 h, pero es posible subir y bajar en el camino. - Billete válido para 1 día, 42 € (menores de 12 años, 22 €), se puede comprar a bordo o *online* (más barato). Para obtener información sobre los horarios consultar la web.

Tootbus - www.tootbus.com/fr. Visitas comentadas (también en español) en autobús panorámico de dos pisos. La fórmula Descubrir París de 1 día (41 €, y niños 21 €) permite subir y bajar libremente en diez estaciones: Haussmann-Grands magasins, Opéra Garnier, Louvre, Notre-Dame, Musée d'Orsay, Concorde, Champs-Élysées, Trocadéro, Torre Eiffel, Pont Alexandre III. También están disponibles otras opciones: con crucero por el Sena, especial para niños, visita nocturna. Billetes a la venta a bordo u *online* (más baratos).

Paris City Vision - www.pariscityvision.com - Circuitos comentados en autobuses de dos pisos para descubrir los principales monumentos de la capital.

Visitas en barco

Bateaux-mouches - Port de la Conférence - pont de l'Alma (lado derecho) - ☏ 01 42 25 96 10 - www.bateaux-mouches.fr - Crucero comentado (1 h y 10 min) - 15 € (menores de 13 años, 6 €), crucero

Navegando por el Sena.

almuerzo 75 €, crucero cena 85-139 €.
Bateaux parisiens - Port de la Bourdonnais (a los pies de la Torre Eiffel) - ☎ 0 825 01 01 - www.bateauxparisiens.com/espanol.html - Crucero comentado (1 h), 18 € (menores de 12 años, 9 €). También cruceros con almuerzo o cena.
Vedettes de Paris - Port de Suffren (al pie de la Torre Eiffel) - ☎ 01 44 18 19 50 - www.vedettesdeparis.com - Se ofrecen varias opciones: crucero comentado en francés e inglés (1 h), 18 € (menores de 11 años, 9 €); crucero comentado para familias con niños en francés e inglés (1 h), 18 € (menores de 11 años, 9 €); aperitivo con música de fondo (1 h), 20-29 € (menores de 12 años, 9 €), etc.

Paris Canal - ☎ 01 42 40 96 97 - www.pariscanal.com - Reserva obligatoria - Crucero por el Sena y el Canal St.-Martin entre el Museo de Orsay (Ⓜ Solférino) y el Parque de la Villette (Ⓜ Porte-de-Pantin) - Duración 5 h - 22 € (menores de 14 años, 14 €).
Canauxrama - 13 quai de la Loire - ☎ 01 42 39 15 00 - www.canauxrama.com - 18 € (menores de 12 años, 9 €) - Crucero por el Canal St.-Martin entre el puerto deportivo París-Arsenal, frente al 50 blvr. de la Bastille (Ⓜ Bastille), y la cuenca de la Villette, 13 quai de la Loire (Ⓜ Jaurès) - Duración 2 h y 30 min - 22 € (menores de 14 años, 14 €) - Para otros cruceros solicitar información.

Eventos y espectáculos

Enero
▶**Año nuevo chino** - Grandes desfiles en las calles asiáticas del distrito XIII y en Belleville - *www.chine-informations.com*

▶**Festival Mundial del Circo de Demain** - Festival del circo del futuro en el Bosque de Vincennes, césped de Reuilly - 4 días a finales de enero - *www.cirquededemain.paris*

Febrero
▶**Capital del Arte** - Grand Palais Éphémère - 4 días a mediados de febrero - *www.artcapital.fr*

▶**Carnaval de París** - De la Plaza Gambetta a la Plaza de la République - *www.carnaval-paris.org*

▶**Salón internacional de la agricultura** - Exposición agrícola internacional en la Porte de Versailles - 9 días desde finales de febrero hasta principios de marzo - *www.salon-agriculture.com*

Marzo
▶**Feria del Libro de París** - Feria en Porte de Versailles - 3 días a mediados de marzo - *www.festivaldulivre deparis.fr*

Abril
▶**Maratón de París** - www.schneiderelectricparismarathon.com

▶**Art Paris** - Grand Palais Éphémère - 4 días a mediados de abril - *www.artparis.com*

▶**Feria de París** - Porte de Versailles - Abril-mayo - *www.foiredeparis.fr*

▶**Foire du Trône** - El parque de atracciones más grande de Francia - Bosque de Vincennes, césped de Reuilly - Hasta finales de mayo - *www.foiredutrone.com*

Mayo
▶**quioscos de fiesta** - Conciertos gratuitos en los quioscos de París hasta fin de año - *es.parisinfo.com*

▶**Jazz en Saint-Germain-des-Prés** - Mediados de mayo durante 15 días - *www.festivaljazzsaintgermainparis.com*

▶**Taste of Paris** - Festival de gastronomía francesa en el Grand Palais Éphémère - 4 días a mediados de mayo - *paris.tastefestivals.com*

▶**Noche europea de los museos** - Finales de mayo - *nuitdesmusees.culture.gouv.fr*

▶**Roland-Garros** - Torneo internacional de tenis - Porte d'Auteuil - 15 días a finales de mayo - *www.rolandgarros.com*

Junio
▶**Mercado de la poesía** - Una muestra de la poesía contemporánea en todas sus formas - Plaza St-Sulpice - 5 días a partir de junio - *www.marche-poesie.com*

▶**Festival del Parc Floral** - Festivales de música (Paris Jazz Festival, Pestacles, Classique au Vert, Les Nocturnes) en el Parc Floral - Hasta finales de agosto - *festivalsduparcfloral.paris*

😊 Para obtener una lista completa de las exposiciones temporales y de los principales eventos culturales de París, consulta **www.75.agendaculturel.fr** y **quefaire.paris.fr**.

Festival Fnac Live frente al Hôtel de Ville.

▶**Festival de música** - Frente al Hôtel de Ville - 21 de junio - *www. fetedelamusique-paris.fr*

▶**Desfile del Orgullo** - Desfile por todo París - Último sábado de junio - *www. gayPride.fr*

▶**Solidays** - Festival de música para la lucha contra el sida en el hipódromo de Longchamp - Último fin de semana de junio - *www.solidays.org*

▶**Parque de atracciones de las Tullerías** - Jardin des Tuileries - Hasta finales de agosto.

▶**Fnac Live Festival** - Conciertos gratuitos frente al Hôtel de Ville - 3 días desde finales de junio hasta principios de julio - *www.fnac.com*

Julio-agosto

▶**Exposición de Japón** - Parque de Exposiciones Paris-Nord Villepinte - Primeras 2 semanas de julio - *www. japan-expo-paris.com*

▶**Fiesta nacional del 14 de julio** - Bailes, fuegos artificiales y desfile militar.

▶**Festival Paris l'été** - Eventos artísticos y culturales en todo París - Segunda quincena de julio - *www. parislete.fr*

▶**Paris Plages** - Playa artificial a lo largo de la orilla derecha del Sena con actividades recreativas y deportivas - Hasta mediados de agosto - *quefaire. paris.fr*

►**Cine al aire libre** - Hasta mediados de agosto en el Parque de La Villette - *lavillette.com*

Septiembre
►**Jazz en la Villette** - Hasta mitad de septiembre, conciertos en diferentes lugares - *www.jazzalavillette.com*
►**Festival Ganesh** - Desfiles para celebrar al dios hindú en los distritos X y XVIII - *www.templeganesh.fr*
►**Jornadas Europeas del Patrimonio**- Puertas abiertas a los monumentos y sitios parisinos - *journeesdupatrimoine.culture.gouv.fr*
►**Puertas abiertas a los talleres de los artistas de Ménilmontant** - Obras expuestas en este barrio histórico de París - *ateliersdemenilmontant.org*
►**Techno Parade** - Desfile musical por las calles de París al son del techno - Mitad de septiembre - *www.technoparade.fr*

Octubre
►**París+** - Feria internacional de arte contemporáneo en el Grand Palais Éphémère y alrededores - 4 días a mediados de octubre - *www.artbasel.com*
►**Noche Blanca** - Espectáculos artísticos por toda la ciudad con motivo de la Noche Blanca de París - Principios de octubre - *quefaire.paris.fr*
►**Fête de la science** - Talleres y conferencias de la Ciencia entre la Villette y el Palacio del Découverte - *www.fetedelascience.fr*
►**Fête des vendanges** - Fiesta de la cosecha en la colina de Montmartre - *www.fetedesvendangesdemontmartre.com*

Noviembre
►**Paris Photo** - Grand Palais Éphémère - 4 días a partir de noviembre - *www.parisphoto.com*
►**MIF Expo** - La exposición Made in France en la Paris Expo Porte de Versailles - 4 días a mediados de noviembre - *www.mifexpo.fr*

Diciembre
►**Feria del libro infantil y de la prensa** - Paris-Est-Montreuil espacio expositivo para la feria del libro y de los periódicos infantiles - 7 días desde finales de noviembre hasta principios de diciembre - *slpjplus.fr*
►**Patinaje al aire libre** - Plazas del Hôtel de Ville, de la Gare de Montparnasse y de la Bibliothèque François-Mitterrand - *www.paris.fr*

PARA SABER MÁS

Bolsa de Comercio, vista de la rotonda con la cúpula.
Patrick Tourneboeuf/Bourse du Commerce

Algunas curiosidades

La concha de caracol

Desde el punto de vista administrativo, París se parece al caparazón de un caracol: en el centro están el Sena y el distrito I; luego, «enrollados» a su alrededor están los distritos II, III, IV y V, que constituyen el corazón histórico, antiguo y medieval de la ciudad; debajo, siempre en forma de espiral, los distritos VI, VII, VIII, IX, X y XI, que incluyen el antiguo *faubourg*, que data del Antiguo Régimen; y finalmente, los distritos XII, XIII, XIV, XV, XVI, XVII, XVIII, XIX y XX, que terminan la espiral; estos últimos se convirtieron en distritos en 1860. Desde abril de 2020, los cuatro primeros distritos se agrupan en un único sector denominado Centro de París, gestionado por la misma ciudad. Sin embargo, se han conservado los antiguos códigos postales.

☞ Mira el mapa en el interior de la cubierta, al principio de la guía.

Una administración independiente

Al frente del Ayuntamiento de París está el alcalde, designado por el Consejo de París, que a su vez está compuesto por 163 concejales, elegidos cada seis años entre los 527 concejales de cada distrito, votados por los ciudadanos.
El alcalde tiene los mismos poderes que el alcalde de otro país, a excepción de los poderes policiales (circulación, tranquilidad y seguridad pública) que dependen en cambio del comisario, que es un funcionario del gobierno, nombrado en el Consejo de Ministros, directamente por el Presidente de la República.
Hay veinte Consejos, uno en cada distrito, que actúan como vínculo entre la administración y la población; no tienen poder de decisión, pero ayudan al alcalde y al ayuntamiento. Este último está compuesto a partes iguales por concejales elegidos por los votantes de cada distrito, funcionarios municipales designados por el alcalde y miembros escogidos por el Consejo. París es a la vez una ciudad y un departamento, por lo que el Consejo se reúne como consejo municipal y como consejo general y el prefecto de la Región de Île-de-France es también el prefecto de París; es designado por el Gobierno.
El primer alcalde de París elegido por sufragio universal fue Jacques Chirac (1977). En 2001, los parisinos escogieron por primera vez a un alcalde socialista, Bertrand Delanoë, que fue reelegido en 2008.
Desde 2014, Anne Hidalgo está al frente de la ciudad, la primera mujer en dirigirla. Hidalgo obtuvo un segundo mandato tras las elecciones municipales de 2020, celebradas en plena crisis del Covid-19, con una tasa de abstención récord.

París a través de los siglos

Una «pequeña» capital

Encerrada desde 1973 por la circunvalación, un «cinturón» ruidoso, con dos pulmones verdes (el Bosque de Boulogne y el Bosque de Vincennes), París tiene una forma redondeada y más ancha (18 km de este a oeste) que se eleva (9,5 km de norte a sur) y la atraviesa el Sena. Es una pequeña capital que se extiende sobre 105 km^2, mientras que otras capitales como Madrid o Moscú tienen 607 y 2511 km^2 respectivamente, y en ella se concentra todo: alrededor de 21 000 personas por km^2 (Roma, por ejemplo, tiene poco más de 2200). Más de 2 millones de parisinos viven en esta pequeña zona, y es aquí donde late el corazón de Francia.

Las principales etapas

La primera muralla de la ciudad, la original «defensa» del islote que rodeaba la ciudad de Lutecia, habitada por los parisinos desde el siglo III a.C., era una defensa natural. A lo largo de los siglos, el incesante crecimiento demográfico, la necesidad de crear una defensa militar y recaudar impuestos para financiar el desarrollo de la ciudad y el creciente papel político de París llevaron a la construcción de seis murallas, a medida que París iba incorporando gradualmente la antiguos suburbios.

Las murallas galorromanas

Ver la muralla de la ciudad **1** *en el mapa de la pág. 177.*

Lutecia, conquistada por Julio César en el año 52 a.C., aprovechó la paz romana para desarrollarse más allá del Sena. Se trataba de una ciudad nueva, enteramente romana, que en los siglos I y II se extendía sobre la colina que domina la orilla izquierda, frente a la Île de la Cité (hoy distrito V). Se estima que en el período de máxima expansión su población alcanzó los 6000 habitantes. Hacia los años 276-285, las invasiones bárbaras obligaron a los parisinos a retirarse a la Cité, que rodearon con un muro reutilizando las piedras de los monumentos romanos. Dentro de la muralla, la ciudad cubría unas 8-9 ha. En los siglos IV y V, París permaneció encerrada dentro de esta pequeña muralla circundante.

De Clovis I al abad Suger de Saint-Denis

En el 508, Clovis I, rey de los francos, estableció la capital del reino en París según su posición estratégica; se instaló en la isla, que tomó el nombre de Île de la Cité.
Del siglo VI al X se drenaron las marismas, que se convirtieron en zonas de cultivo, y se desarrollaron actividades portuarias y comerciales en torno a la Plaza de Grève. Posteriormente, durante el período merovingio, se construyeron varios santuarios, de los que solo quedan algunos restos en la capilla de St.-Symphorien y en la Iglesia de St.-Germain-des-Prés.
Durante el reinado de Hugo Capeto, la

ciudad se extendió a ambos lados del río, pero la orilla derecha prevaleció sobre la izquierda. En aquella época el rey estableció su hogar en el palacio de la Cité (hoy Palacio de Justicia). Además, se construyeron grandes santuarios, especialmente en la Île de la Cité, gracias a un ministro de Luis VI y Luis VII: Suger, abad de Saint-Denis.

Las murallas de la ciudad de Felipe II

Ver las murallas de la ciudad ◼4 *en el mapa de al lado.*
Del 1180 a 1210 se construyó una poderosa muralla por orden de Felipe II, quien, partiendo para una cruzada, quería que París y sus habitantes estuvieran protegidos en su ausencia.

La muralla, de más de 5 km de longitud, fue reforzada aguas arriba por una presa sobre el Sena y aguas abajo por la fortaleza del Louvre y la Torre de Nesle (actual Instituto de Francia).
Las actividades de la ciudad se concentraban en la orilla derecha, alrededor de Châtelet y el Grand Pont (que conectaba la Île de la Cité con la costa), y al oeste de la Plaza de Grève (actual Plaza del Hôtel de Ville).
Se pavimentaron las calles, lo que contribuyó a mejorar la circulación y la higiene pública, y las fuentes fueron cada vez más numerosas. El hecho de ir periódicamente a las fuentes a por agua, incluidas las de Belleville, mejoró el control y la distribución de esta.
Fue también en este período cuando París se convirtió en una gran capital: en 1163 comenzó la construcción de Notre Dame (las obras duraron más de un siglo), y en 1215 se fundó la Universidad.

Las murallas de la ciudad de Carlos V

Ver la muralla de la ciudad ◼3 *en el mapa de al lado.*
En 1356, Étienne Marcel, prefecto de los comerciantes, tras llegar al poder, emprendió la renovación de las antiguas murallas de Felipe II y construyó una nueva muralla, que finalizó en el reinado de Carlos V.
Esta nueva fortificación en el este se sostenía por la fortaleza de la Bastilla y estaba protegida por fosos.
En esta época, París ocupaba 440 ha y contaba ya con más de 150 000 habitantes.
Algunas carreteras conducían al pueblo de Montmartre, a la basílica de St.-Denis, a la sede de la Orden Templaria y a la fortaleza de Vincennes, lo que favorecía el desarrollo de la ciudad en la orilla derecha. Este último se erigió como centro de las actividades mercantiles, en contraposición a la Cité, feudo del poder político y religioso, y la orilla izquierda, se destinó a escuelas y universidades.

Las murallas de Luis XIII

Ver las murallas de la ciudad ◼2 *en el mapa de al lado.*
En el siglo XVI, ni la Liga católica ni las Guerras de religión lograron frenar la expansión de París y el crecimiento de los edificios civiles y religiosos, que incluso aumentaron durante el reinado de Enrique IV, con la creación en particular de la Plaza Royale (la actual Plaza de los Vosgos) y el Hospital St.-Louis. Entre 1560 y 1574, Carlos IX y Luis XIII ordenaron ampliar las murallas de Felipe II hacia el oeste, en particular

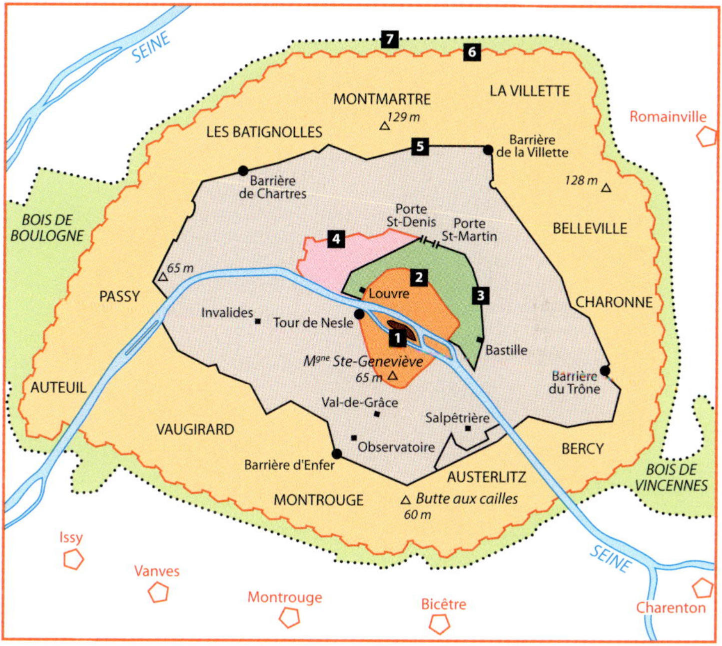

Mapa de París con sus barrios y fortificaciones:
SEINE · LA VILLETTE · Romainville · MONTMARTRE △ 129 m · LES BATIGNOLES · Barrière de la Villette · 128 m △ · Barrière de Chartres · BELLEVILLE · BOIS DE BOULOGNE △ 65 m · Porte St-Denis · Porte St-Martin · CHARONNE · PASSY · Invalides · Tour de Nesle · Louvre · Bastille · M^gne Ste-Geneviève 65 m △ · AUTEUIL · Val-de-Grâce · Barrière du Trône · VAUGIRARD · Salpêtrière · Observatoire · BERCY · BOIS DE VINCENNES · Barrière d'Enfer · AUSTERLITZ · Issy · MONTROUGE · △ Butte aux cailles 60 m · SEINE · Vanves · Montrouge · Bicêtre · Charenton

para proteger el Palacio del Louvre, ampliado, y el barrio de St.-Germain. Construida entre 1633 y 1636, la muralla de Luis XIII permaneció intacta hasta 1754. En el reinado de Luis XIII, París se convirtió en una gran capital: Richelieu construyó el Palacio Real (1629), fundó la Academia Francesa (1635) y el barrio de Le Marais se embelleció considerablemente.

Luis XIV y París

Posteriormente, la corte real abandonó París; Luis XIV, que entró en la capital en septiembre de 1653, permaneció allí muy poco tiempo. De hecho, en 1682 el rey se instaló en Versalles, sin olvidar París: prueba de ello es la planificación urbana, desde la Plaza Vendôme hasta la Plaza de las Victorias, pasando por Los Inválidos y la reconstrucción del Louvre.

A finales de la década de 1660, tras regresar de Vincennes, Luis XIV quedó impresionado por el triste espectáculo de las fortificaciones de Carlos V: las murallas se estaban desmoronando y ya no eran útiles. Luego ordenó derribarlas y construir en su lugar avenidas arboladas compuestas por cuatro hileras de árboles; se rellenaron las acequias y se construyó una terraza, desde donde se podía disfrutar de una magnífica vista del campo. Era un hermoso paseo, por donde podían circular cuatro carruajes uno al lado del otro. La construcción de estos grandes bulevares fue el inicio de la ampliación de la ciudad hacia el barrio de St.-Germain y St.-Marcel, incorporados a la ciudad, y el de St.-Antoine, que se construyó desde cero. En esta época, Le Nôtre diseñó un gran eje viario que iba de este a oeste: la avenida de las Tullerías, «antepasado» de los Campos Elíseos.

La muralla

Ver la muralla de la ciudad **5** *en el mapa de la pág. 177.*

A partir de 1784, la fronteras de París quedó marcada por la muralla de la circunvalación: ya no era un muro protector, sino un «muro fiscal» erigido para evitar el fraude en el impuesto que se recaudaba a la entrada de la ciudad. Construido entre 1784 y 1797, el trazado era el de los actuales bulevares exteriores; la vía elevada de las líneas 2 y 6 aún sigue el trazado de lo que fue el peaje. Con 23 km de largo y más de 3 m de alto, rodeaba París con sus 57 puestos de vigilancia, garantizando el pago de impuestos y derechos de las mercancías que entraban en París, como el vino, el carbón o la madera. Actualmente solo quedan cuatro puestos de vigilancia creados por el arquitecto Ledoux: las rotondas de Monceau y la Villette y los pabellones de Denfert-Rochereau y de la Nación. Este muro fue muy impopular y fue abolido durante la Revolución.

La muralla de la ciudad de Thiers

Ver las murallas de la ciudad **6** *en el mapa de la pág. 177.*

Estos muros se construyeron con fines militares, ya que las invasiones del ejército ruso a Francia y París en 1814 y 1815 crearon la necesidad de proteger la ciudad. El primer ministro Adolphe Thiers propuso construir murallas fortificadas a una distancia de 1-3 km del peaje que pudieran resistir las incursiones enemigas. La idea fue aprobada el 1 de agosto de 1841: se construyeron 39 km de muros de piedra y arenilla, protegidos interiormente por un gran foso de 15 m (actuales bulevares de Maréchaux) y exteriormente por una gran zona militar de unos 200 m y 94 baluartes. Aunque en realidad los muros de Thiers nunca tuvieron que defender París de las tropas enemigas, jugaron un papel importante ya que dieciocho años después de su construcción, un proyecto de ley decidió trasladar las fronteras de París hasta el foso interior de estos muros.

La anexión de 1860 - A partir de 1860 todos los territorios situados entre la circunvalación y el muro de Thiers fueron anexados a París. Cuatro municipios fueron completamente eliminados en beneficio de París (Vaugirard, Grenelle, La Villette y Belleville), mientras que otros siete se incluyeron parcialmente (como Passy y Auteuil); finalmente, otros trece municipios cedieron solo una pequeña parte de sus tierras (Vanves, Issy, Neuilly, Saint-Ouen...).

Fue precisamente a partir de estas nuevas 7800 ha, que a lo largo de los siglos llevaron a la creación de los 20 distritos (en lugar de 12) y a las enormes obras urbanísticas del prefecto Haussmann, (🕭 pág. 185), lo que promovió el nacimiento del París moderno. Además, con el desarrollo de los ferrocarriles, se construyeron o transformaron amplias calles en todos los barrios para abrir París al tráfico ferroviario: la primera línea, que conectaba París con St.-Germain, se inauguró en 1837.

De la Comuna a 1900

Los incendios de la Comuna en 1871 obligaron a reconstruir casi todos los grandes edificios públicos: el Ayuntamiento, el ala Richelieu del Palacio del Louvre y la Legión de Honor. También se restauraron el Palacio Real y el Palacio de Justicia; la Ópera Garnier se completó en 1875, cuando comenzaron las obras de construcción de la Basílica del Sacré Cœur. Finalmente, en 1889, gracias a la Exposición Universal, asomaba en el horizonte parisino la Torre Eiffel, que más tarde se convirtió en el icono del París. El año 1900 también fue rico en lo urbanístico: los Campos Elíseos y Los Inválidos estaban conectados por el Puente Alexander III; frente al Louvre, en la orilla derecha, se inauguró la Gare de Orsay; finalmente, con la construcción de la primera línea de metro entre Porte de Vincennes y Porte Maillot, se intentó descongestionar el tráfico de superficie. Los accesos a las estaciones de *art nouveau*, diseñados por Héctor Guimard, se convertían en un punto de referencia en mobiliario urbano.

Las fronteras actuales

Ver las murallas de la ciudad **7** *en el mapa de la pág. 177.*
La Tercera República arrasó con la muralla de Thiers (1919) y de 1925 a 1930 fijó la frontera definitiva de París: el Bosque de Boulogne, el Bosque de Vincennes y una estrecha franja circular de tierra elevaron la superficie de la ciudad a 10 540 ha. Durante la Segunda Guerra Mundial, París perdió su condición de capital cuando el gobierno fue transferido a Vichy; la ciudad fue bombardeada, declarada «ciudad abierta» y, finalmente, ocupada.
El 26 de agosto de 1945, el general De Gaulle desfiló triunfalmente, y aclamado por los parisinos, por los Campos Elíseos liberados. La población de París alcanzó los 2,7 millones de habitantes.

La posguerra

Para reconstruir la ciudad, París emprendió grandes operaciones inmobiliarias e inauguró obras encargadas por los presidentes de la República, como en tiempos de los reyes. A principios de los años 50, el gobierno decidió construir una ciudad de negocios capaz de competir con las mayores empresas del mundo: así nació La Défense. Este gran proyecto se incluía en una perspectiva igual de grandiosa: la que partía del Louvre hacia la Place de l'Étoile y luego continuaba hacia el oeste.
Después de la construcción de la Casa de Radio-Francia (1963) y del desarrollo de la zona de Front-de-Seine (la primera torre se completó en 1970) bajo la dirección de De

El CENTQUATRE-PARIS, un centro cultural ubicado en el antiguo edificio de la funeraria municipal.

Gaulle, París vio nacer un edificio que encendió las almas: el Centro de Arte Contemporáneo de Beaubourg, inaugurado en 1977 por iniciativa del presidente Georges Pompidou. Durante el gobierno de Valéry Giscard d'Estaing se decidió que la estación Gare de Orsay se convirtiera en museo y que los antiguos mataderos de la Villette se convirtieran en museo de ciencias (ambos fueron inaugurados con Mitterrand en 1986).

Los años de Mitterrand

La fama de los grandes proyectos arquitectónicos encargados por el presidente Mitterrand es internacional. Hay que recordar, sin embargo, que de todos los proyectos, solo uno, el Gran Louvre y la pirámide, inaugurado en abril de 1989, fue fruto de un encargo directo del presidente a un arquitecto. Todos los demás monumentos fueron objeto de un concurso a nivel nacional, como el Ministerio de Finanzas, el Instituto del Mundo Árabe y la Ciudad de la Música, o a nivel internacional, como la Ópera de la Bastilla, la Biblioteca Nacional y el Arco de La Défense.

Nueva orientación

Aunque la presidencia de Jacques Chirac abandonó el museo del Quai-Branly en París (2006), parece que la era de los grandes monumentos ha terminado, en favor de la acción sobre la «**ciudad ordinaria**», desplazando las prioridades hacia la mejora del entorno cotidiano en el que vive la gente y en la protección de los activos inmobiliarios.

En el marco general de «compartir el espacio público», la atención se centra en mejorar la circulación (creación de «carriles rojos», dedicados a bicicletas y vehículos ligeros) y los transportes (creación del tranvía alrededor de París). En 2007 se puso en marcha el autoservicio de bicicletas Vélib', con el objetivo de limitar drásticamente la circulación de coches.

Dado que los terrenos sin utilizar son cada vez más escasos, la explotación de antiguas líneas ferroviarias y la reconversión de edificios existentes son un recurso para la construcción de nuevos barrios.

¿Planes para el futuro? - Entre los principales proyectos en curso está un nuevo barrio ecológico con viviendas, equipamientos públicos, oficinas y un parque en Clichy-Batignolles (en parte ya reconvertido), y el proyecto París Nord-Est, que implica la creación de viviendas y oficinas en 200 ha entre Porte de la Chapelle y Porte de La Villette.

Por último, dado que el futuro a largo plazo de París no podría concebirse sin una mayor integración de los suburbios, algunas zonas periféricas han sido o serán reconvertidas (Porte des Lilas, Porte de Vanves y Porte des Ternes) mediante la creación de jardines o espacios públicos. El debate sobre un París más grande y la integración de los suburbios comenzó hace algún tiempo y ya ha generado mucha controversia: la pregunta ¿cómo ampliar París?, inmediatamente lleva a ¿por qué expandir París? Una cuestión extremadamente política...

«Grand París»

Por tanto, no sorprende que en 2009 el presidente Nicolas Sarkozy creara diez equipos internacionales y multidisciplinares (arquitectos, urbanistas, sociólogos...) para desarrollar nuevas ideas sobre **«gran apuesta» del área metropolitana de París**. En realidad, no se trata de proyectos en sentido operativo, sino de comprender cómo ven los expertos la capital francesa en el transcurso de algunas décadas. El objetivo es crear continuidad urbana y social entre la capital y los suburbios, con el fin de convertirla en una región económica más eficiente y un espacio más acogedor para una población cada vez más diversa, fortaleciendo al mismo tiempo su papel como cruce de flujos turísticos internacionales. Desde hace tiempo se debate un gran proyecto de transporte, sin el cual todos los demás objetivos serían inútiles. En mayo de 2011 se aprobó el proyecto **Gran expreso de París**, resultado de un compromiso entre el Estado y la Región. Para 2030, una nueva red de metro autónomo de 200 km transportará a dos millones de pasajeros al día y facilitará las conexiones entre los suburbios, reduciendo el aislamiento; el proyecto también incluye la mejora de la red de RER. Se trabaja en la entrada progresiva del metro automático de 2025-2026. Además, la ampliación de la línea 14 del metro conectará los aeropuertos de Orly al sur y Roissy-Charles-de-Gaulle al norte. ¡El Grand Paris ha despegado!

París, ciudad revolucionaria

A lo largo de los siglos, París ha sido sacudida por numerosas revoluciones y movimientos sociales históricos que han sido decisivos en la historia de Francia. Por esta razón, en 1794 se abolió la función de alcalde de París; pero la ciudad siempre dispuesta a iluminarse, restableció este cargo en 1977.

La noche de San Bartolomé

Las campanas de la Iglesia de St-Germain-l'Auxerrois que sonaron la noche del 23 al 24 de agosto de 1572 marcaron la reanudación de las guerras de religión, con la **masacre de San Bartolomé**: cientos de protestantes fueron brutalmente asesinados por los católicos hostiles al matrimonio del protestante Enrique de Borbón, rey de Navarra (el futuro Enrique IV), con la católica Margarita de Valois; la boda se consideró un acto de reconciliación religiosa, pero Enrique IV no entró en París hasta el 22 de marzo de 1594, después de haberse convertido al catolicismo.

El asalto a la Bastilla

En la agitación general suscitada por la reunión de los Estados generales a partir de junio de 1789, una chispa (la destitución del popular ministro Necker, el 12 de julio de 1789) bastó para encender la pólvora: en la mañana del 14 de julio, los parisinos asaltaron el Hotel de los Inválidos en busca de armas y luego se dirigieron hacia la fortaleza de la Bastilla para encontrar más armas y municiones. A última hora de la tarde, la llegada de los guardias franceses que habían desertado generó confusión en el gobierno, que se rindió. La Bastilla fue tomada y demolida, y así quedó eliminado el símbolo del despotismo. Al año siguiente, los ciudadanos bailaron en el lugar donde una vez estuvo la fortaleza. Mientras tanto, la noche del 4 de agosto de 1789 se abolieron los privilegios y el 26 de agosto se adoptó la Declaración de los Derechos del Hombre y del Ciudadano. ¡París se convirtió en un faro universal para los revolucionarios de todo el mundo!

Los tres gloriosos

Las tres jornadas gloriosas tuvieron lugar en París los días 27, 28 y 29 de julio de 1830. En desacuerdo con las elecciones celebradas en julio, la Cámara de Carlos abolió la libertad de prensa y reformó el sistema electoral para excluir a la burguesía del voto. La reacción de la población fue muy fuerte y los periodistas publicaron un llamamiento a la insurrección: el 27 de julio las calles se llenaron de barricadas. Carlos X se vio obligado a abdicar. La Revolución de julio puso fin a la Restauración y, el 29 de julio de 1830, se inició la llamada Monarquía de julio con la coronación de Luis Felipe, rey de los franceses.

La revolución de 1848

La revolución que tuvo lugar en París los días 23, 24 y 25 de febrero de 1848 fue fruto de la crisis económica que afectó a agricultores y trabajadores. El 22 de febrero de 1848 se prohibió un banquete republicano en el distrito XII, lo que provocó disturbios. La tarde del 23 de febrero, se abrió fuego contra los manifestantes, convirtiendo la revuelta en un levantamiento. Victoriosos, los insurgentes atacaron el Castillo de las Tullerías, residencia de Luis Felipe y fue el comienzo de una nueva revolución y el rey se vio obligado a abdicar. Los republicanos establecieron un gobierno provisional y así comenzó la Segunda República, creada el 25 de febrero de 1848.

En el centro de la Plaza de la Bastilla se encuentra la Columna de Juillet, que conmemora las revoluciones de 1830 y 1848.

La Comuna de París

Después de que París exigiera la destitución del emperador Napoleón III y el fin del Imperio, el 4 de septiembre de 1870, tras la derrota de Sedán, se proclamó la Tercera República. De hecho, el 2 de septiembre, los prusianos habían capturado 83 000 prisioneros, incluido el propio emperador. Ante la amenaza de tropas extranjeras rodeando la ciudad, se formó un gobierno de Defensa Nacional. Sin embargo, la capital permaneció sitiada por el ejército prusiano durante todo el invierno entre 1870 y 1871. Los parisinos soportaron heroicamente el asedio, pero el gobierno decidió que la ciudad de París se rendiría el

28 de enero de 1871, y esto provocó la ira de la población que decidió tomar el poder. El 26 de marzo de 1871 se proclamó la Comuna de París, un gobierno proletario contra el que había establecido en Versalles; pero poco después fue reprimida por el llamado Versalles (del 21 al 28 de mayo). Durante esta semana sangrienta, el Ayuntamiento, las Tullerías y varios monumentos parisinos se quemaron y la columna Vendôme quedó derribada. Tras la derrota de 1870, la construcción del Sacré Cœur nació del deseo de construir una iglesia para expiar los crímenes de la Comuna de París y rendir homenaje a los franceses que murieron en la guerra franco-prusiana.

Mayo de 1968

El 22 de marzo de 1968, la Universidad de Nanterre dio el pistoletazo de salida a la revolución estudiantil y obrera contra la «aburrida» sociedad burguesa. A partir del 13 de mayo, a los estudiantes se sumaron otros jóvenes: los trabajadores. El Barrio Latino fue bloqueado y la huelga se generalizó. Pronto la crisis universitaria y social desembocó en una crisis política que puso en duda el poder del general De Gaulle, mientras la izquierda parlamentaria apoyaba públicamente a los jóvenes.

El 30 de mayo, De Gaulle se negó a retirarse de la política y disolvió la Asamblea Nacional. Posteriormente, 100 000 personas marcharon para proclamar su apoyo al general. A principios de junio las empresas públicas reanudaron sus trabajos y el 30 de junio, los gaullistas ganaron las elecciones.

Arquitectura

Cada siglo ha dejado su huella arquitectónica en la ciudad. Dos momentos históricos importantes, los siglos XVI y XVII y el Segundo Imperio, dieron a la ciudad las características que aún vemos hoy.

Al servicio de la grandeza de los reyes

Enrique IV, el primer urbanista de París

Al tomar posesión de una ciudad devastada por las Guerras religiosas, Enrique IV emprendió una serie de obras para embellecerla, por ejemplo el **Pont Neuf**, construido en 1606, que fue la primera conexión directa entre las dos orillas del río. El rey también pretendía dar más prestigio al centro político de su reino con la construcción y reconstrucción de los símbolos de la ciudad (el Louvre y las Tullerías), utilizando los mejores materiales (la tierra y la madera se sustituyen por la piedra) y creando espacios públicos más elegantes, como **Place Dauphine** y **Place Royale** (la actual Plaza de los Vosges). Para permitir el paso de los carruajes, que eran cientos, se crearon carriles mucho más anchos y generalmente daban a edificios notables, como el Hotel de Soubise o el Hotel Carnavalet.

Luis XIII y Luis XIV

Luis XIII continuó las obras de su padre. La población parisina pasó de 275 000 habitantes en 1571 a más de 500 000 hacia 1680. Debido a la presión demográfica, el desarrollo residencial en los suburbios fue fuerte: surgieron nuevos barrios en la **Île St.-Louis** y en el **Barrio de St.-Germain**. Este interés urbanístico desapareció con el reinado de Luis XIV, que estaba más preocupado por hacer alarde de su poder que por organizar las ciudades de una manera más racional. El estilo Luis XIV se asocia al rigor, la grandeza, la armonía y la simetría, características recurrentes que enfatizan el carácter absoluto de la monarquía. En la fachada oriental del **Louvre**, frente a la ciudad, la monumental columnata (1667) de 176 m de longitud es un ejemplo emblemático del clasicismo del rey Sol. Asimismo, el **hospital de Los Inválidos** tiene una fachada de 196 m de longitud, en el centro, un inmenso portal estilo arco triunfal dedicado a la gloria del rey. **La Place des Victoires** y la **Place Vendôme**, obra de Jules Hardouin-Mansart (1646-1708), muestran este mismo orden simétrico, que antaño convergía hacia las estatuas del rey situadas en el centro. Incluso la naturaleza se sometió a la voluntad del rey Sol, que en 1666, bajo la dirección de André Le Nôtre (1613-1700), trazó una amplia avenida arbolada a lo largo del eje del **Palacio de las Tullerías.** En este período, también se fraguó el estilo de jardín francés, según el cual se diseñaron los **Campos Elíseos**.

El gran plan urbano de Haussmann

El barón Haussmann (1809-1891), prefecto del Sena, fue la piedra angular de la metamorfosis que se produjo durante el Segundo Imperio y que hizo próspera también materialmente a la capital. Durante el reinado del emperador Napoleón III, el barón ordenó construir **nuevas arterias viarias**: si el eje norte-sur era fácilmente realizable, los bulevares St.-Michel y Sébastopol se excavaron rápidamente y se conectaron con las nuevas estaciones de ferrocarril Gare de l'Est y Gare du Nord. El eje este-oeste fue más difícil de construir ya que el Louvre, las Tullerías y Le Marais concentraban edificios de la aristocracia, menos propensa a la expropiación. Las **condiciones higiénicas** preocupaban a Haussmann en un París de un millón de habitantes y tras azotar el cólera la ciudad, en 1832 destruyó el centro: la Île de la Cité fue prácticamente arrasada y se construyeron 600 km de sistema de alcantarillado. Entre 1852 y 1870 se levantaron más de **100 000 edificios**. Los árboles, perfectamente alineados, brotaron como setas (se habían plantado 80 000). También se crearon el **Bosque de Boulogne**, el **Bosque de Vincennes** y numerosos **parques** artificiales (Buttes-Chaumont en el distrito XIX, Monceau en el VIII y Montsouris en el XIV).

Un patrimonio religioso que preservar

Las 85 iglesias de París son verdaderos museos gratuitos por la riqueza artística que contienen, pero lamentablemente se encuentran en mal estado: las piedras encajan milagrosamente y los interiores son muy oscuros. Décadas de falta de mantenimiento ponen en riesgo este patrimonio y arruinan la imagen de París. Un desafío fundamental para los años venideros.

185

El estilo Haussmann

Actualmente a nadie se le ocurriría calificar de poco elegantes los edificios construidos por Haussmann, pero, en su momento, fueron muy criticados. De hecho, aunque las fachadas fueran de piedra y las paredes de los patios interiores fueran de ladrillo, inspiradas en los palacios nobles, la estructura uniforme de los edificios no era «digna» de la clase adinerada que albergaba. En cuanto a la estructura exterior, la altura del edificio era igual al ancho de la calle para permitir la entrada de luz; eran edificios con un largo balcón en los pisos 2 y 5; el piso superior estaba coronado por un techo abuhardillado donde se alojaban los sirvientes. En el interior, las estancias nobles (salón, estudio y comedor) estaban orientadas a la calle, y las estancias comunes (cocina y baño), al patio interior. Más tarde, llegó la modernidad (en particular el ascensor) y el segundo piso, considerado el piso noble por excelencia (con balcón y techos altos). Finalmente, las reglas de construcción de Haussmann se suavizaron con un decreto de 1882 que autorizó fachadas salientes (ventanas en arco).

París cosmopolita

París, una ciudad de gran encanto, es un caleidoscopio de comunidades procedentes de todo el mundo. Algunas se han concentrado, en condiciones de vida a veces difíciles, en un barrio, donde hoy cualquiera puede ir de compras, degustar un dulce, buscar un tejido concreto... Innumerables restaurantes, tiendas de alimentación y *delicatessen* ofrecen todos los olores y sabores del mundo. Con unas pocas paradas de metro, se puede viajar a los cuatro puntos cardinales.

África y las Antillas

Africanos y antillanos están divididos por etnia, profesión y barrio.
En el Mercado de Dejean (en la zona de la estación de Château-Rouge, distrito XVIII), las *mama* venden productos frescos o platos preparados; también pescado, carne y otros productos africanos. Cada vez más tiendas de alimentación con ingredientes básicos de la cocina afrocaribeña están dirigidas por orientales (Belleville, Goutte-d'Or).

París norteafricano

La línea 2 del metro pasa por varios lugares del París norteafricano: Barbès y Goutte-d'Or (distrito XVIII), actualmente en proceso de renovación, y Belleville (distrito XIX y XX). Para encontrar los ingredientes de la cocina norteafricana es necesario sumergirse entre las multitudes que invaden los mercados de Aligre (distrito XII), Belleville (distrito XI) o Barbès (distrito XVIII). La Grande Mosquée (distrito V) ofrece momentos de exotismo, con su *hamam*, elegido como escenario de numerosas películas, y el ritual del té a la menta que se ofrece en su café.

La comunidad judía

Su distrito histórico es Le Marais (distrito IV). Esta comunidad durante la Ocupación, se reconstituyó con la llegada de judíos del norte de África que se instalaron en el Sentier (distritos II y III) y en los suburbios, en la *banlieue*, donde hoy vive la mitad de los judíos de Francia.
Varios lugares de París son testigos de su historia y de su cultura: el Museo de Arte e Historia del Judaísmo y el Memorial de la Shoah (distrito III), y el monumento a la memoria de los deportados, en el Cementerio Père-Lachaise (distrito XX).

El barrio chino

Una placa en el núm. 13 de la Calle Maurice-Denis (distrito XII) rinde homenaje a los 120 000 chinos que llegaron a Francia durante la Primera Guerra Mundial, recordando que 3000 de ellos, decididos a quedarse en París después del conflicto, crearon el primer barrio chino cerca de la Gare de Lyon. Desde 1975 se han asentado aquí principalmente chinos de la diáspora indochina, malaya o filipina, que se han unido a un flujo migratorio anterior procedente del sur de China.

El distrito XIII, entre la Calle de Tolbiac, la Avenida de Choisy y las altas torres de la Avenida d'Ivry, aunque es menos famosa que los barrios chinos de Nueva York o San Francisco, no deja de ser un barrio en sí mismo, con restaurantes con carteles multicolores y tiendas de alimentación donde se acumulan todo tipo de productos exóticos. La animación alcanza su punto máximo durante la celebración del Año Nuevo chino. El centro comercial Olympiades es un laberinto de galerías, tiendas y restaurantes con los colores y aromas de Asia. Belleville también tiene una gran comunidad asiática, que se refleja en sus restaurantes y tiendas de comestibles. Y no podemos olvidar la zona de la pintoresca Calle au Maire (distrito III), que es uno de los barrios chinos más antiguos.

Razvan/Getty Images Plus

187

Celebraciones del Año Nuevo chino en el distrito XIII

París japonés

La comunidad de empresarios, los empleados de empresas japonesas, estudiantes y artistas japoneses se concentra en el barrio de la Ópera y en la Calle Sainte-Anne (distrito II), donde también se pueden saborear *sashimi*, *sushi* y otros tipos de tempura.
La Casa de la Cultura del Japón es una mina de información sobre la cultura del País del Sol Naciente (distrito VII). Las tiendas de diseñadores japoneses se concentran en la plaza de las Victoires (distrito II) y en el barrio de Saint-Germain-des-Prés (distrito VI).

Las «Indias» en París

La mayoría de los inmigrantes del sudeste asiático no son indios, sino paquistaníes, tamiles del norte de Sri Lanka o bangladesíes. Las «Indias» en París se concentran a lo largo de la Calle du Faubourg-Saint-Denis: entre la Gare du Nord y la Porte de la Chapelle, en la Calle Jarry, en el pasaje Brady (distrito X), en la calle y la Plaza du Caire (distrito II). En la Calle Gérando, al pie del Sacré Coeur, y al lado del instituto Jacques-Decour (distrito IX), se concentran tiendas de alimentación y restaurantes.
El Centro Cultural Mandapa (6 r. Wurtz, distrito XIII) ofrece un centenar de espectáculos de teatro, danza y música india. La Casa de las Culturas del Mundo (101 bd. Raspail, distrito VI) organiza espectáculos de las tradiciones india, paquistaní y bengalí.

ÍNDICE

189

Créditos fotográficos págs. 4-5
(de izquierda a derecha y de arriba a abajo)

M. Gaspar/Michelin
B. Gardel/hemis.fr
GlobalP/Getty Images Plus
B. Rieger/hemis.fr
gornostaj/Getty Images Plus
D. Thierry/Fotononstop
Photitos2016/Getty Images Plus
B.Gardel/hemis.fr
danefromspain/Getty Images Plus
R. Mattes/hemis.fr

La Guía Verde de Fin de Semana, editada por Philippe Orain

Edición	Florence Dyan
Redacción	Alejandro Prieto de Vega, Karen Guillorel, Gaelle Redon, Vanessa Besnard, Gautier Battistella, Luc Decoudin, Hélène Bouchoucha, Marylène Duteil, Geneviève Clastres, Sandrine Favre, Michel Fonovich, Sylvie Kempler, Achraf Meddeb, Philippe Pataud-Célérier, Jean-Claude Renard, Nathalie Rouveyre-Scalbert, Emmanuelle Souty, Laurent Vaultier
Cartografía	Mapas de la ciudad: © MICHELIN 2022
Agradecimientos	Laurent Vaultier (secretaría), Theodor Cepraga, Mihăită-Cristian Constantin, Costina-Ionela Lungu (cartografía), Véronique Aissani, Carole Diascorn (cubierta), Marion Capera, Marie Simonet, Ilona D'Angela (iconografía), Andra-Florentina Ostafi (datos objetivos), Bogdan Gheorghiu, Cristian Catona, Gabriel Dragu, Hervé Dubois, Pascal Grougon (preimpresión), Dominique Auclair (dirección)
Diseño gráfico	Laurent Müller (interno) Véronique Aissani (cubierta)

Titulo original: *París*

© 2017, 2023 MICHELIN Éditions, todos los derechos reservados

Para la edición española:

WS whitestar™ es una marca propiedad de White Star s.r.l.

© 2024 White Star s.r.l.
Plaza Luigi Cadorna, 6
www.whitestar.it

Traducción: Ormobook

ISBN 978-88-540-5620-6
1 2 3 4 5 6 28 27 26 25 24

Impreso en Serbia